고양이는
그려야 한다

고양이는 그려야 한다

초판 발행일 2017년 12월 15일

지은이 리카Licar · 피즈Piz
펴낸이 허주영
펴낸곳 미니멈
디자인 황윤정
사진 이일녕wish102@naver.com
소품협찬 이일녕 · 허숙영

주소 서울시 종로구 부암동 332-19
전화 · 팩스 02-6085-3730 / 02-3142-8407
등록번호 제 204-91-55459

ISBN 979-11-87694-05-2 13650

가격은 뒤표지에 있습니다.
잘못된 책은 바꾸어 드립니다.

리카 Licar · 피즈 Piz 지음

고양이는 그려야 한다

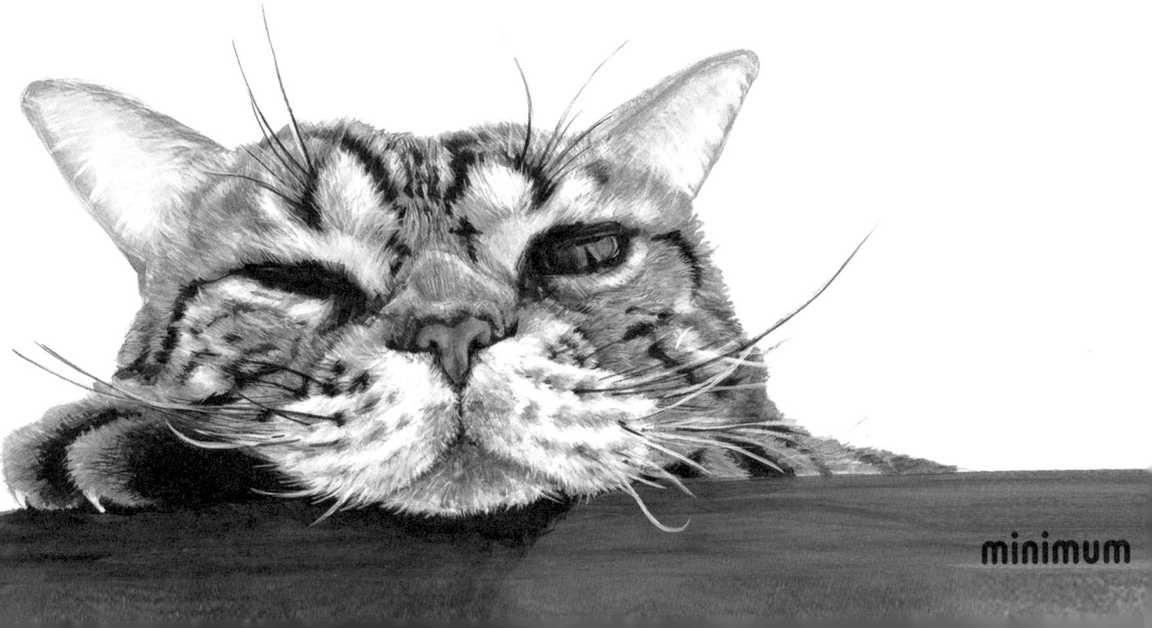

minimum

PIZ'S MESSAGE

완벽하지 않아도 괜찮아요

고양이와 처음 연을 맺은 건 멋모르던 20대 초반이었습니다. 불쌍해 보인다며 무턱대고 주워온 아기고양이를 어찌하지 못해 이 사람 저 사람 붙잡고 키우지 않겠느냐고 묻는 지인이 당황스러워 보이기도 하고, 다리에 힘을 잔뜩 주고 옷에 매달려 버티는 고노랗고 조그마한 녀석이 안쓰럽기도 해서 함께 살기로 결정하면서부터였어요. 그후 팍팍한 20대의 날들을 살아내던 몇 년 동안 말할 수 없이 많은 위안을 주던 녀석을 허망하고 어이없게 잃고서 나의 모자람에 대한 후회 때문에 다시는 고양이를 키울 수 없을 것만 같았습니다.
10년이나 더 지난 어느 날, 우연히 작업실로 찾아들어온 바싹 마르고 범백으로 생사를 오가는 아기고양이를 데려오기로 결심하기까지 많은 시간을 고민했던 것도 또다시 허무하게 잃으면 어쩌나, 또 죄책감과 후회에 시달리면 어쩌나 하는 두려움 때문이었습니다. 그러나 긴 고민 끝에 식구로 들어오게 된 녀석에게 '꼬리'라는 이름을 붙여준 순간부터 서서히 마음이 따뜻해지며 마치 돌고 돌아 제자리를 찾은 것만 같았습니다. 누구는 뭐가 그리 거창하냐며 웃을지도 모르겠지만요.
나와 함께 숨 쉬는 따뜻한 생명을 몽글몽글한 기분으로 지켜보면 나도 모르게 그림을 그리고 싶어집니다. 나를 향해 가릉거리고 놀아달라며 손을 내미는 녀석을 차마 외면할 수 없어 그림을 그리다 박차고 일어난 적이 한두 번이 아니지만요. 이 재료 저 재료 손이 가는 대로 그림을 그리다보니 어느새 지인들의 고양이에도 눈이 가기 시작했습니다. 그들 각각의 사연을 들으며 한 장씩 그림을 그리다보면 공통적으로 많이 듣는 반응이 있습니다.

'나도 내 고양이 그림을 그리고 싶어.'

모든 고양이에게는 창작의 욕구를 불러일으키는 마력이 존재한다죠. 때문에 고양이와 함께 생활하면 무언가 자꾸 만들고 싶은 마음이 생기는 것은 자연스러운 수순 아닐까요? 그러나 애석하게도 실제로 실행에 옮기는 이는 드뭅니다. 전공자가 아니라는 두려움 때문에, 못 그리면 어쩌나 하는 걱정 때문에 많은 사람이 생각만 할 뿐 나의 고양이를 그리는 즐거움을 누리지 못합니다.

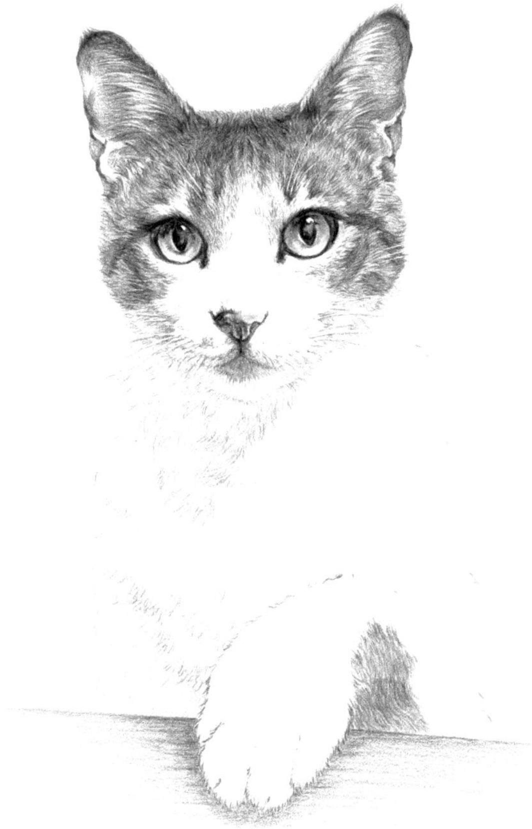

고양이를 키우고, 나의 고양이를 그리고 싶어 하는 모든 사람에게 전공자가 아니어도, 잘 그리지 못해도 사랑하는 나의 고양이를 그리는 것이 충분히 즐거운 시도라는 것을 경험하게 해주고 싶은 마음에 리카 님과 의기투합해 책을 쓰게 되었습니다. 여러 재료로 그림을 그리며 내가 어떤 취향을 좋아하는지 충분히 고민하고 시도하는 과정을 통해 어느 순간 자연스럽게 고양이를 그릴 수 있게 되기를 바라기 때문입니다.
좋은 결과물도, 좋지 않은 결과물도 모두 나와 나의 고양이에 대한 소중한 기록입니다. 처음 시도하는 게 어렵게 느껴지더라도 천천히 따라하면 내가 좋아하는 재료가 무엇인지, 어떤 스타일로 그렸을 때 내 고양이가 가장 돋보이는지 찾을 수 있습니다.
내 눈에 가장 잘 보이는 내 고양이의 가장 아름다운 모습을 그리는 내 모습을 상상하며 두려워 말고 연필을 들어요.

LICAR'S MESSAGE

내 고양이는 내가 제일 잘 그릴 수 있어요

내 첫번째 동생 리카. 13살 러시안블루의 다정한 미남 청년입니다. 우리와 같이 자는 걸 제일 좋아하고 항상 조용하고 겁이 많은 녀석. 리카가 해주는 부드러운 포옹이 내게 얼마나 힘이 되는지 리카는 알까요?
리카는 우리 집에 올 때부터 리카라는 이름을 가지고 있었습니다. 잘생긴 녀석이 이름도 너무 멋지다고 흐뭇해했는데, 내게 닉네임이 필요해졌을 때 평소 멋지다고 생각했던 리카의 이름을 내 멋대로 썼습니다. 우리 집에는 첫째 리카부터 둘째 로젯, 셋째 본이, 넷째 카라, 막내 헬씨까지 모두 다섯 녀석이 있습니다.
우리 집 짱 로젯, 아메리칸 쇼트헤어 12살 아가씨. 최근 조금씩 아파 병원을 자주 다녀서 항상 피곤해 보이지만, 로젯은 아직까지 우리 집 짱을 놓친 적이 없습니다. 얼결에 우리 집에 오게 된 셋째 본이는 아메리칸 쇼트헤어 11살 청년입니다. 아빠와 할아버지가 아메리칸 쇼트헤어의 전설의 미남자라 본이 얼굴도 보통이 아닙니다. 넷째 카라는 로젯이 우리에게 준 선물이에요. 본이보다 한 달 정도 생일이 느린 아메리칸 쇼트헤어 11살 소녀입니다. 마지막 우리 막내 헬씨! 카라와 본이의 딸인데, 벌써 8살이나 된 우리 집 아기죠. 아빠를 똑 닮은 아메리칸 쇼트헤어입니다.
이렇게 예쁘고 멋지지만 황당하고 웃긴 다섯 녀석과 지낸 지도 13년이 되어갑니다. 사진이 익숙하지 않던 저도 이제는 핸드폰 사진만 6000장이 넘습니다. 사실 눈이 마주치면 안 찍을 수가 없고, 자는 모습을 보면 안 찍을 수가 없고, 입가에 물을 묻히고 걸어오면 안 찍을 수가 없고. 낯선 표정이라 생각되면 또 찍어야 하고….
그렇게 사진을 찍을수록 사진만으로는 무언가 부족함이 느껴져 자연스레 그림을 그리게 되었습니다. 물론 사진처럼 정확하게 그릴 수는 없지만 내가 반한 입가의 솜털, 하나만 웃기게 꺾인 화려한 수염, 소심한 앞발, 살짝 놀란 눈동자, 오동통한 뱃살….
이렇게 예쁜 게 천 가지도 넘는데 사진만으로는 너무 부족하죠!
그런 마음으로 연필로 그려보고, 색연필로 그려보고, 물감으로 칠하기 시작했습니다. 그러나! 아무리 내가 부드러운 털을 좋아한다지만 오동통한 뱃살 위의 그 촘촘한 털을 그릴 때면 너무 지겨워서 내가 지금 무얼 그리는 건가, 싶기도 하죠. 그래도 그렇게 하나하나 참고 그리면 내가 알고 있는 녀석이 내 그림으로 완성되는 기쁨에 다음 그림도 그리게 됩니다.

새 그림을 시작하기 전 리카는 이렇게, 로젯은 이렇게, 카라는 또 이렇게… 계획을 세우는 시간은 온전히 그 녀석만을 생각하는 소중한 시간입니다. 하루에 조금씩 시간을 내서 그리는데, 그 사진을 찍었을 때가 생각나서 피식피식 혼자 웃은 적도 한두 번이 아닙니다. 물론 그림 그릴 때 녀석들이 그림 근처로 오면 기겁하면서 오지 말라고 화를 내기도 하지만요.
그리는 동안에는 온전히 그 녀석을 생각하는 즐거움을, 완성 후에는 내가 좋아하는 모습 덕에 역시 계속 그리지 않을 수가 없습니다.
그러니 그림을 못 그리더라도 세상 그 누구보다 당신 고양이의 매력을 가장 잘 아는 당신이 직접 당신의 고양이를 그리라고 권합니다. 완벽하지는 않아도 가장 매력적인 그림이 될 테니까요.

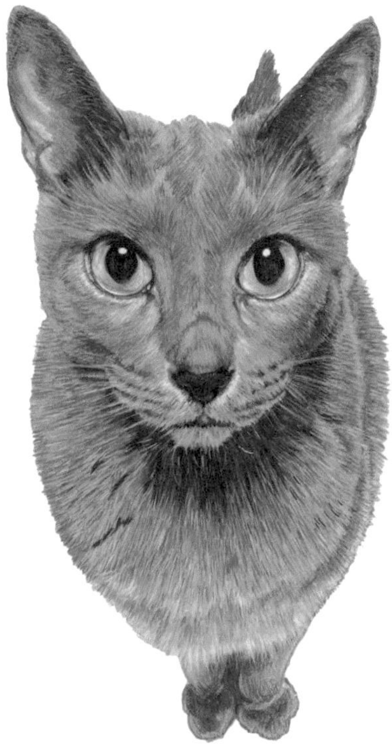

목차

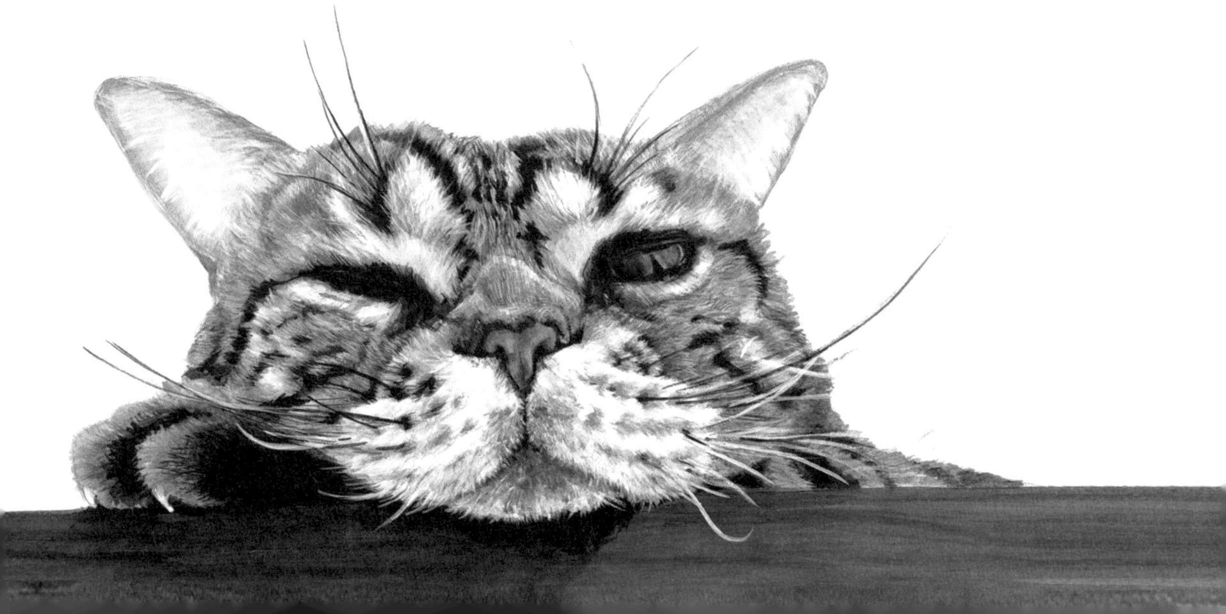

PART 1

Basic Step
기초 소묘

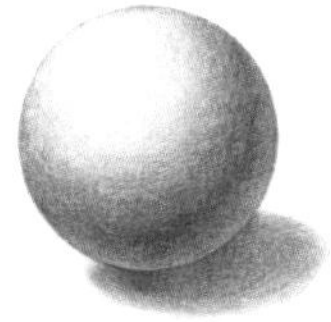

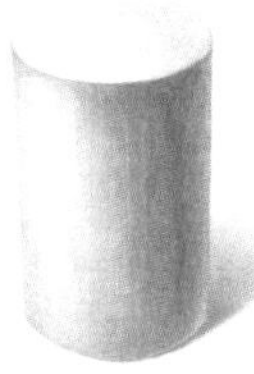

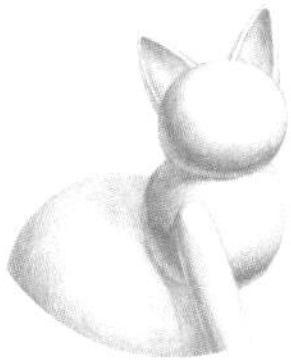

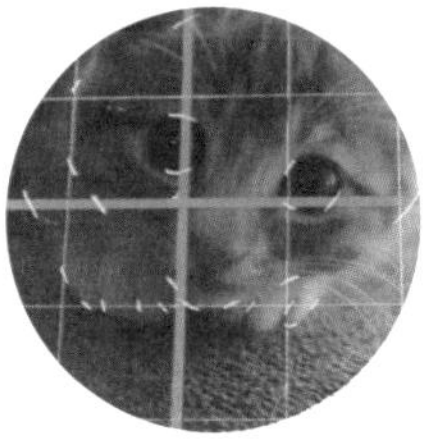

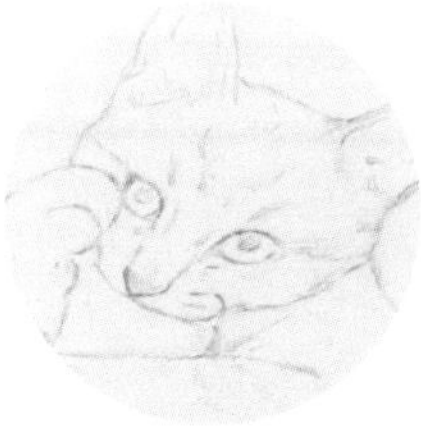

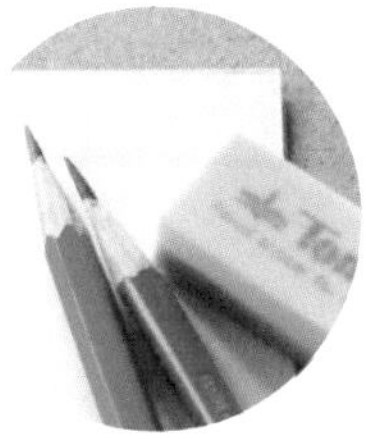

PART 2

Part Step
부분 그리기

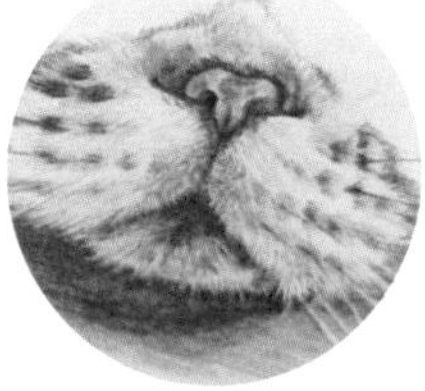

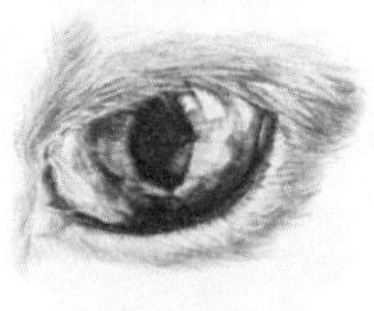

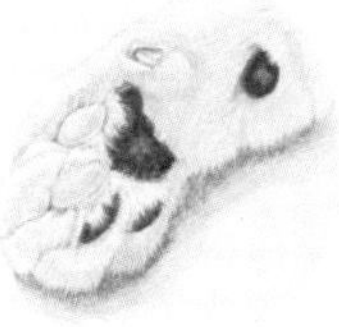

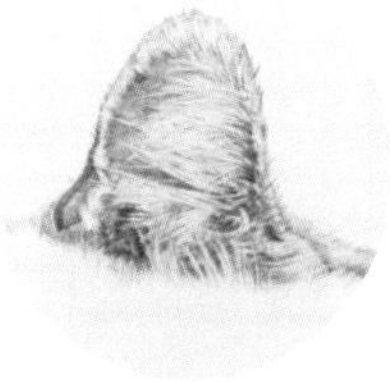

PART 3

Pencil Step
연필로 그리기

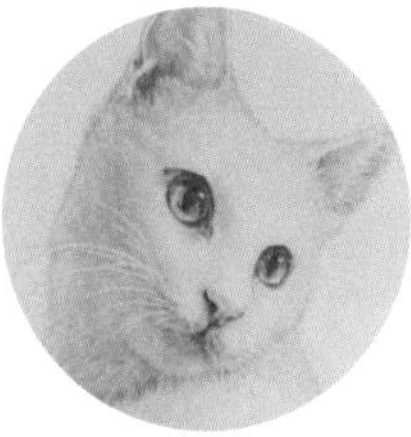

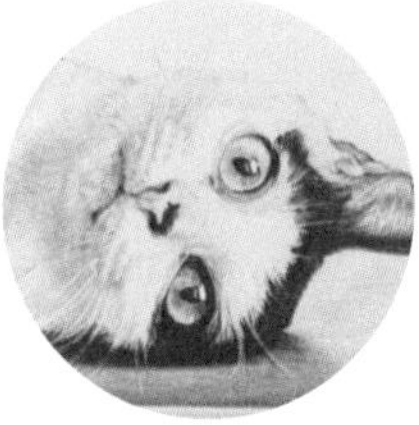

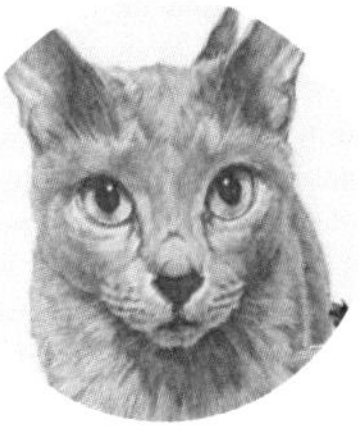

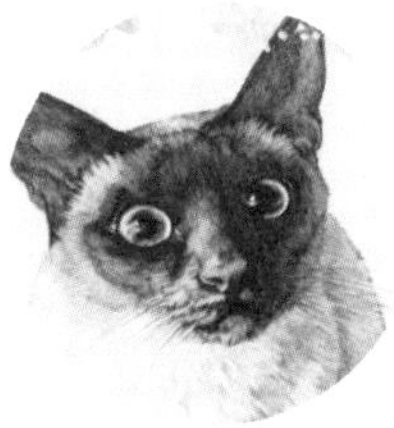

PART 4

Colorpencil Step
색연필로 그리기

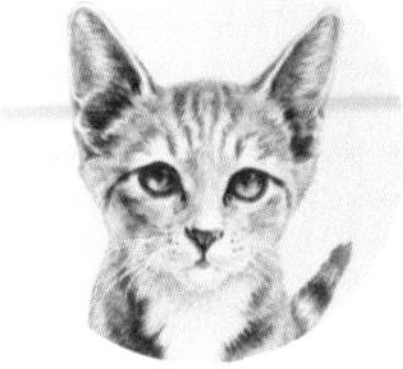

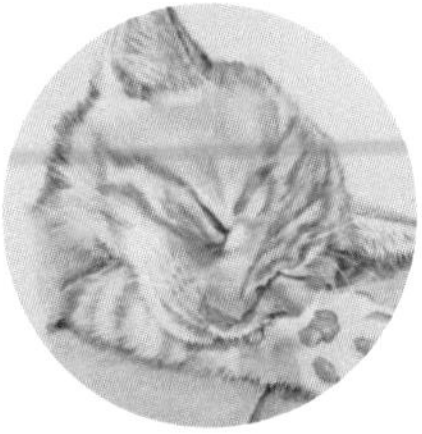

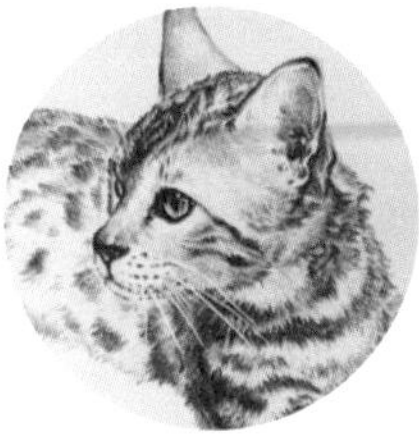

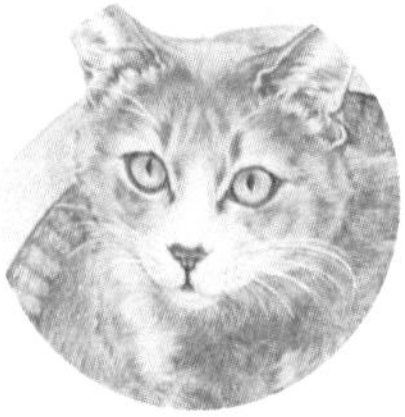

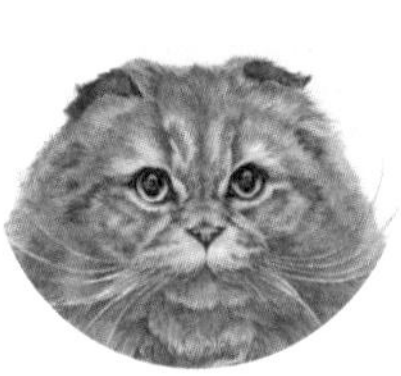

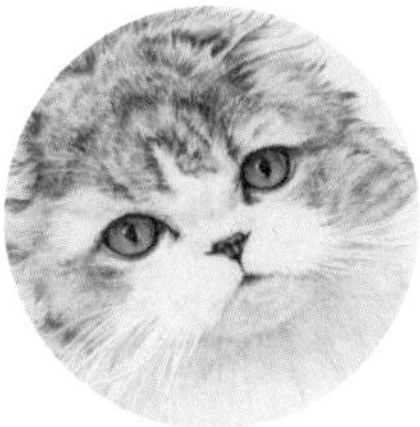

PART 5

Pen Step
펜으로 그리기

PART 6

Acrylic paint Step
아크릴물감으로 그리기

Special Present
컬러링

PART 1

BASIC STEP

기초 소묘

고양이를 그리기에 앞서 소묘의 기초를 간략하게 정리해보았습니다. 접근성이 가장 좋은 연필로 구와 원기둥 그리고 도형화된 고양이를 그리며, 평면인 종이 위에 선을 그리고 명암을 표현하고 원근감과 부피감을 묘사하면서 입체적인 그림을 그리는 법을 연습해보세요. 구와 원기둥 등 간단한 도형을 이해하면 이보다 더 복잡한 형태를 그릴 때도 좀더 쉽게 그림의 구조를 이해할 수 있습니다.

소묘의 기초를 이해했다면, 다음은 바로 스케치입니다. 사실 스케치는 체계적으로 교육을 받거나 수많은 연습을 통해 익숙해진 경우가 아닌 이상 쉽지 않은 작업입니다. 그래서 그림에 익숙하지 않은 사람도 쉽게 따라할 수 있도록 그리드grid를 이용해 스케치해보았습니다. 쉽게 말해 격자 모양의 가이드라인을 이용한 스케치 방법이지요. 형태를 잡는 과정이 두려운 분이라면 초반에는 그리드를 이용해 형태 그리기를 연습하다가 점점 가이드라인의 수를 줄여가며 형태를 그리고 완전히 자신감이 생긴 후에는 전체적인 구도를 생각하며 스케치하기를 연습하는 것이 좋습니다.

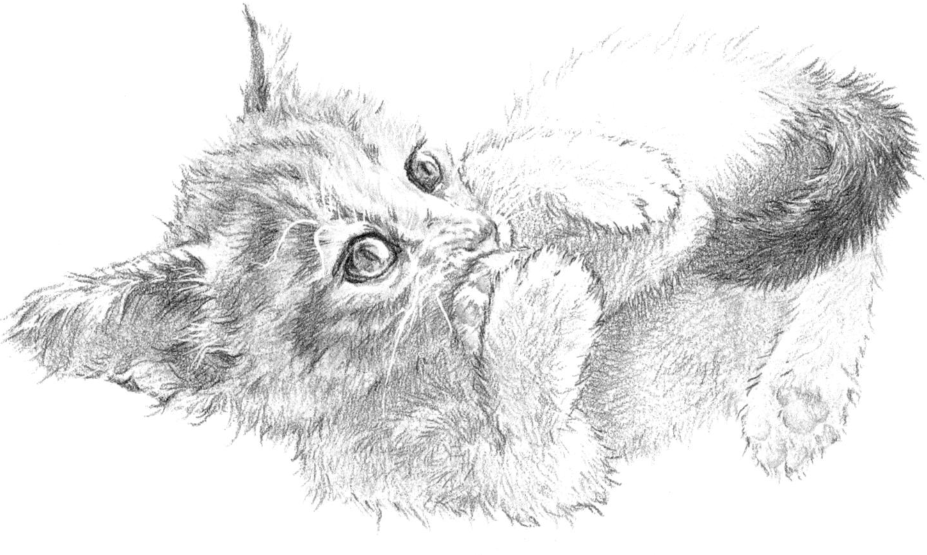

01

BASIC STEP

구球그리기

종이 켄트지
연필 2B, 4B
지우개 톰보우

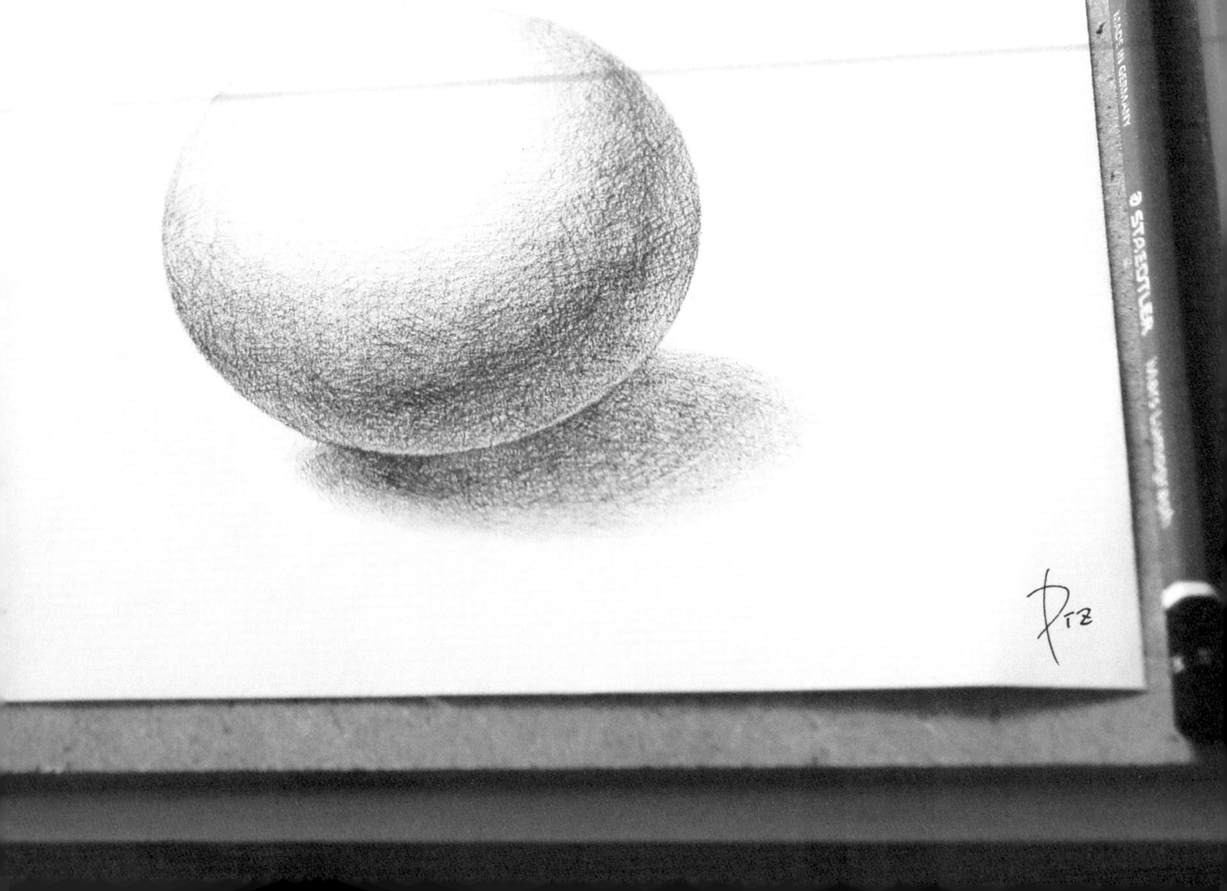

1 켄트지 중간 부분에 되도록 동그랗게 원을 그려주세요.

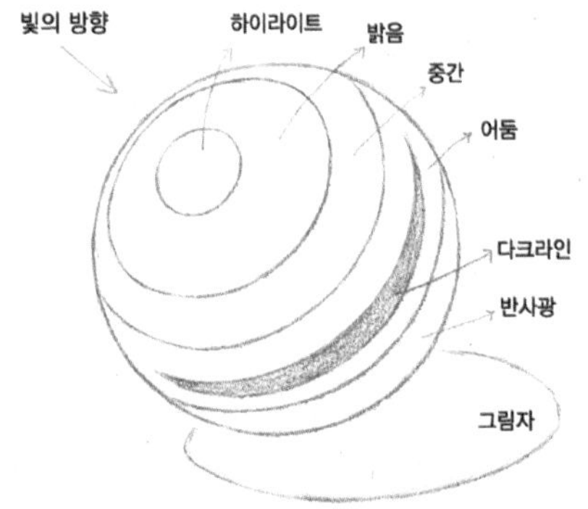

2 빛의 방향을 왼쪽 상단으로 설정하면 그림처럼 빛의 단계가 나뉩니다. 빛과 물체의 각도가 직각인 부분이 하이라이트, 가장 멀고 각도가 좁은 부분이 다크라인입니다. 어둠의 뒷부분은 빛이 직접 닿지 않지만 바닥에서 반사된 빛이 간접적으로 영향을 미치는 반사광 부분입니다. 그림자는 빛에서 가까울수록 강하고 멀어질수록 흐릿합니다.

3 긴 선으로 밝은 부분과 어두운 부분을 크게 나누어 그립니다. 이때 연필심은 뭉툭하게, 연필은 눕혀서 부드럽고 굵은 선으로 그리는 것이 좋습니다. 처음부터 너무 짧은 선을 쓰거나 날카롭게 그리면 연필선을 여러 겹 쌓아올리면서 표현할 수 없기 때문에 완성도가 떨어질 수 있습니다. 구라는 것을 잊지 말고 여러 방향으로 선을 그어가며 연필선의 단계를 올리는 연습을 합니다.

4 하이라이트와 중간 부분은 많이 묘사하지 말고 어둠과 반사광, 그림자 위주로 묘사합니다. 둥그런 모양을 살려가며 여러 방향으로 선을 그어줍니다. 빛의 단계는 2번 그림처럼 나뉘지만 구의 실제 빛의 단계는 부드럽게 연결되므로, 명암이 단계별로 꺾이는 것처럼 보이지 않도록 자연스럽게 연결하세요.

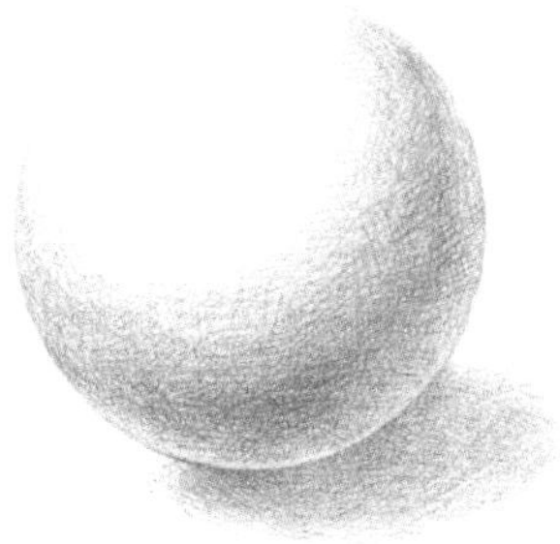

5 처음보다 짧고 날카로운 선으로 묘사해주세요. 그림을 그리다보면 느끼겠지만 연필선이 많이 겹쳐진 어둠 부분은 점점 더 강하고 짧고 날카로운 선을 쓰지 않으면 종이가 뭉개지기만 하고 제대로 표현되지 않습니다. 많은 묘사가 필요한 어두운 부분은 길고 촘촘하고 부드러운 연필선에서 시작해 짧고 날카롭고 간격이 듬성듬성한 연필선으로 진행하는 것이 좋습니다.

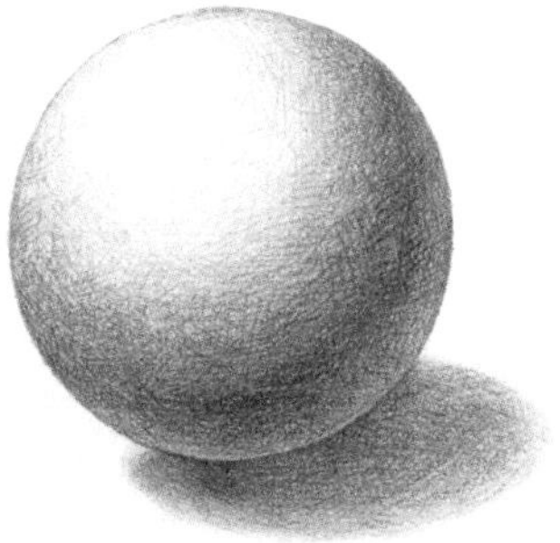

6 하이라이트와 중간 부분을 섬세하고 날카로운 선으로 묘사해주세요. 이때 어두운 부분과 톤이 자연스럽게 어울리는지 신경 써야 합니다. 전체적으로 짧은 선으로 묘사해준 후 또렷하게 보이도록 테두리를 정리해주세요. 너무 일정한 선으로 정리하면 인위적인 느낌이 강해지므로 강약 조절을 해주는 것이 좋습니다. 그림자의 윤곽을 정리하면서 마무리해주세요.

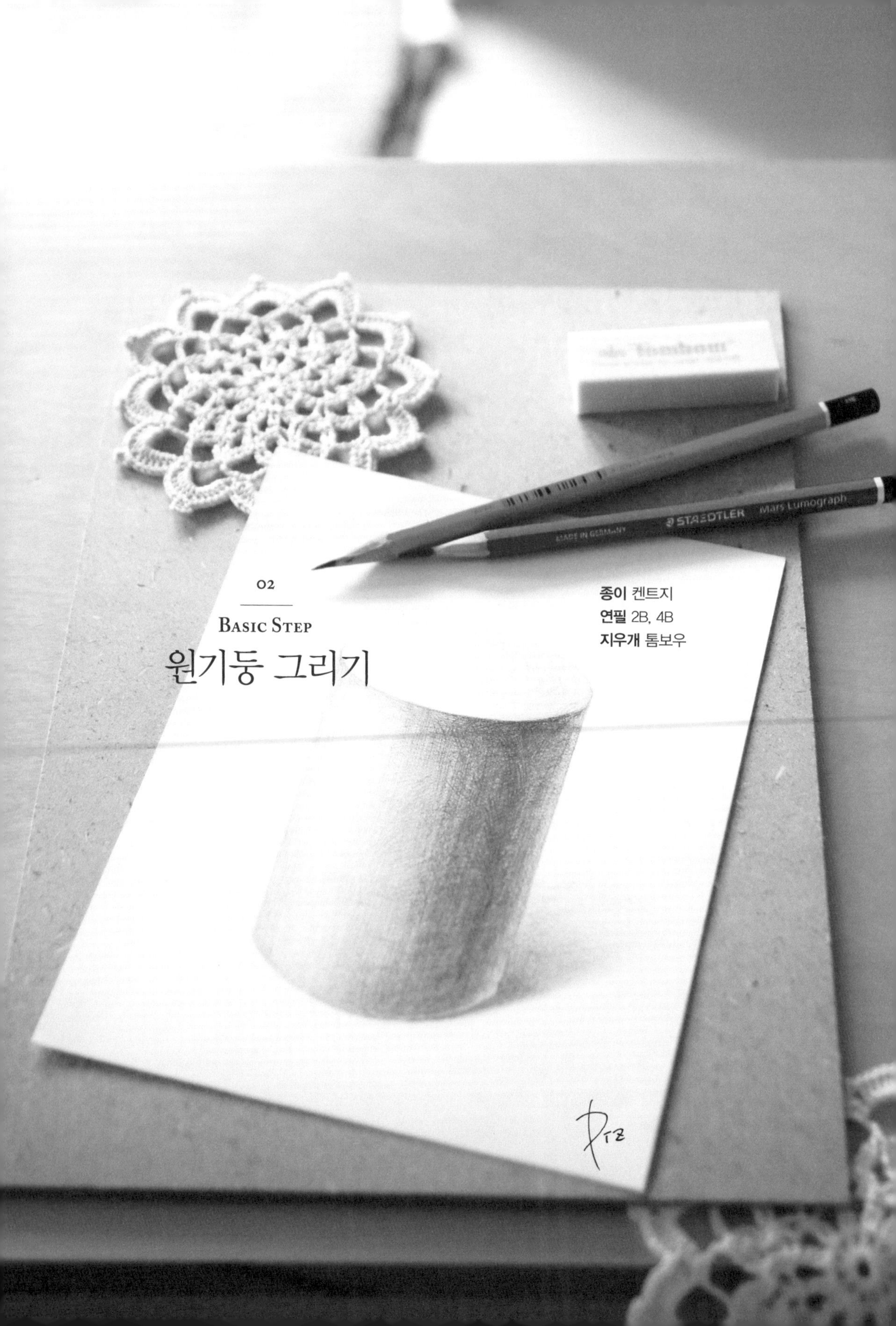

02

BASIC STEP

원기둥 그리기

종이 켄트지
연필 2B, 4B
지우개 톰보우

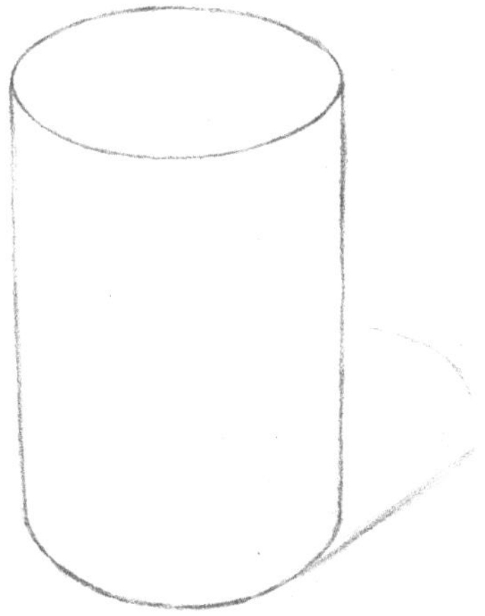

1 윗면을 타원으로 그리고 원 크기에 맞춰 아래로 세로선을 그립니다. 이때 아래로 갈수록 가운데 중심선을 기준으로 약간 좁아지게 그리면 원근감이 표현됩니다. 밑면 타원 역시 윗면 타원보다 조금 더 둥글게 그려야 원근감을 나타낼 수 있습니다. 너무 티 나게 각도를 조절하면 오히려 과장돼 보일 수 있으므로 미세한 차이만 주는 것이 좋습니다.

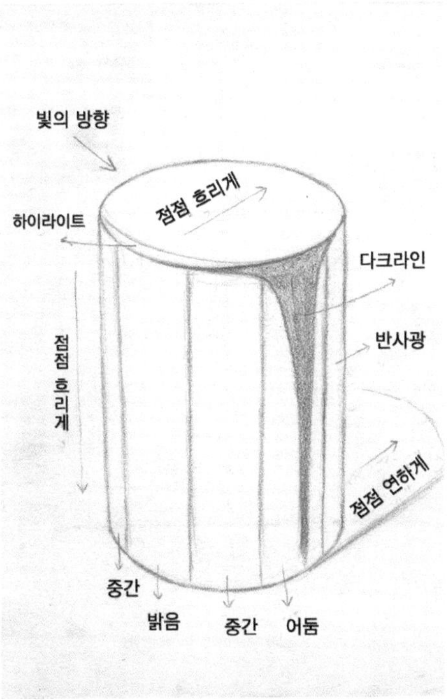

2 빛의 방향을 왼쪽 상단으로 설정하면 빛에서 가장 가까운 부분은 하이라이트, 빛의 반대쪽은 어둠이 됩니다. 이때 윗면은 옆면보다 무조건 빛을 많이 받으므로 윗면의 전체적인 톤이 옆면보다 어두워질 수 없다는 것을 기억해두세요. 밝은 부분에서는 빛에서 멀어지면 점점 흐려지고 어두운 부분에서는 뒤로 갈수록 반사광으로 점점 밝아진다는 것 역시 꼭 기억해두세요.

3 길고 뭉툭한 선으로 옆면의 어두운 흐름을 표현해주세요. 그림이 진행될수록 여러 방향으로 선을 겹쳐 부드럽게 그려나갈 것이므로, 처음에는 선의 방향을 어떤 식으로 그려야 형태를 쉽게 파악할 수 있는지 생각하면서 그리세요.

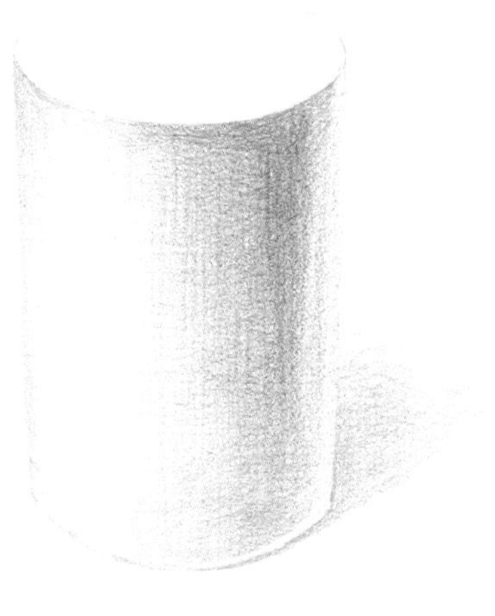

4 옆면 위주로 묘사해주세요. 옆면은 평면인 윗면과 다르게 곡선으로 이루어져 있으므로 명암이 부드럽게 변화되어야 합니다. 윗면과 옆면이 만나는 모서리는 명암 대비를 확실하게 보여주어야 날카로운 각을 표현할 수 있습니다. 옆면에서도 윗부분은 명암 대비가 명확하게, 바닥으로 내려갈수록 전체적인 명암 단계가 흐려지게 표현하면 원근감을 쉽게 나타낼 수 있습니다.

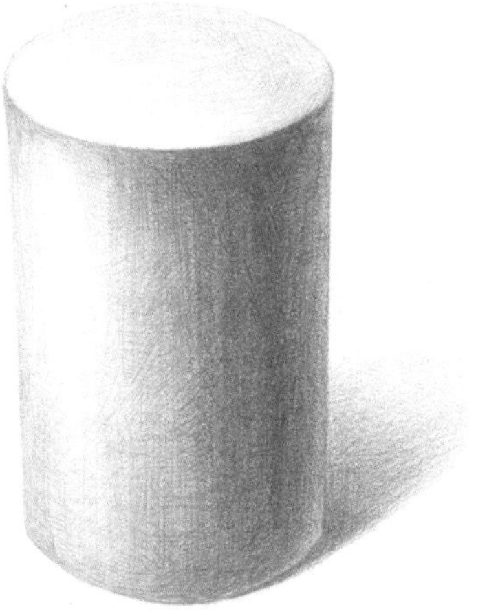

5 윗면과 옆면이 만나는 모서리의 하이라이트와 어둠의 경계를 또렷하게 묘사하면서 자연스럽게 옆면의 다크라인을 강조해주세요. 그림자가 가장 강한 부분에 가장 밝은 반사광을 표현해주고, 그림자와 반사광의 경계를 점점 풀어주어야 자연스럽게 입체감을 표현할 수 있습니다. 옆면의 곡선을 자연스럽게 표현하기 위해서는 여러 방향으로 선을 그려 부드러운 느낌을 살려주세요. 원기둥 테두리와 그림자 시작 부분을 또렷하게 묘사하면서 마무리합니다.

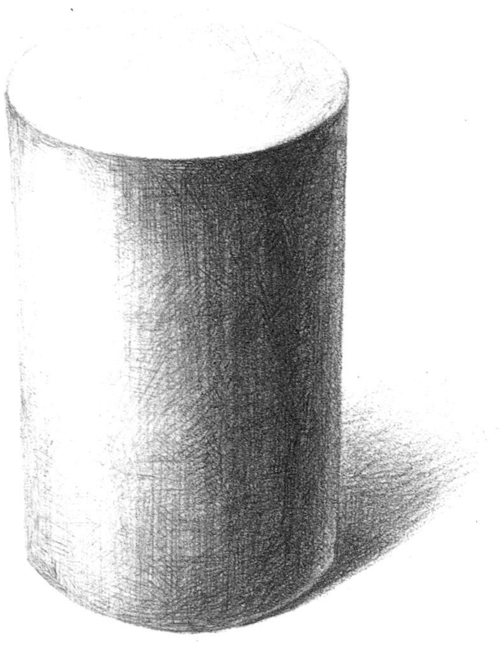

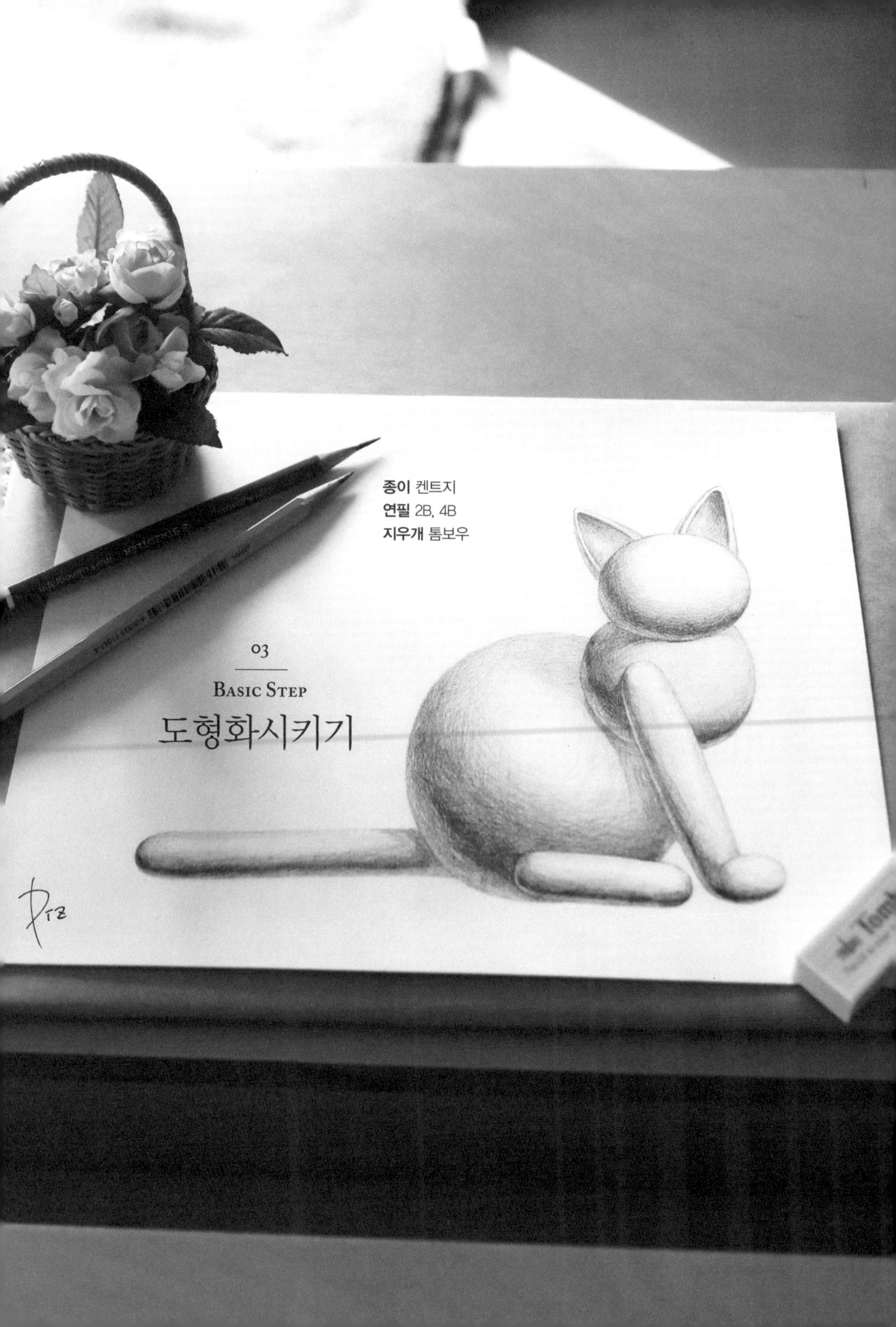

종이 켄트지
연필 2B, 4B
지우개 톰보우

03

BASIC STEP

도형화시키기

1 구와 원기둥을 이용해서 간단하게 도형화한 고양이의 형태를 스케치해보겠습니다. 처음에는 크고 간단한 형태로 생각하고, 이후 점점 형태를 세밀하게 나누어 분석하면 빛과 어둠의 흐름을 좀더 쉽게 파악할 수 있습니다. 머리와 가슴, 배를 원의 형태로 그리고 다리와 꼬리를 원기둥으로 그립니다. 발 모양은 원기둥에 구 또는 반구가 붙은 형태로 그리고 삼각형의 귀를 그립니다.

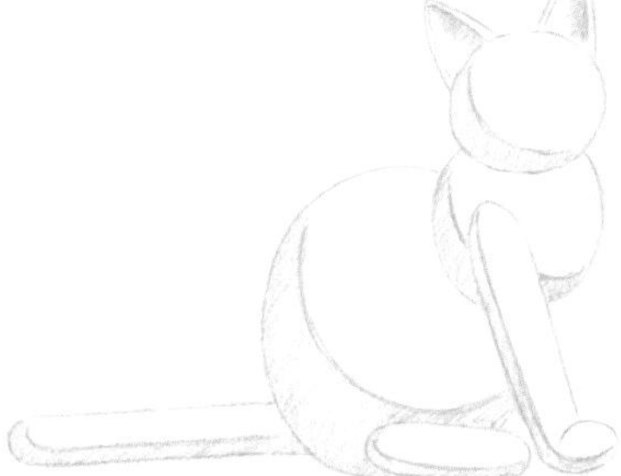

2 오른쪽 상단에서 빛이 비춘다고 설정하고 빛의 방향에 따라 각각의 구와 원기둥에 어떤 모양으로 어둠이 생길지 표시해보세요. 이때 귀는 움푹 들어간 원뿔 모양이므로 튀어나온 부분과 반대로 어둠이 형성된다는 것을 염두에 두고 그림자를 표현해줍니다.

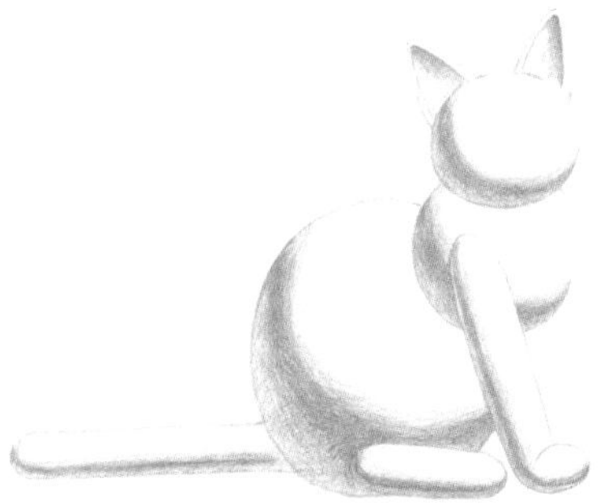

3 어둠의 흐름에 따라 긴 선으로 구와 원기둥의 표면을 부드럽게 표현합니다. 그림자 흐름만 표현해주어도 입체감이 어느 정도 드러난다는 것을 알 수 있습니다.

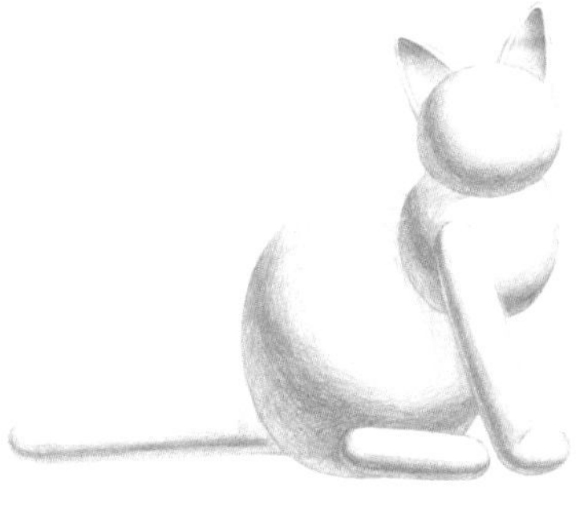

4 여러 구와 원기둥이 겹쳐있음을 감안해가며 그림자의 위치를 정해주세요. 가장 빛을 많이 받는 얼굴과 가장 앞으로 튀어나온 다리의 명암 대비를 제일 또렷하게 표현하고 뒤로 갈수록 명암 대비를 흐리게 해주면 원근감을 표현할 수 있습니다. 여러 도형이 겹쳐있다는 사실을 잊지 말고 형태에 따라 가장 강조해야 하는 도형이 어떤 것인지 우선순위를 정해 묘사하세요.

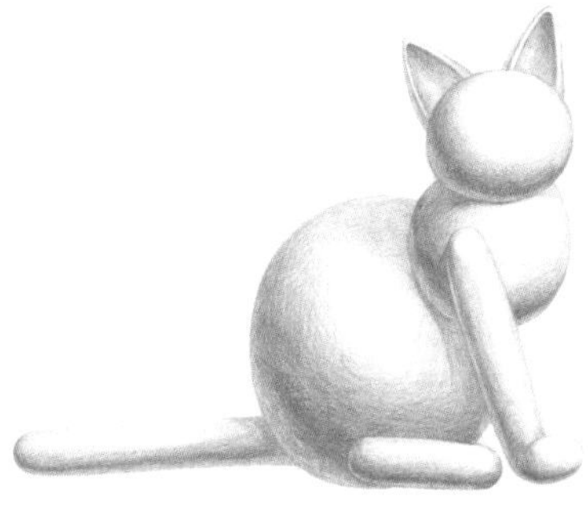

5 짧고 또렷한 선으로 전체적인 묘사를 마무리해주세요. 마무리 단계에서는 입체감을 탄탄하게 나타낼 수 있는 요소인 테두리의 강약, 반사광 하이라이트와 다크라인의 흐름을 정리해가면서 완성하는 것이 좋습니다.

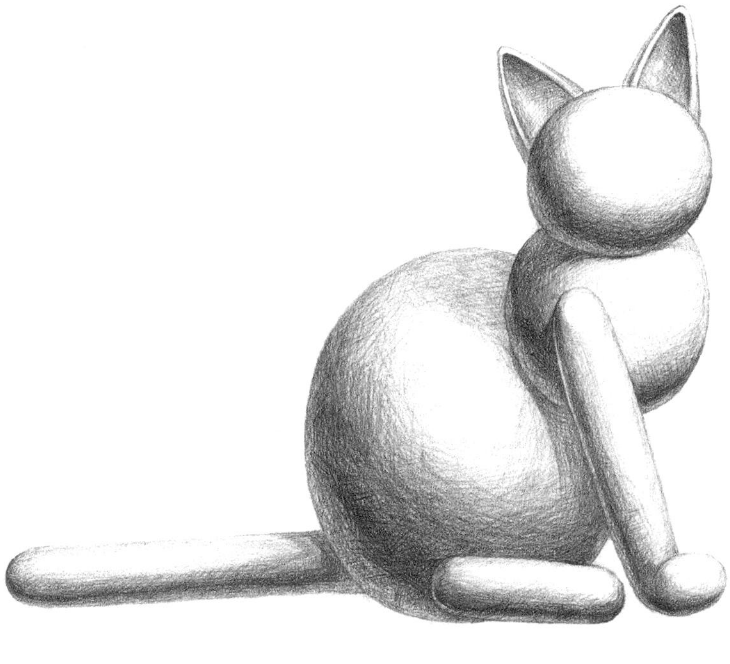

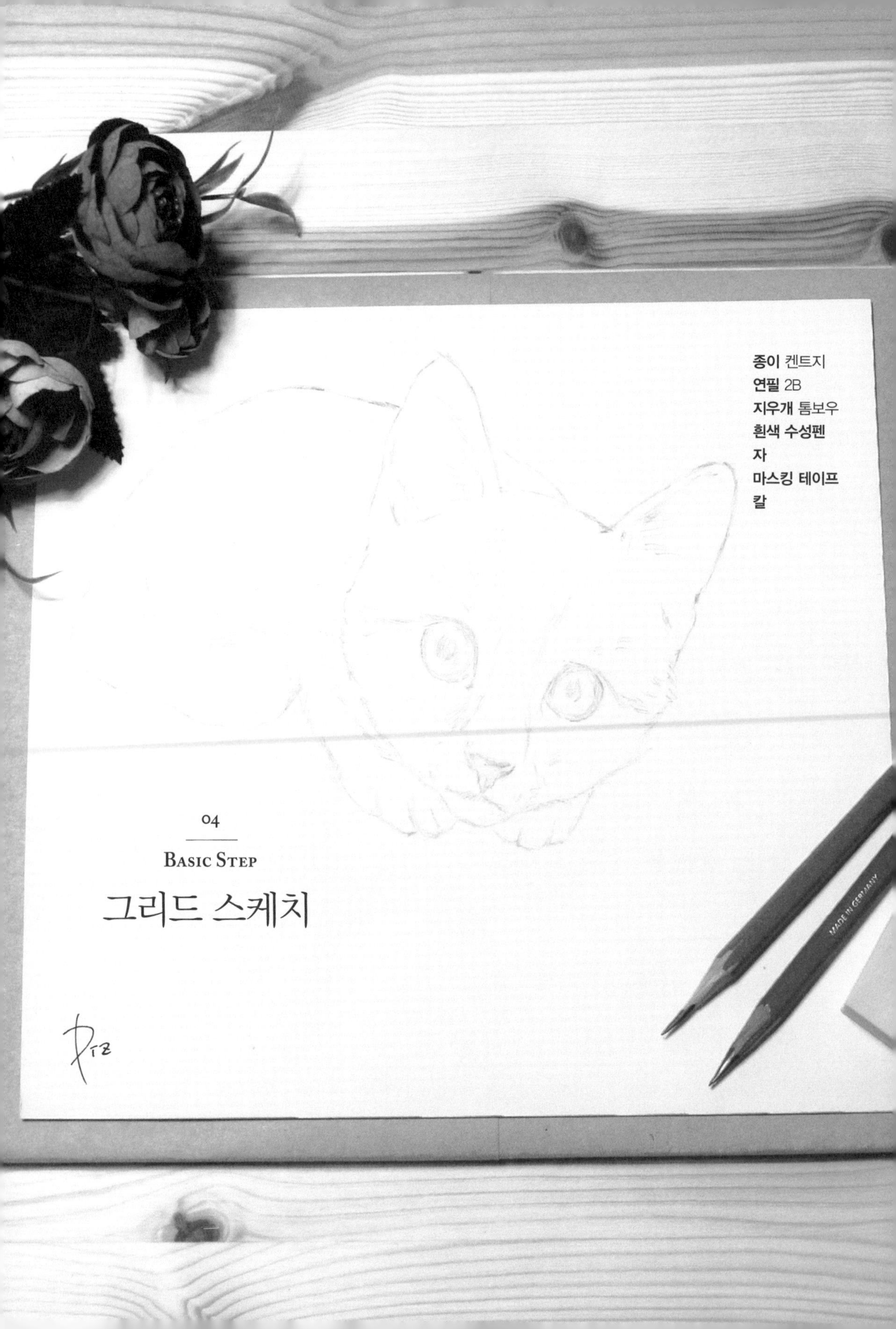

종이 켄트지
연필 2B
지우개 톰보우
흰색 수성펜
자
마스킹 테이프
칼

04

BASIC STEP

그리드 스케치

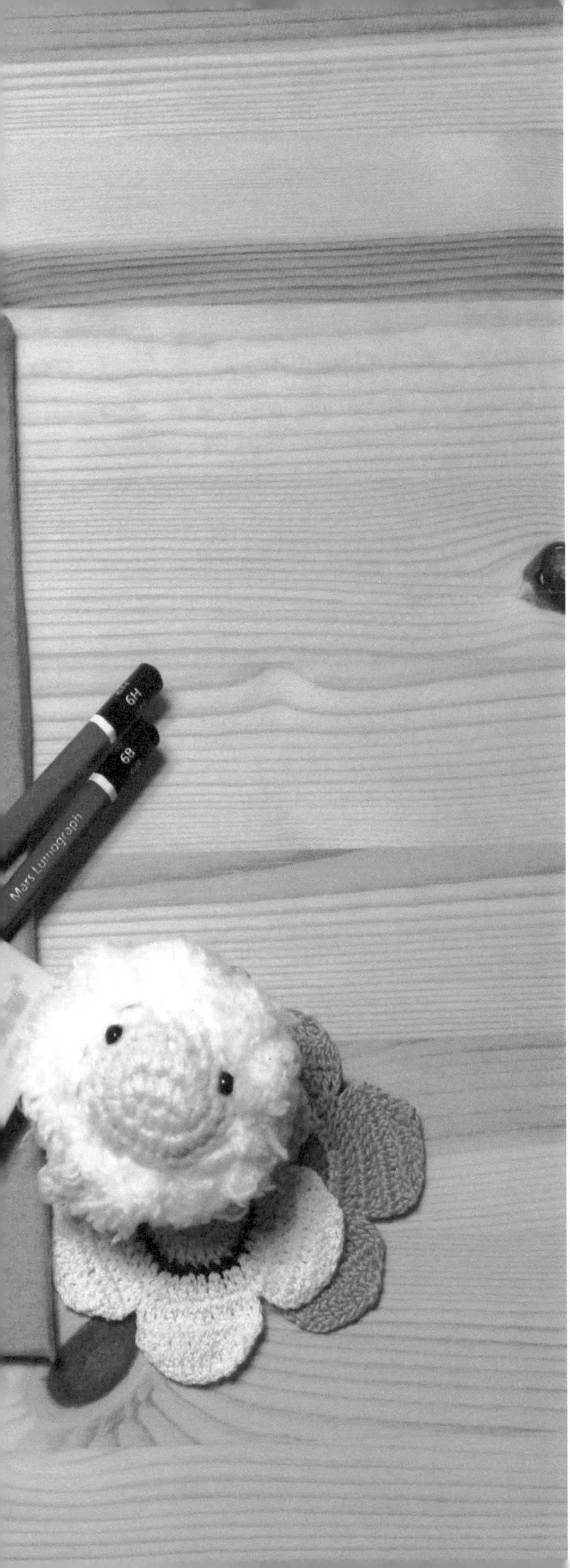

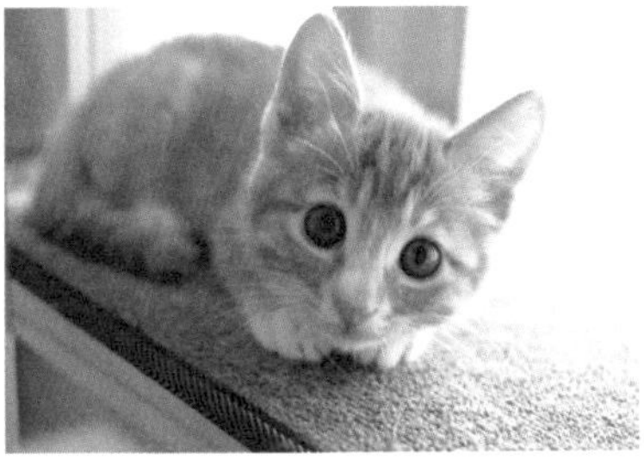

앙팡 코리안 쇼트헤어

이제 막 1살이 넘은 말썽 많고 애교 많은 앙팡의 어린 시절. 6살인 누나 앙쥬의 뒤를 졸졸 쫓아다니며 놀아 달라고 달려들지만 앙쥬는 귀찮아하기만 합니다. 동물보호소 sns에 올라온 철창에 매달린 앙팡의 사진이 너무 애처로우면서도 귀여워서 함께 살기를 결심한 지인은 처음 경험하는 남자 아깽이의 넘치는 에너지에 놀랐지만 애교 또한 차고 넘치게 많아서 그토록 바라던 무릎냥이의 로망을 이루었다며 행복해합니다.

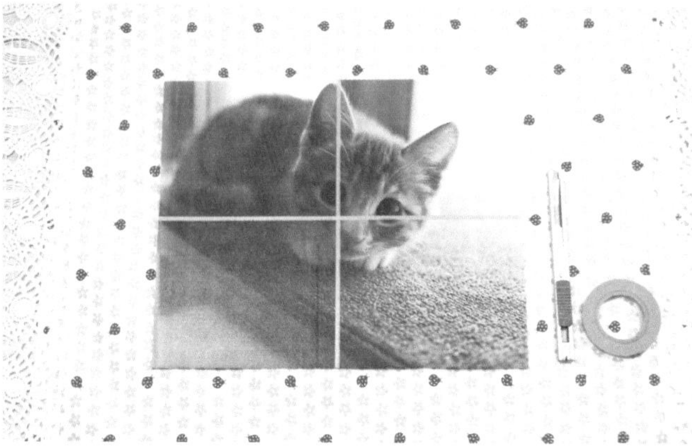

1 먼저 원본 사진을 출력하고 좌표의 중심축을 그리듯 중앙에 가로와 세로를 표시합니다. 중앙의 좌표축을 확실히 보여주기 위해 마스킹 테이프로 표시해두었습니다.

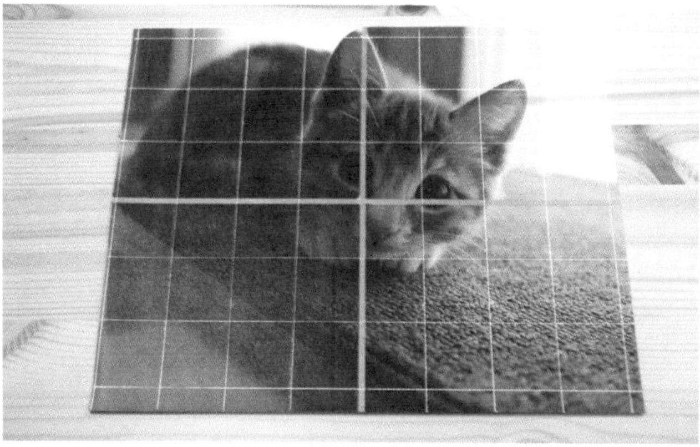

2 중앙의 좌표축을 중심으로 가로세로 길이가 일정한 정사각형 격자무늬의 가이드라인을 그어줍니다. 이 격자무늬를 그리드라인이라고 합니다. 스케치에 익숙하지 않다면 그리드 크기를 작게 그려 위치를 쉽게 파악할 수 있게 만드는 것이 좋습니다. 그러나 너무 촘촘하게 그리면 위치를 찾을 때 오히려 헷갈릴 수 있습니다.

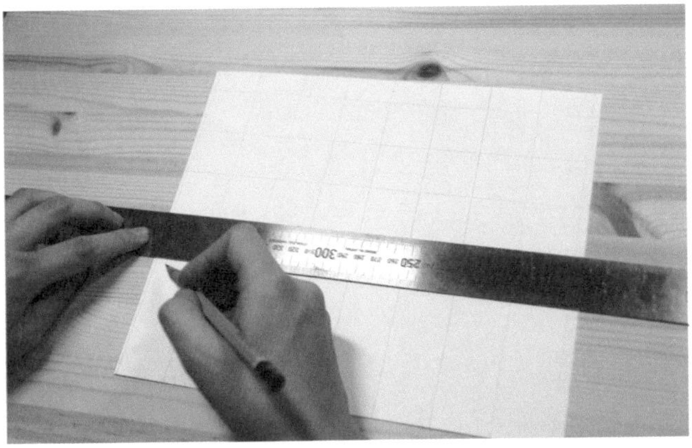

3 켄트지에도 원본 그리드와 같은 개수의 그리드라인을 연필로 그립니다. 이때 종이와 그리드의 크기는 원본 사진과 같지 않아도 상관없습니다. 중요한 것은 비율과 그리드라인의 수를 맞추는 것입니다. 비율을 활용하면 그림을 크게 혹은 작게 조절할 수 있습니다. 그리드라인은 스케치가 완성된 후에 지워야 하니 최대한 손의 힘을 빼고 알아볼 수 있을 정도로만 그리세요.

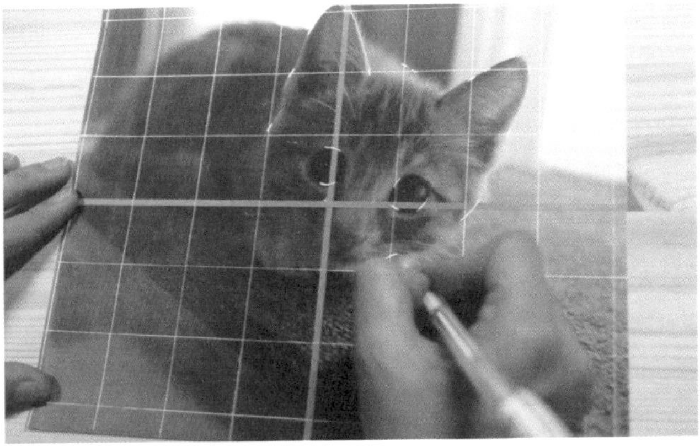

4 원본 사진에서 고양이의 테두리 라인과 그리드라인이 만나는 접점을 꼼꼼하게 표시해줍니다. 이때 원본 사진 고양이의 테두리 라인과 같은 경사로 표시해주세요.

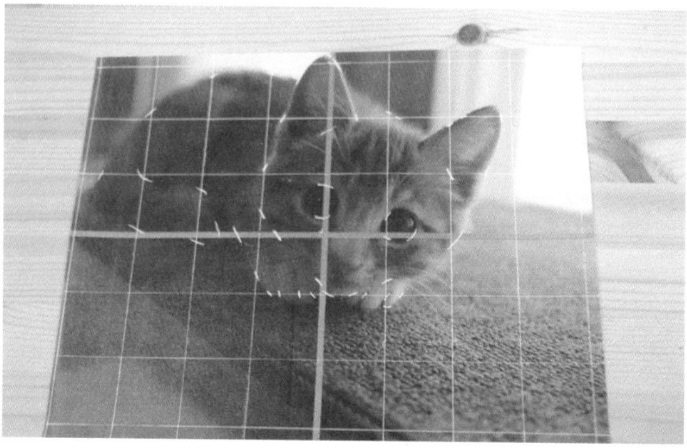

5 원본 사진에 표시된 접점의 모습입니다. 방향을 표시하며 그리니 대강의 형태가 나타나는 것을 확인할 수 있죠? 이제 이 점들을 켄트지로 옮겨볼까요?

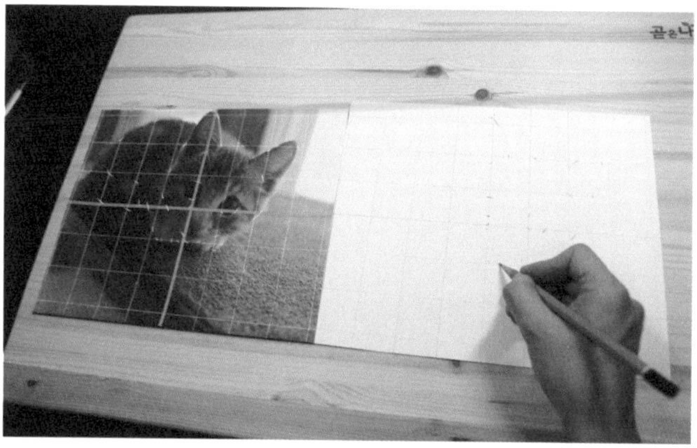

6 종이 위에도 원본 사진에 표시했던 접점의 위치를 한 칸씩 확인하며 표시합니다. 마스킹 테이프로 표시했던 좌표의 중심선을 기준으로 칸의 위치를 파악하면 생각보다 어렵지 않게 표시할 수 있습니다. 각각의 작은 정사각형 안에서 접점이 어디쯤 위치하는지는 눈대중으로도 파악하기 쉽습니다. 원본 사진에 표시했던 것처럼 고양이 테두리 라인의 경사를 따라 표시합니다.

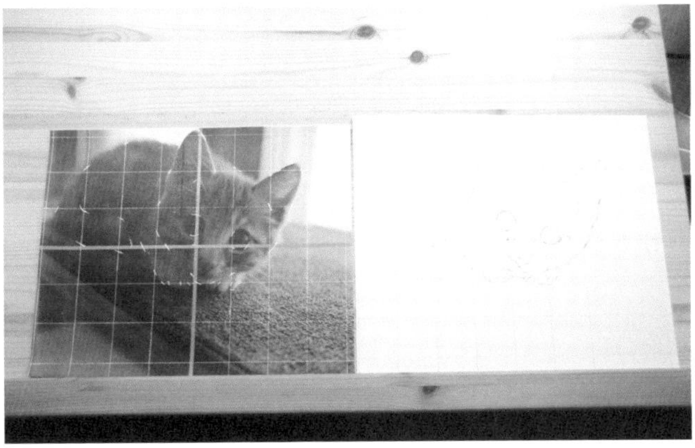

7 종이 위에 표시된 접점을 이어주며 형태를 그리세요. 어릴 때 해 보았던 점선 이어 그리기와 같은 개념입니다. 점과 점을 연결했을 뿐인데도 간단한 형태가 드러나지 않나요? 이제 원본 사진을 더 자세히 관찰하며 전체적인 인상과 형태를 중심으로 스케치를 완성해볼까요?

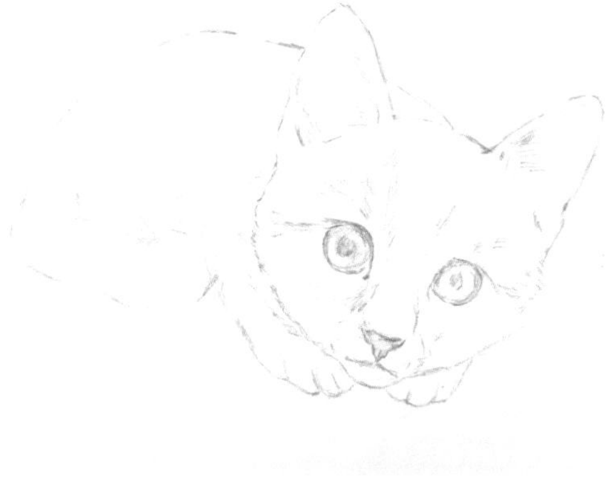

8 어느 정도 형태가 나오면 필요 없어진 그리드라인을 깨끗이 지웁니다. 이때 너무 힘을 주면 종이 표면이 거칠어질 수 있으니 지우개질은 살살 해주세요. 그리드라인을 지운 후 전체적인 인상이 잘 나왔는지 확인하면서 스케치를 마무리하세요.

04

BASIC STEP

간단히 그리기

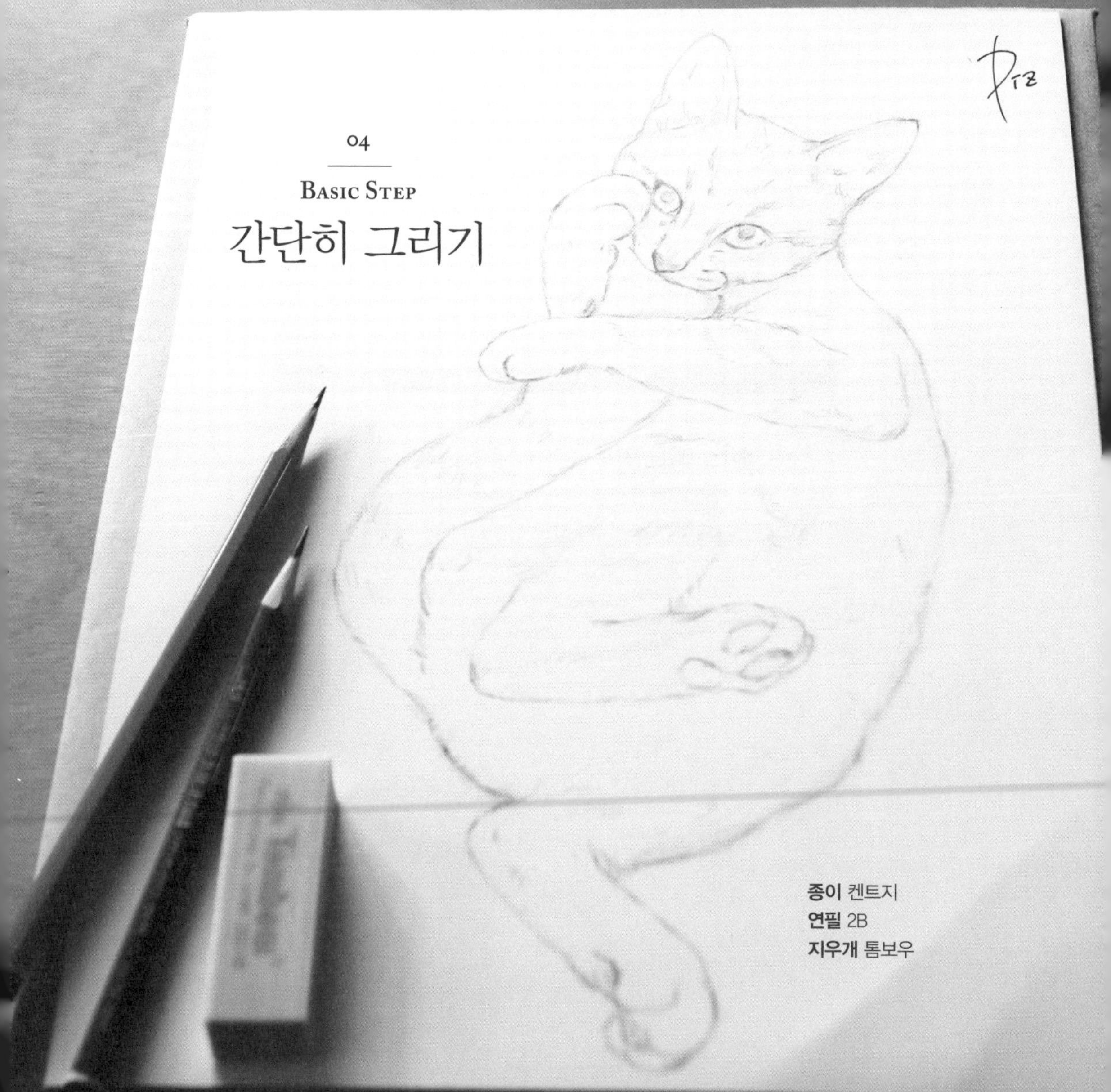

종이 켄트지
연필 2B
지우개 톰보우

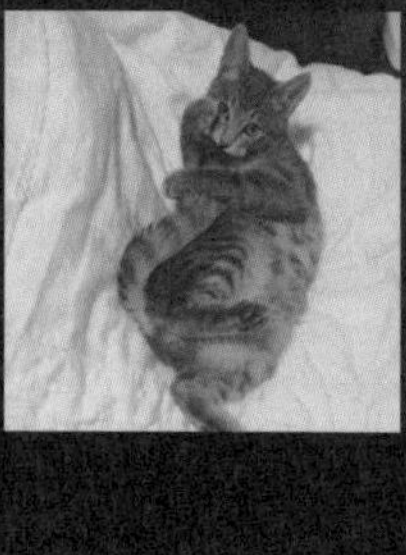

킹 아메리칸 쇼트헤어+코리안 쇼트헤어

2살이 넘은 킹은 태어났을 때는 암컷으로 착각해서 공주라는 이름으로 불리다가 나중에야 수컷으로 밝혀져, 애니메이션 〈나디아〉에 등장하는 회색 사자와 닮았다고 킹이라는 이름을 얻게 되었습니다. 깔끔한 성격 탓에 아기 때는 서서 볼일을 보기도 했다는 킹은 이름에 걸맞게 의젓한 면도 있지만 귀가할 때마다 마중을 나오고, 책장의 인형을 물고 와서 선물하는 다정한 녀석입니다.

1 처음 형태를 잡을 때는 도형의 흐름을 파악하는 연습이 중요합니다. 동물을 스케치할 때는 주로 원으로 이루어진 얼굴, 몸통의 위치와 허리 라인의 흐름을 파악하는 것이 도움이 됩니다. 처음에는 손에 힘을 빼고 긴 선으로 반복해서 원과 선을 그리며 큰 형태의 위치를 그려보세요. 얼굴, 몸통, 골반 등 큰 덩어리 위주로 그린 후 허리의 중심선을 길게 표시합니다.

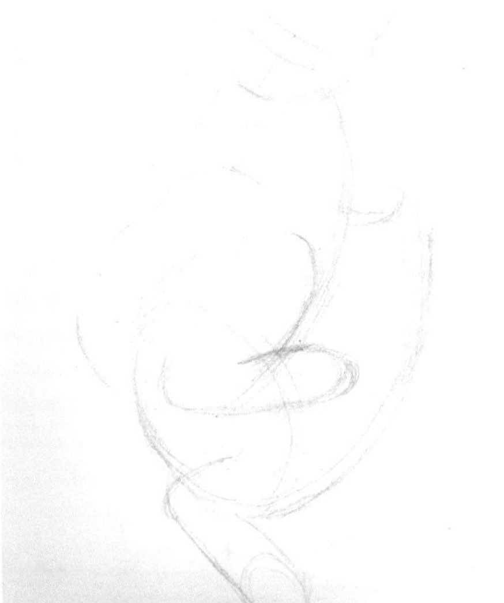

2 좀더 작은 덩어리 위치를 큰 덩어리 안에 세분화해 표시하세요. 얼굴을 표시한 원 안에 코와 입의 위치를 그립니다. 이때 얼굴의 기본적인 형태는 구라는 것을 기억하세요. 눈 위치는 직선으로 그리는 것이 아니라 커다란 구 위에 작은 이목구비가 있는 것이니 호를 그리듯이 표시합니다. 작은 원과 타원을 그린다는 느낌으로 발과 꼬리 등 작은 덩어리의 위치를 그립니다.

3 좀더 진하고 짧은 선으로 윤곽선의 특징적인 부분을 표시합니다. 이때 원본의 고양이가 어떤 포즈를 취하고 있는지 구조적으로 생각하며 그리는 것이 좋습니다. 너무 윤곽선에만 집중하면 전체적인 구조가 어색해질 수 있으니까요. 초반에 그렸던 얼굴과 골반 등의 큰 덩어리와 허리라인의 움직임 등을 생각하며 전체적인 형태를 그려주세요.

4 짧게 표시했던 선들을 자연스럽게 이어줍니다. 이 단계에서 인상이 원본 사진과 닮았는지 체크합니다. 필요 없어진 긴 선을 지우개로 조금씩 지워가며 진행합니다. 이때 손에 힘을 약하게 주어야 종이의 질감이 망가지지 않습니다.

5 인상을 또렷하게 묘사하고 털의 방향을 조금씩 그리세요. 자연스럽게 손의 강약을 이용해서 윤곽선을 정리하고 주변의 선을 모두 지우며 마무리합니다.

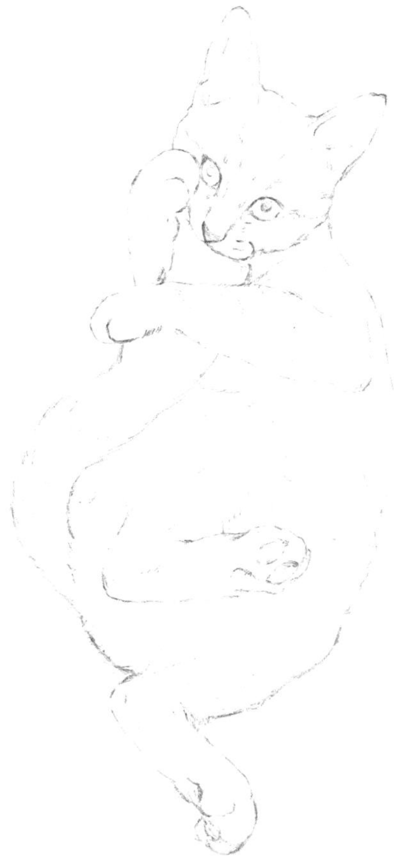

PENCIL

연필

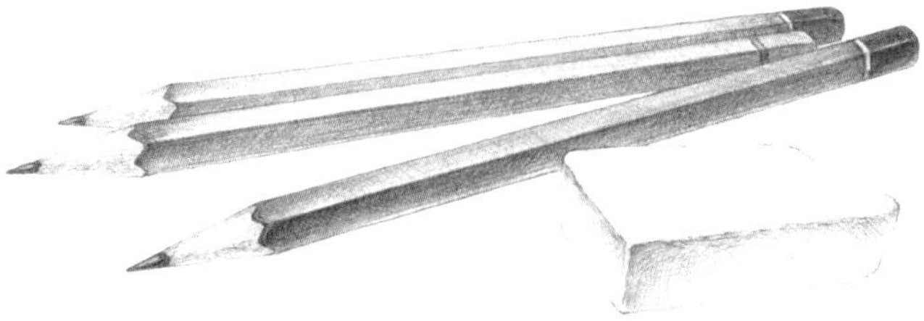

우리가 일상적으로 흔하게 사용하는 필기구 가운데 하나인 연필. 연필에도 흑연의 경도에 따라 여러 종류가 있습니다. 연필 뒷부분에 쓰인 숫자와 문자를 보신 기억이 있으신지요?

연필의 종류는 크게 H, F, B 로 나뉩니다. H는 hard, F는 firm, B는 black을 뜻하지요. 숫자가 커질수록 그 속성이 강해진다는 것을 나타냅니다. 즉 H 앞에 붙은 숫자가 커질수록 흑연의 경도가 단단해지고 색감이 연해지고, B 앞에 있는 숫자가 커질수록 흑연의 경도가 무르고 색감은 진해집니다. F는 B와 H의 중간 정도라고 생각하시면 됩니다.
브랜드에 따라 종류는 조금씩 다를 수 있지만 현재 시중에서는 일반적으로 10H, 8H, 7H, 6H, 5H, 4H, 3H, 2H, H, F, HB, 2B, 3B, 4B, 5B, 6B, 7B, 8B 정도까지 판매되고 있습니다. 이 중 H는 딱딱하고 날카로운 그림을 그릴 때 사용하기 때문에 주로 제도용으로 많이 사용하고, HB는 H와 B의 장단점이 섞여있어 필기용으로 많이 씁니다. 그림을 그릴 때는 주로 B를 많이 사용하는데, 그 이유는 심이 부드러워 힘을 조절하면서 강약을 표현하기 쉽고 종이의 손상을 최소화할 수 있기 때문입니다. 미술을 전공하는 학생들이 주로 4B를 사용하는 것을 보셨을 겁니다.

연필과 함께 쓰는 지우개 종류도 간단하게 알아보겠습니다.
주로 미술용으로는 일명 잠자리 지우개로 불리는 톰보우Tombow 지우개를 많이 사용합니다. 다른 지우개보다 부드러워서 연필선을 지우거나 손의 힘을 조절해 연필선을 찍어내듯 터치를 살릴 때 편리하기 때문입니다. 단순히 지우기만 하는 것이 아니라 그림 표현의 일부로 사용할 수 있습니다.

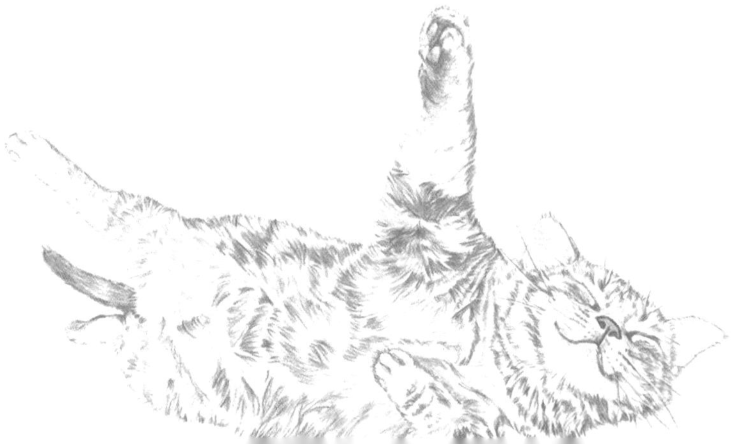

COLORPENCIL

색연필

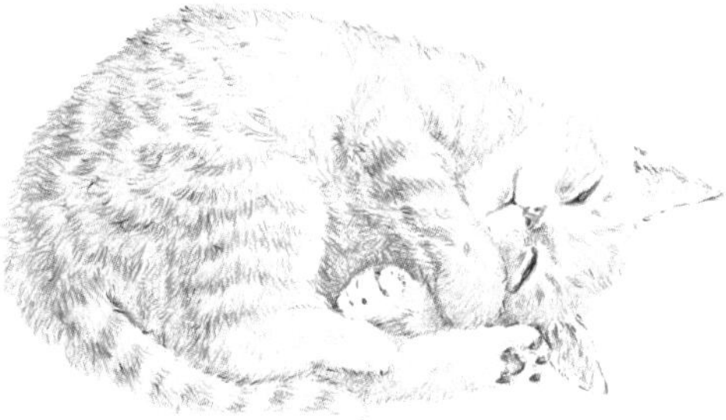

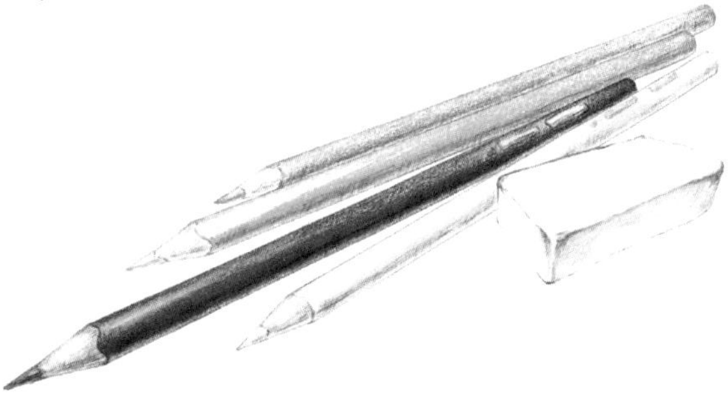

많은 사람의 사랑을 받는 컬러링북 때문에 익숙한 재료가 된 색연필.

색연필은 브랜드에 따라 색감이 다르기 때문에 선호하는 브랜드가 개인마다 다 다르지요. 이 책에서 사용한 색연필은 파버카스텔Faber-Castell과 프리즈마Prismar 두 브랜드의 유성색연필입니다. 지금부터 두 브랜드의 특징을 간단하게 알아보겠습니다.

파버카스텔 유성색연필은 심이 단단한 편이고 발색이 좋아 대중적으로 많이 사용되는 색연필입니다. 일반용과 전문가용이 있으며, 전문가용 심이 좀더 부드러운 느낌입니다. 경도가 높은 만큼 선이 뭉개지거나 심이 잘 부러지지 않고 디테일한 표현에 적합하며, 여러 종류의 종이, 나무, 돌 등의 재료에도 사용할 수 있고 보존성 또한 좋은 색연필입니다. 많은 사람의 사랑을 받는 이유가 충분한 재료지요.

프리즈마 유성색연필은 심이 무르고 발색이 또렷해 감각적인 색감이 특징입니다. 색과 색의 혼합이 쉬워 중간색을 표현하기 좋으며 여러 번 덧칠해도 발색이 좋아 대비가 강한 그림을 그리기 좋습니다. 심이 부드럽기 때문에 쉽게 부러지는 단점이 있으므로 조심스럽게 다루어야 합니다. 파버카스텔보다 색감이 훨씬 진한 느낌이고 필감도 부드럽습니다.

유성색연필은 한 번 그리면 수정이 쉽지 않기 때문에 지우개 사용이 한정적입니다. 그러나 손의 힘을 약하게 조절해 흐리게 그린 초반의 경우에는 약간의 수정이 가능합니다. 종이가 일어나지 않을 정도로만 수정하는 것이 좋습니다.

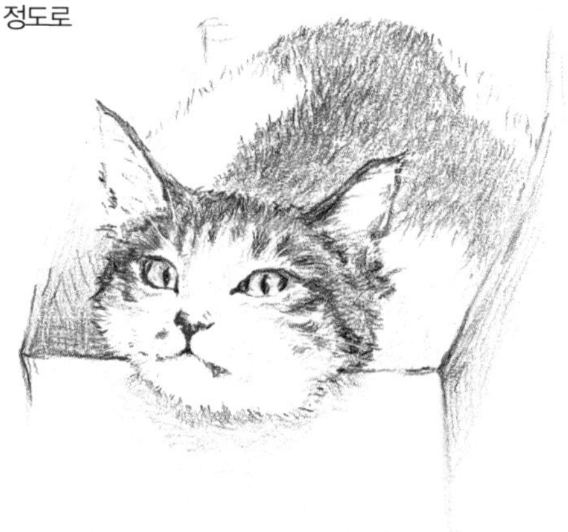

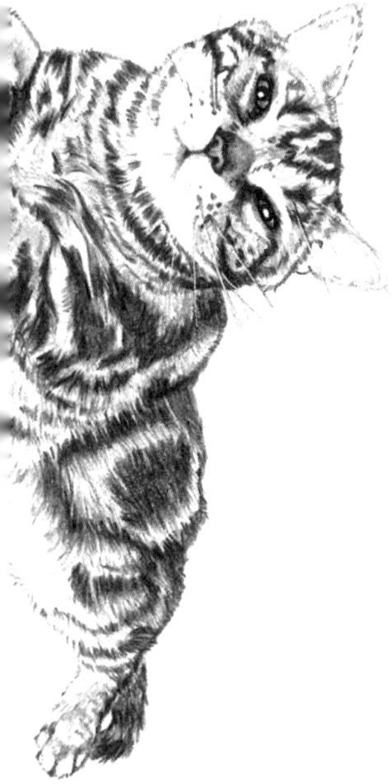

Pen
펜

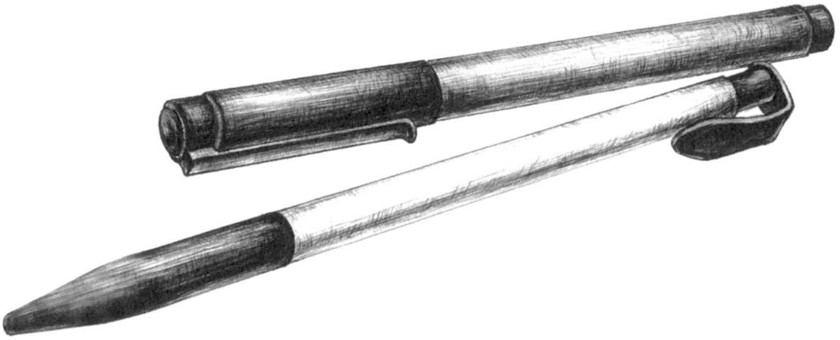

필기구 중에 일반적으로 가장 많이 사용하는 재료는 역시 펜이겠지요. 익숙한 재료이므로 그 특징 또한 잘 알고 있으리라 생각됩니다. 수성펜과 유성펜으로 나뉘며 한 번 그리면 수정이 어렵고 한 펜으로는 일정한 굵기만 표현할 수 있다는 점 말입니다.

많은 사람이 글을 쓸 때 사용하지만 그림을 그릴 때는 쉽게 손이 가지 않는 재료입니다. 수정하기가 쉽지 않기 때문이겠지요. 선 굵기 또한 일정하고 가늘게만 표현되기 때문에 강약을 조절하기 어렵고요. 유성펜의 경우에는 일명 '볼펜 똥'이라고 불리는 잉크 뭉침도 있기 때문에 더더욱 그림을 그리는 재료로 선택하기 쉽지 않습니다.

그럼에도 불구하고 굳이 펜으로 그림을 그리는 이유는 펜 특유의 날카로운 선이 주는 독특한 느낌 때문입니다. 단색의 가는 선이 모여 그림으로 완성되었을 때의 성취감을 느껴보고 싶다면 한번쯤 도전해보기를 권하는 재료입니다.

Acrylic Paint

아크릴물감

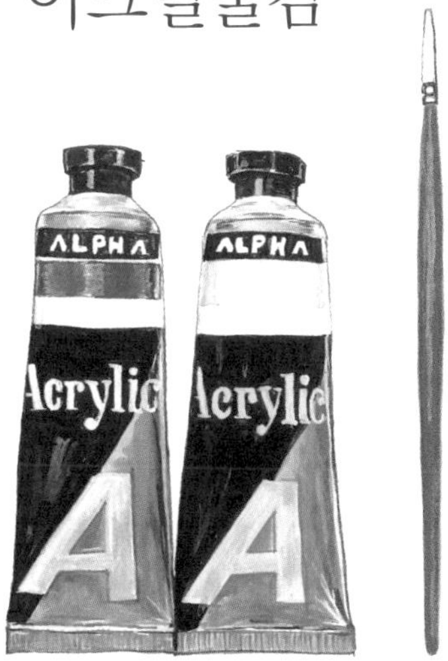

선명한 색감과 두께를 이용해 다양한 질감까지 표현할 수 있으며 접착력과 보존성이 좋지만 기름에 녹여 쓰기 때문에 사용이 번거롭고 건조시간이 긴 유화물감과, 물에 녹여 쓰기 때문에 사용이 간단하고 건조시간이 빠르며 물의 느낌을 자유롭게 표현할 수 있지만 접착력과 보존성이 떨어지는 수채화물감의 장점을 모아서 만든 물감이 아크릴물감입니다. 아크릴물감은 유화의 장점은 그대로 가져오지만 물을 사용하기 때문에 건조시간이 빠르며 보존성과 접착성도 유화물감에 뒤지지 않습니다. 또한 물의 양을 조절해 시원한 수채화의 느낌까지 다양하게 표현 할 수 있습니다. 건조가 빠르고 잘 번지거나 잘 벗겨지지 않으며 캔버스나 종이뿐 아니라 나무나 천 등 다양한 재료에도 채색이 쉽습니다. 수정을 하고 싶으면 살짝 진하게 다시 색을 입히면 바로 수정됩니다.

붓은 그리려는 그림에 따라 달라지는데 고양이를 그릴 때는 뾰족하고 가는 세필붓을 사용합니다. 붓은 털의 종류와 길이에 따라 여러 가지가 있는데 수채화용보다는 아크릴이나 유화용을 쓰는 게 좋습니다. 아크릴물감은 건조가 빠르기 때문에 붓에 묻은 아크릴물감이 굳으면 붓도 같이 딱딱해지기가 쉽습니다. 그래서 자주 물에 헹궈서 부드럽게 닦아줍니다. 말릴 때는 붓의 털이 꺾이지 않게 일자로 모아서 말려줍니다.

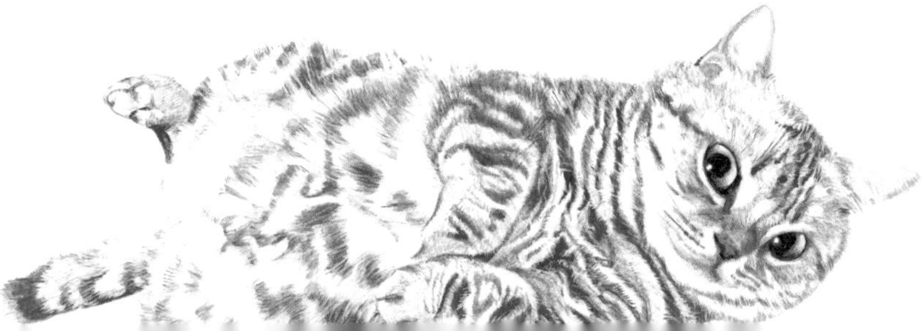

PART 2

Part Step
부분 그리기

고양이를 가장 그리고 싶게 만들면서도 가장 그리기 어려울 것 같은
고양이의 눈, 코, 입, 귀와 말랑말랑한 젤리를 그리는 방법을 정리했습니다.
화려하고 복잡하다고 느낄 수 있지만
몇 가지 특징과 간단한 팁만 알면 어렵지 않게 그릴 수 있습니다.
제일 익숙한 연필로 먼저 그려보겠습니다,

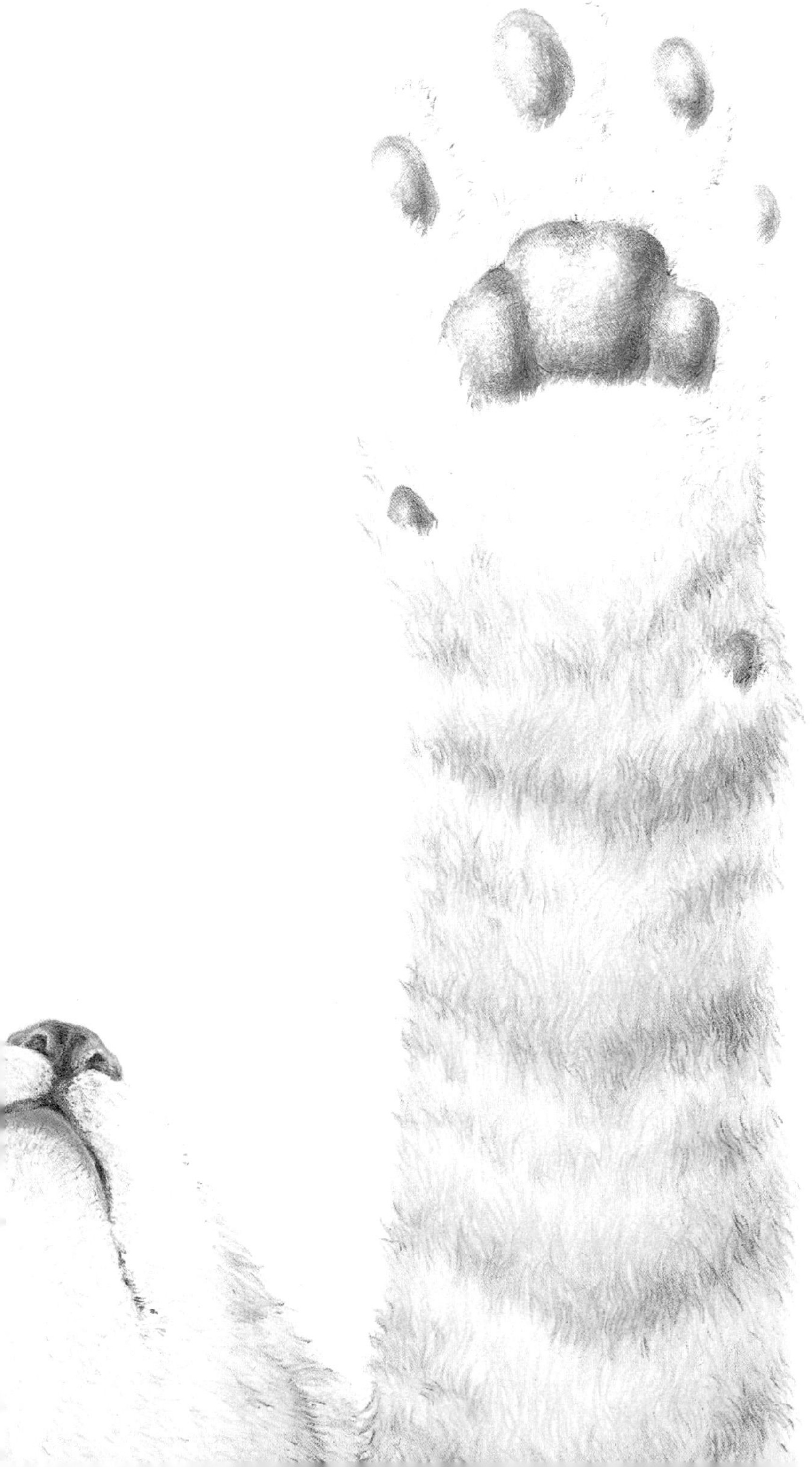

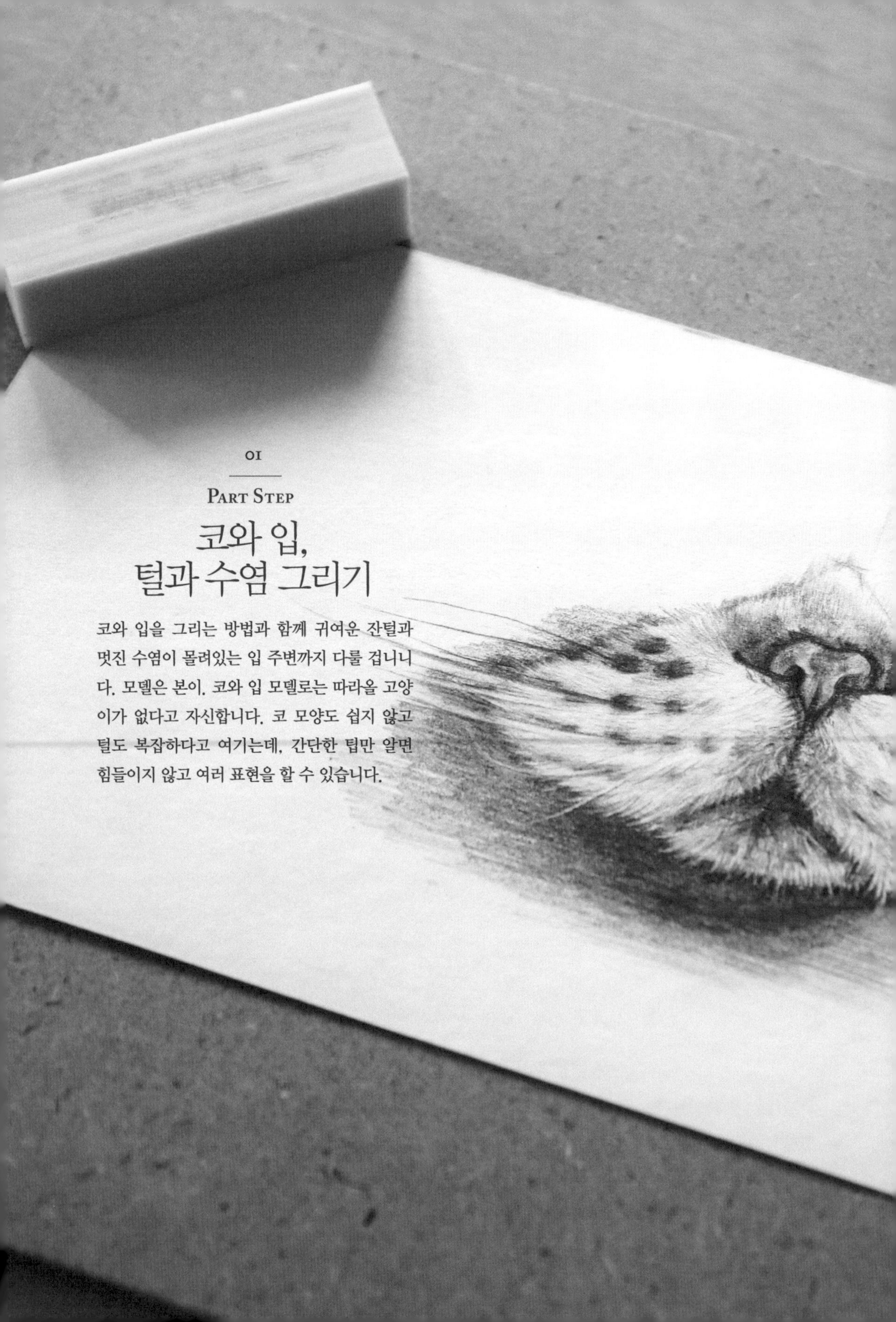

01

PART STEP

코와 입, 털과 수염 그리기

코와 입을 그리는 방법과 함께 귀여운 잔털과 멋진 수염이 몰려있는 입 주변까지 다룰 겁니다. 모델은 본이. 코와 입 모델로는 따라올 고양이가 없다고 자신합니다. 코 모양도 쉽지 않고 털도 복잡하다고 여기는데, 간단한 팁만 알면 힘들이지 않고 여러 표현을 할 수 있습니다.

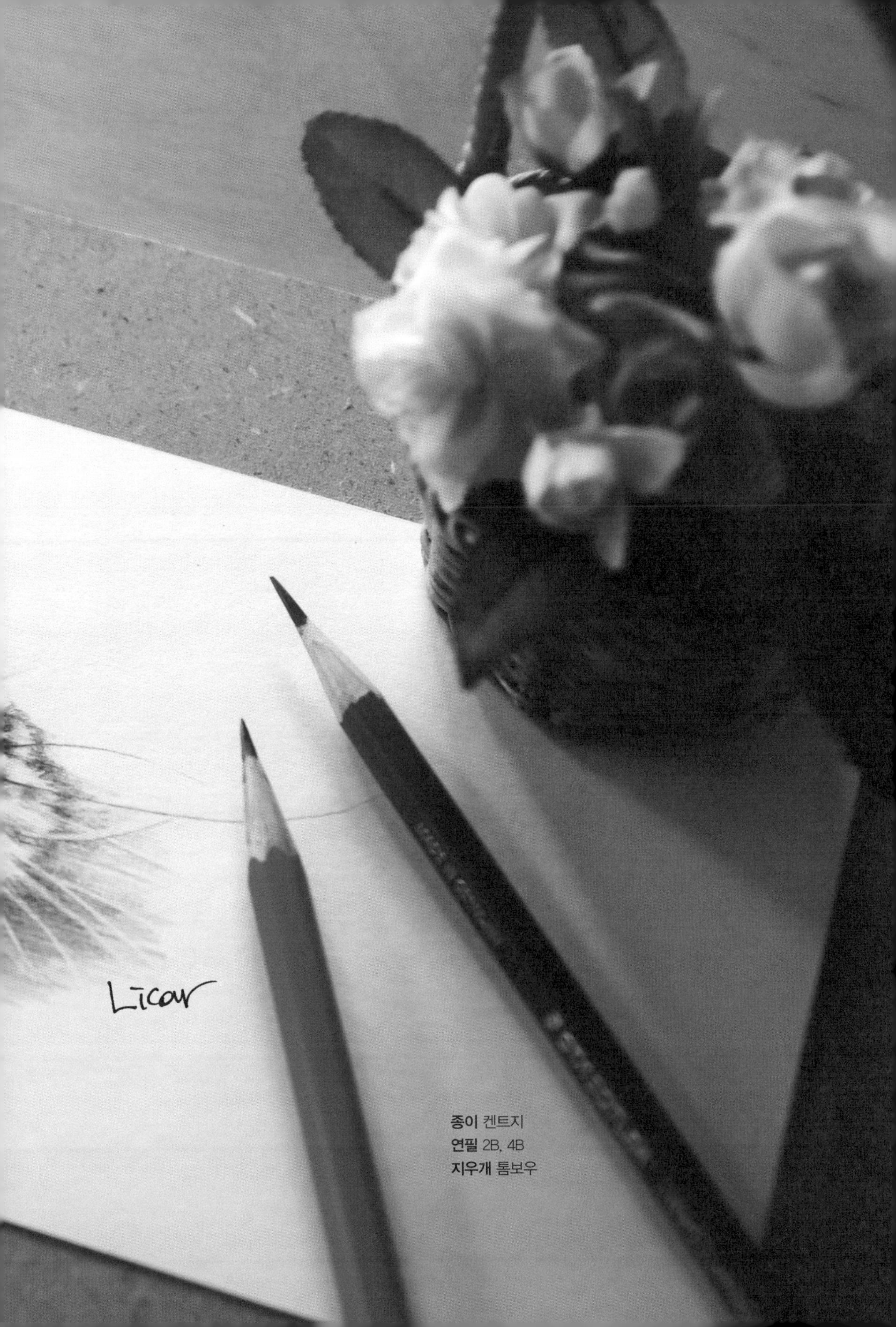

종이 켄트지
연필 2B, 4B
지우개 톰보우

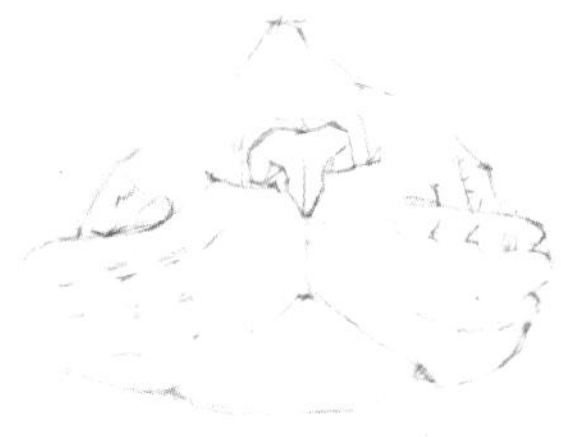

1 코와 입의 형태를 잡습니다. 수염까지 그릴 것이므로 수염 위치도 정확하게 잡아줍니다.

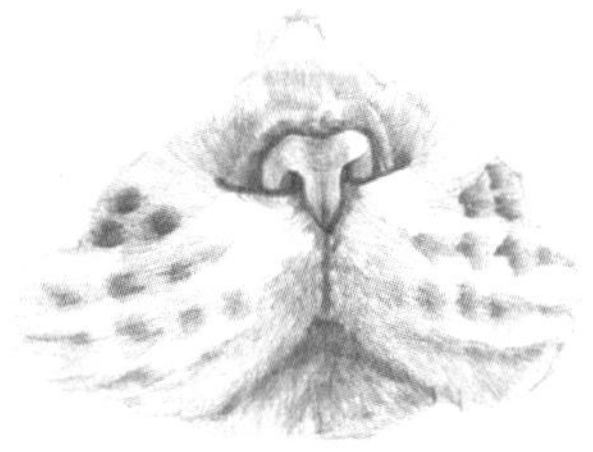

2 가장 어두운 부분인 코와 입부터 그립니다. 코는 덩어리가 선명하기 때문에 코의 라인을 진하게 잡아주고 콧구멍의 반사광 부분과 작은 그림자를 그려주면 쉽게 입체감을 표현할 수 있습니다. 입은 아랫부분에 생기는 'ㅅ' 모양의 그림자를 이용해 덩어리를 나눕니다. 이때 그림자의 경계는 직선보다는 짧은 선을 여러 번 사용해서 자연스러운 선이 되도록 그립니다.

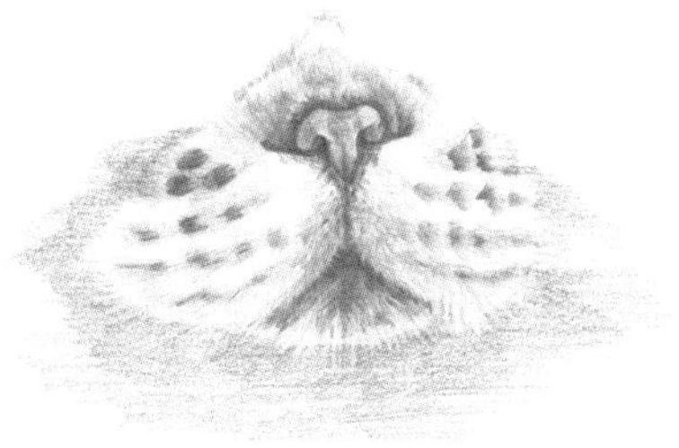

3 어두운 부분을 강조하기 위해 콧구멍 안의 어둠도 진한 연필로 흐트러지지 않게 정리합니다. 콧구멍처럼 급격하게 꺾이는 면은 가장 어두운 곳 옆이 가장 밝습니다. 콧구멍 안의 반사광과 가장 어두운 부분 옆의 가장 밝은 부분은 지우개로 다듬어서 밝음과 어둠이 섞이지 않도록 합니다. 그러면 꺾이는 면이 자연스럽게 도드라지면서 콧구멍 느낌이 표현됩니다. 털을 표현하기 위해 외곽선을 따라 날카로운 지우개를 흰색 연필이라 생각하고 털의 방향대로 그리듯 지워줍니다.

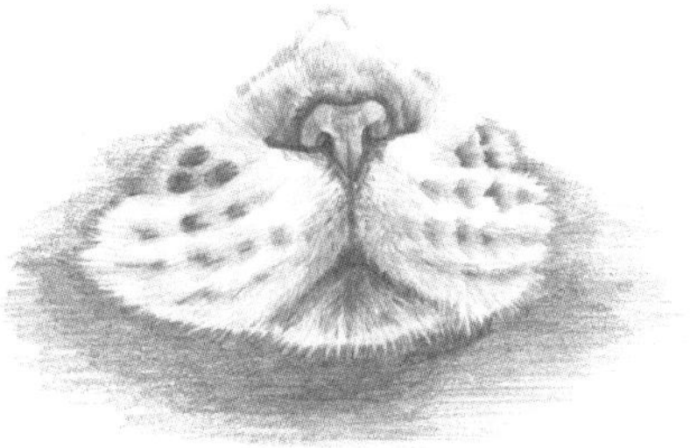

4 지워진 부분을 따라 연필로 정리해주면 외곽선이 털 느낌으로 자연스럽게 묘사되면서 덩어리도 구분됩니다. 그림자를 더 선명하게 그려서 확실한 덩어리감을 표현합니다. 그림자는 시작되는 부분이 제일 선명하고 뒤로 가면서 퍼지기 때문에 처음 부분의 경계만 확실하게 그립니다.

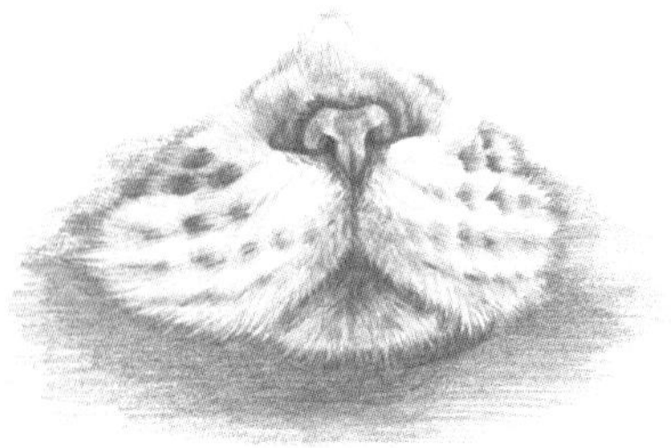

5 코와 입의 입체감과 잔털 표현을 위해 입주변의 잔털과 가장 밝은 하이라이트 부분, 코의 가장 밝은 부분을 날카롭고 깨끗한 지우개로 지웁니다. 이때는 외곽선의 털보다 좀더 짧게짧게 지우세요.

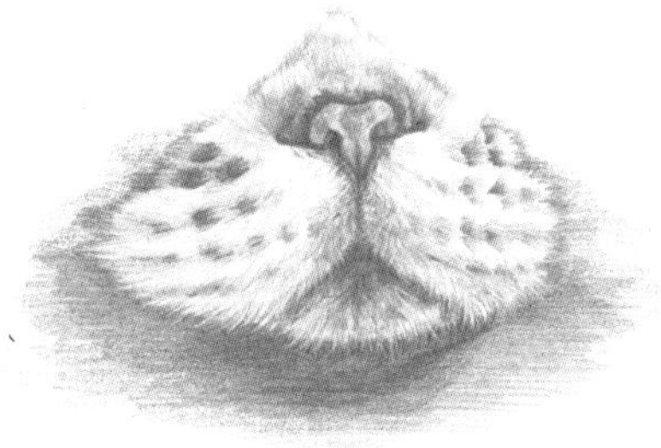

6 지워진 부분을 연하고 날카로운 연필로 자연스럽게 정리합니다. 여기까지가 수염을 제외하고 코와 입 주변까지 완성된 상태입니다.

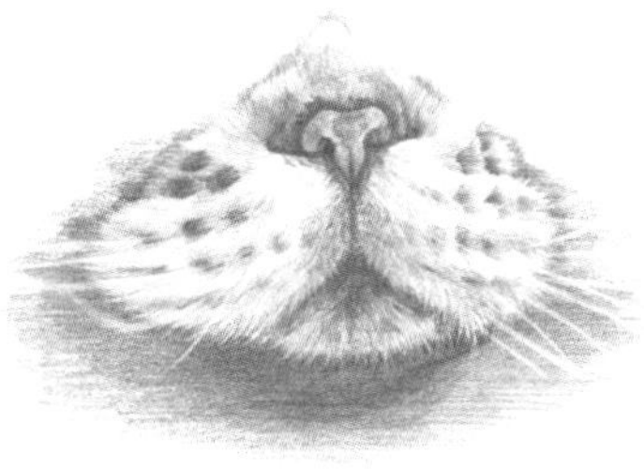

7 마지막으로 수염을 그립니다. 지금까지처럼 지우개를 사용해서 수염을 그리는데 수염의 가늘면서 탄성 있는 느낌을 강조하기 위해 가능하면 한 번에 길게 지우는 것이 좋습니다. 지우개도 아끼지 말고 자주 잘라서 날카롭고 깨끗한 상태를 계속 유지하면서 사용하는 게 좋습니다.

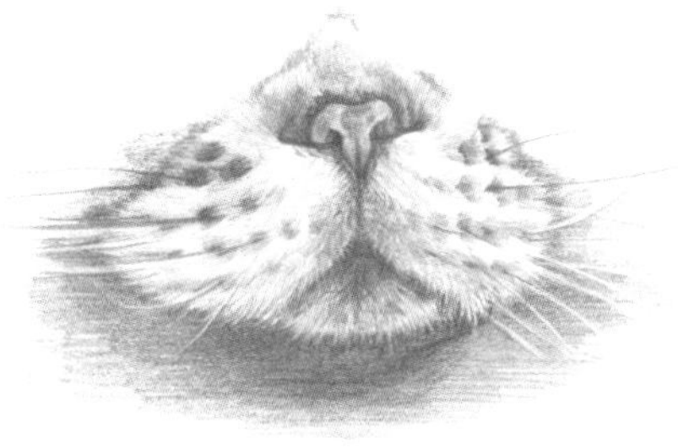

8 연필로 수염의 검은 부분과 지우개가 지나간 후 부자연스러운 부분을 연결하면서 다듬으면 수염까지 모두 완성입니다.

종이 켄트지
연필 2B, 4B
지우개 톰보우

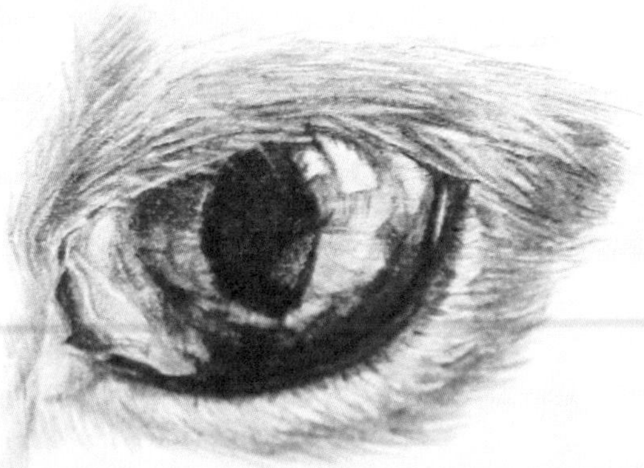

02

Part Step

눈 그리기

고양이 눈은 색깔도 무척 다양한데다 동공의 크기가 빛에 따라 달라지며 표면은 아주 매끈한 유리구슬처럼 투명해서 같은 녀석인데도 같은 눈을 보기가 어려울 정도로 신비롭습니다. 그래서 눈을 그릴 때는 눈동자의 유리 질감과 털 질감 표현이 섞이지 않도록 조심하면서 그립니다.

Licour

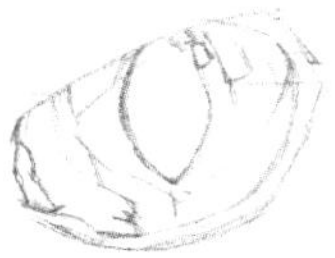

1 눈의 라인과 눈동자의 위치를 정확하게 그립니다. 밝은 부분과 어두운 부분이 섞이지 않도록 어두운 부분 위주로 흐름을 표시합니다.

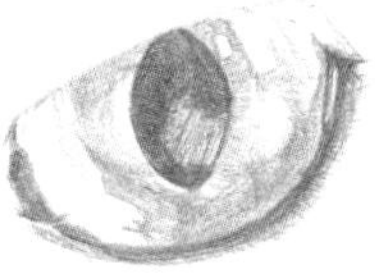

2 눈동자와 언더라인 등 가장 어두운 부분을 먼저 채웁니다. 투명 구슬 같은 눈의 모양과 눈동자 밑의 어두운 부분도 너무 진하지 않게 채우세요.

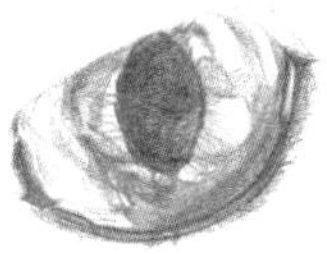

3 어두운 부분이 어느 정도 잡히면 중간 톤과 섞이지 않게 어둠을 한번 더 그려주고 중간 톤도 표현합니다. 눈동자를 그릴 때는 날카롭게 다듬은 연필을 세워서 살살 그려야 연필선이 퍼지지 않아 유리 같은 눈동자의 선명함을 표현할 수 있습니다. 눈의 중간 톤은 동공이 최대로 퍼지는 곳까지가 경계입니다. 빛이 반사되는 하이라이트 부분은 연필선이 거의 닿지 않도록 합니다.

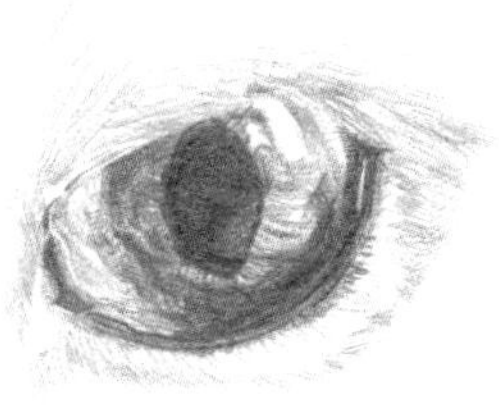

4 눈동자가 반 이상 진행되면 눈가의 털도 그리기 시작합니다. 털을 그릴 때는 처음부터 털의 방향대로 그립니다. 고양이 눈 주변의 털은 짧은 털과 눈의 끝으로 갈수록 눈썹처럼 보이는 긴 털이 있는데 이 털의 길이 차이를 잘 표현하면 고양이와 조금 더 비슷한 그림을 그릴 수 있습니다.

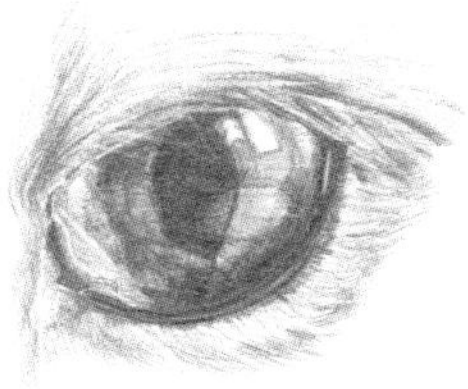

5 눈가의 털이 톤에 맞춰 채워지면 날카롭게 자른 지우개로 눈가의 밝은 털과 눈동자 위에 보이는 털을 털 방향대로 지웁니다. 그러면 흰색 연필로 그린 듯한 느낌을 얻을 수 있습니다.

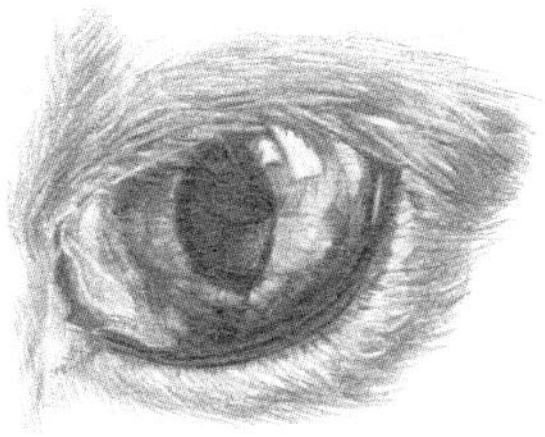

6 지워진 털은 연필로 모양을 다듬으며 주변과 자연스럽게 연결합니다. 동공의 가장 밝은 하이라이트 부분은 지우개로 깨끗이 지우세요. 눈의 투명한 표면에 반사된 부분은 깨끗한 지우개로 지우지 말고 살짝살짝 눌러주면 자연스러운 경계가 생기면서 반사된 느낌을 표현할 수 있습니다. 너무 밝거나 어두운 부분이 있는지 확인하며 전체 톤을 자연스럽게 맞춰가며 완성합니다.

03

PART STEP

발 그리기

최고 모델 촵입니다. 예쁜 얼굴은 잠시 후에 자세히 소개하고 우선은 얼굴만큼 예쁜 발바닥을 그리도록 하겠습니다. 얼굴처럼 젤리도 짜장짜장입니다. 힘을 줘서 잡을 수도, 그렇다고 놓을 수도 없는 마성의 고양이 발바닥은 역시 젤리와 그 사이사이의 털이 주인공이죠.

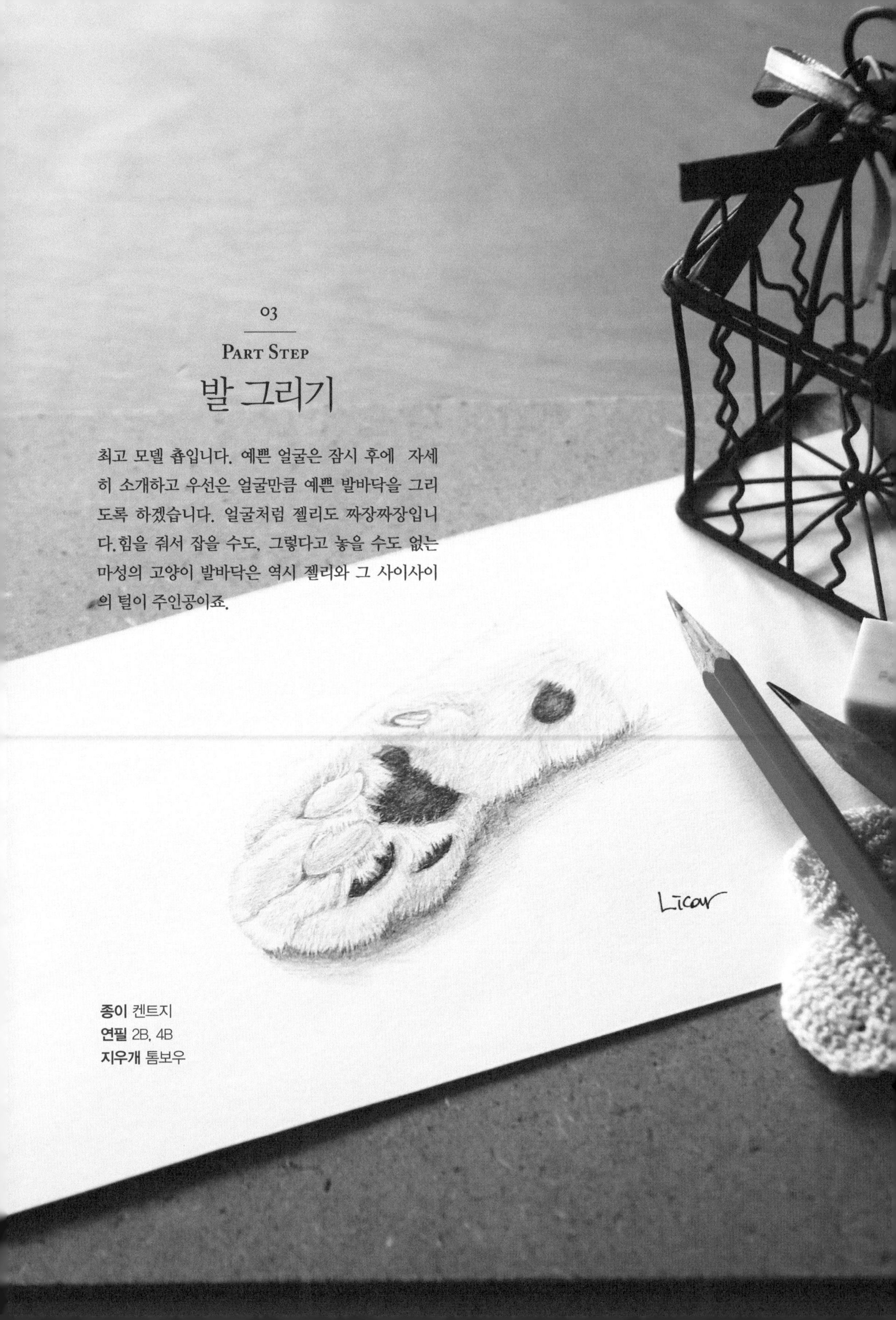

종이 켄트지
연필 2B, 4B
지우개 톰보우

1 찹쌀떡이라 불리는 앞발의 발가락 네 개와 젤리뿐 아니라 우리의 뒤꿈치 같은 조그만 젤리도 잊지 않고 그립니다. 전체 털이 하얀색이므로 스케치할 때도 너무 진해지지 않게 힘을 빼고 그립니다.

2 가장 어두운 부분인 까만 젤리부터 그립니다. 까만 젤리의 색을 채워준 후 다른 젤리와 발가락의 라인도 미리 그립니다. 이때부터 직선으로 한 번에 그리지 말고 발바닥 털처럼 짧게 여러 번 털의 방향으로 라인을 그리기 시작합니다.

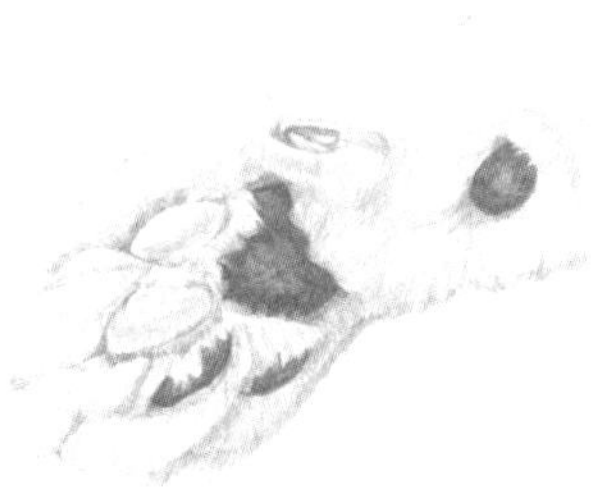

3 가장 까만 젤리부터 시작해 중간 톤까지 부드럽게 그립니다. 중간 톤이라고 해도 하얀 털이기 때문에 너무 어두워지지 않게 손에 힘을 빼고 그립니다. 젤리는 구 그리기를 참고해서 아주 작은 구를 그리듯 그리면 자연스럽게 탱글탱글한 느낌이 됩니다. (014페이지 참조)

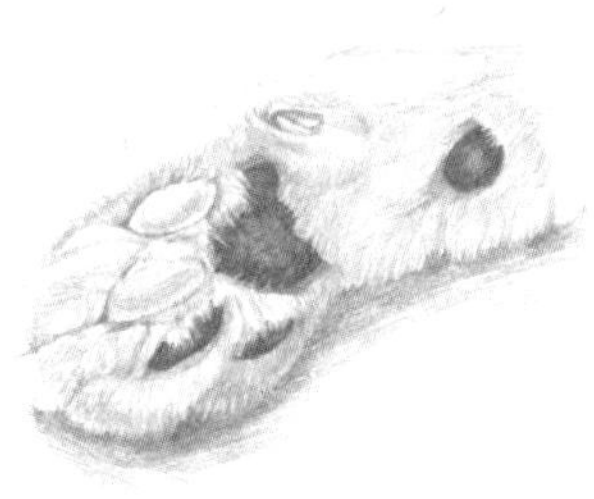

4 발바닥은 털도 짧고 방향도 다양한데다 발가락 사이사이로 비집고 나오는 귀여운 털도 많기 때문에 지우개를 이용한 표현이 많습니다. 때문에 연필로 미리 털을 많이 그려줍니다. 살짝 어둡다고 느껴질 정도까지 그립니다. 그림자는 직선으로 한 번에 그리지 말고 털 느낌에 따라서 여러 번 외곽선을 그립니다. 시작지점만 진하게 하고 뒤로 갈수록 풀어줍니다.

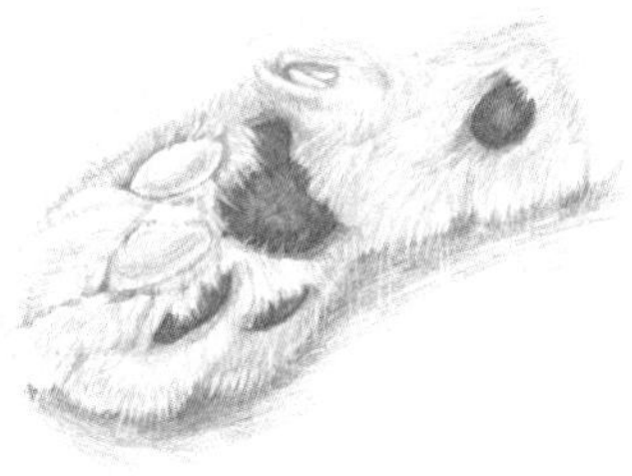

5 날카롭고 깨끗한 지우개로 털의 방향대로 지우세요. 그림자와 만나는 외곽선도 부자연스러운 곳이 있으면 마찬가지로 지우개로 털을 그리듯이 지워줍니다. 털 하나하나가 아니라 가장 밝은 부분이 어두워지지 않았는지 확인하고 어두워진 부분이 있으면 지우개로 지우지 말고 지우개의 넓고 깨끗한 부분으로 살짝살짝 눌러서 자연스럽게 색을 빼줍니다.

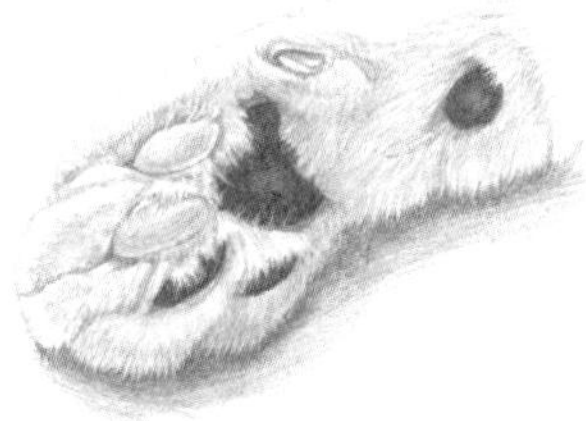

6 지우개로 지워서 만든 부분을 연필로 자연스럽게 마무리합니다. 이때 연한 연필로 힘을 빼고 그려주세요. 너무 어두워진 부분이 없는지 확인하고 전체 톤을 정리하면 완성입니다.

04

PART STEP

귀 그리기

고양이 귀는 모양이 복잡하고 털도 많아 그리기 힘들어 보이지만 사실 형태도 단순하고 털 방향도 정해져 있습니다. 밖으로 향하는 귓속 털과 얼굴에서 뾰족이 올라오는 털, 귀 테두리에 있는 짧은 털 정도로 구별하고 그 방향과 길이만 잘 맞춰주면 쉽게 표현할 수 있습니다.

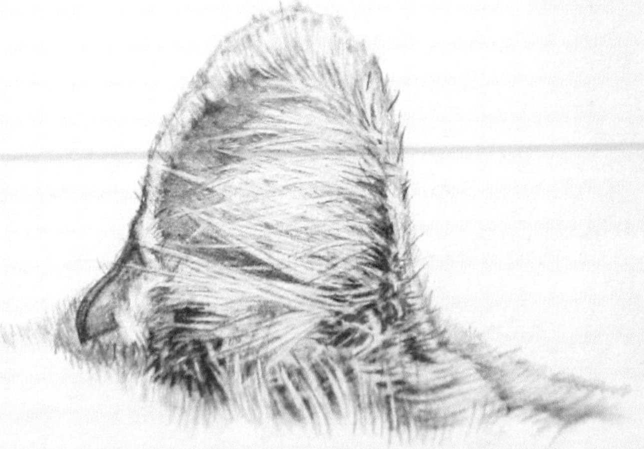

종이 켄트지
연필 2B, 4B
지우개 톰보우

Licat

1 귀 모양은 생각과 달리 자세히 보면 사실 무척 단순합니다. 시작 부분의 말린 느낌과 반대편의 얇은 부분만 정확히 그려주면 형태가 틀릴 경우는 거의 없습니다. 전체 형태를 잡은 후 가장 어두운 부분과 털의 덩어리가 나뉘는 부분도 표시합니다.

2 가장 어두운 부분부터 그립니다. 털이 시작하는 앞부분과 귓구멍이 가장 어둡고, 이곳에 털도 많기 때문에 눈에 띄는 털은 이때부터 조금씩 그리면서 어두운 부분을 채워줍니다. 연필 선은 털의 방향대로 그리세요.

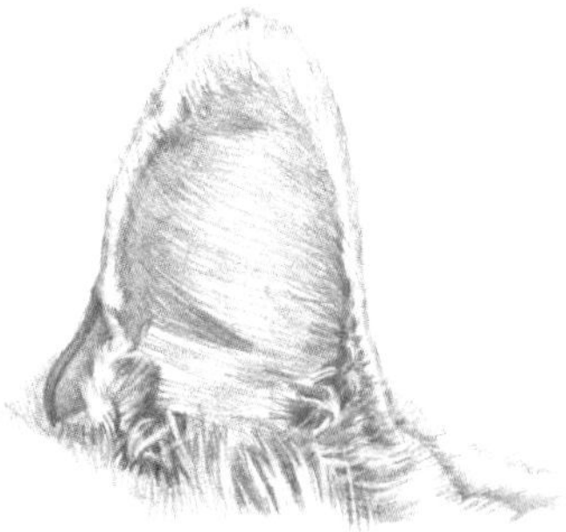

3 귓속에 있는 짧고 긴 털은 연필뿐 아니라 지우개로도 그릴 것이니 우선 연필로 살짝 어둡게 느껴질 정도로 털을 가득 그립니다.

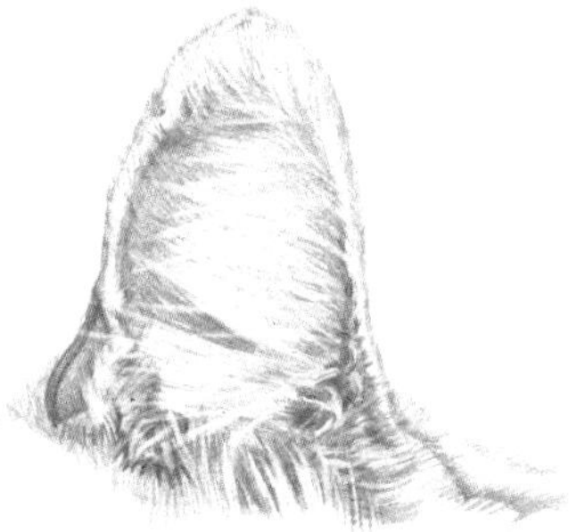

4 날카롭고 깨끗한 지우개로 털의 방향대로 지웁니다. 귓속의 긴 털은 가능한 한 한 번에 지우는 게 좋습니다. 지우개가 지저분해지지 않도록 자주 잘라주세요.

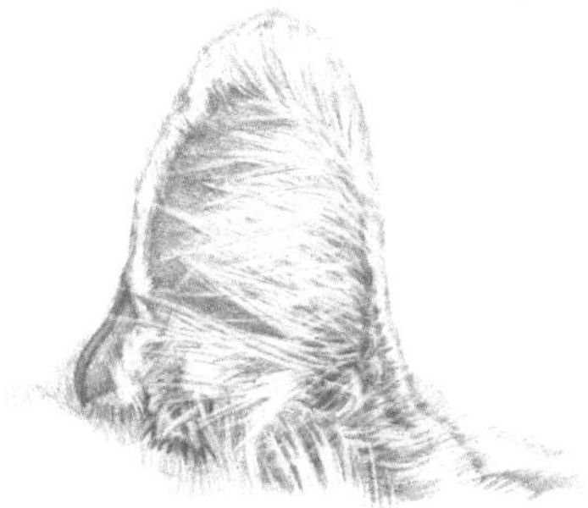

5 지우개로 지워서 만든 털을 연필로 다시 다듬으면서 정리합니다. 이때 날카롭게 깎은 연필로 힘을 빼고 그립니다. 특히 털이 시작되는 부분과 끝나는 부분은 연필로 꼭 다듬어야 지우개로 지운 부분이 튀지 않고 자연스럽게 털 느낌이 납니다.

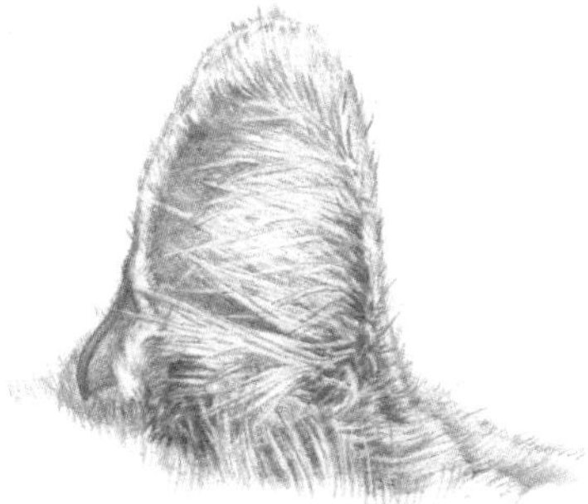

6 지우개로 지우면서 의도치 않게 흐려진 어두운 부분도 다시 그리고 검은색 잔털도 중간중간 그려주면, 보기에는 복잡해 보이지만 사실은 그렇지 않은 귀가 완성됩니다.

PART 3

PENCIL STEP
연필로 그리기

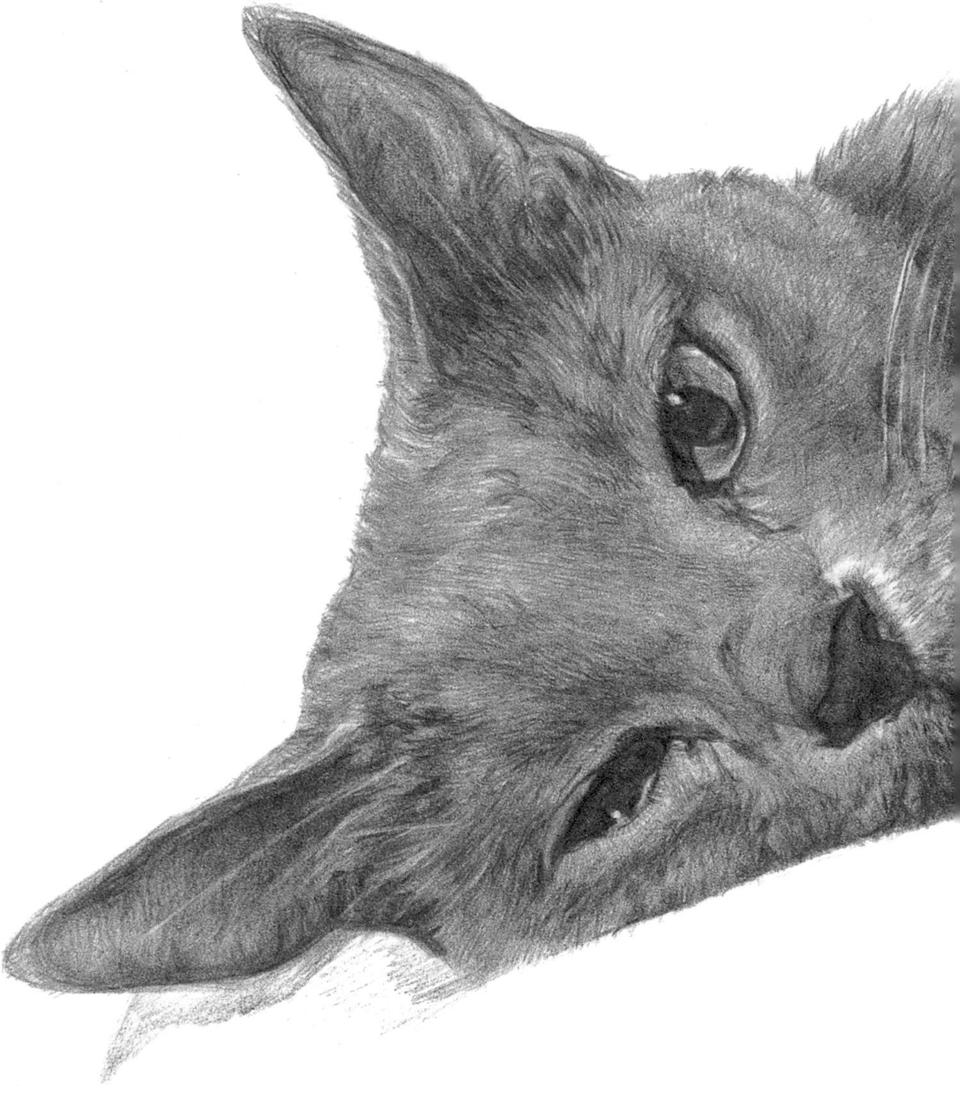

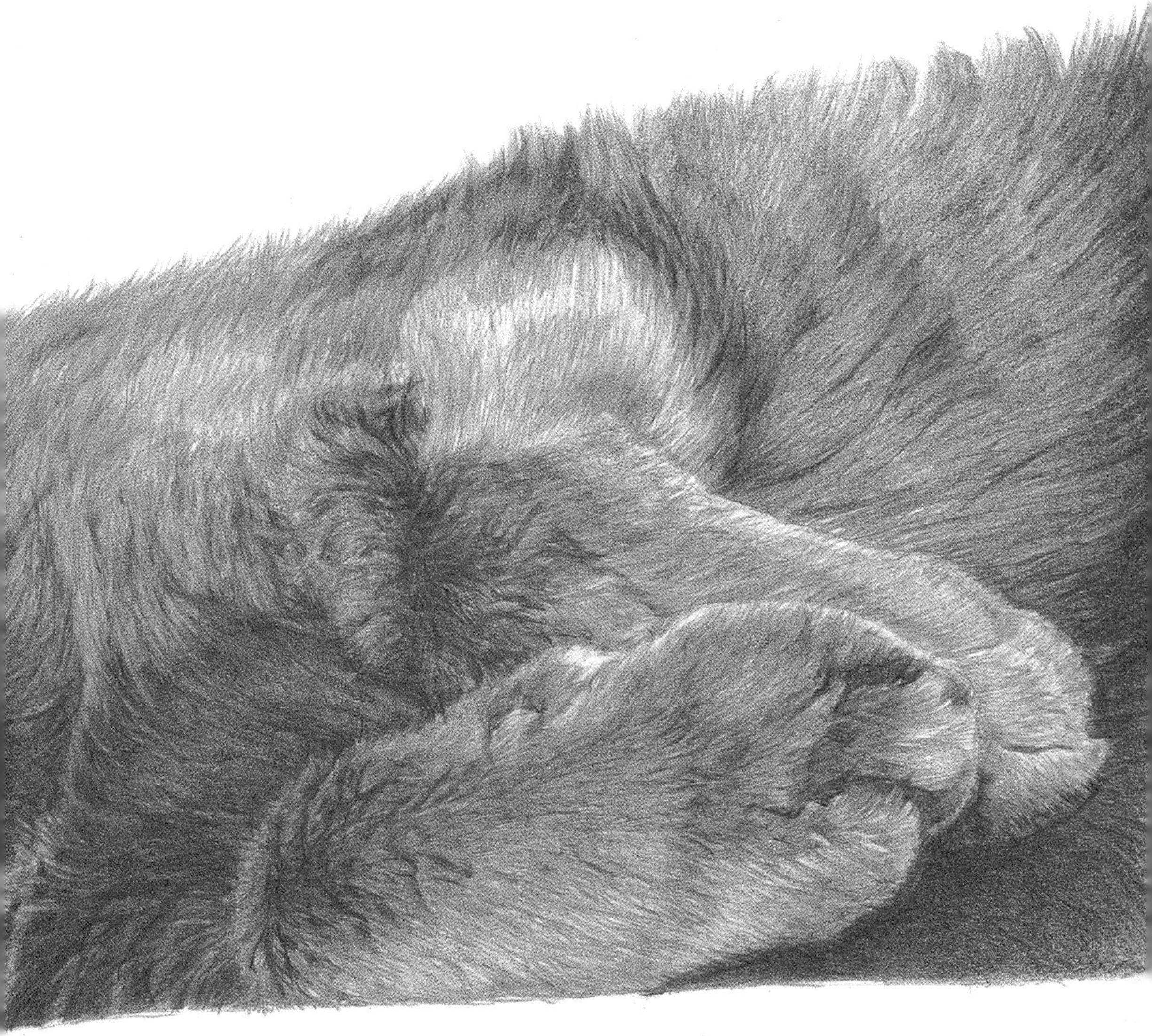

Licor

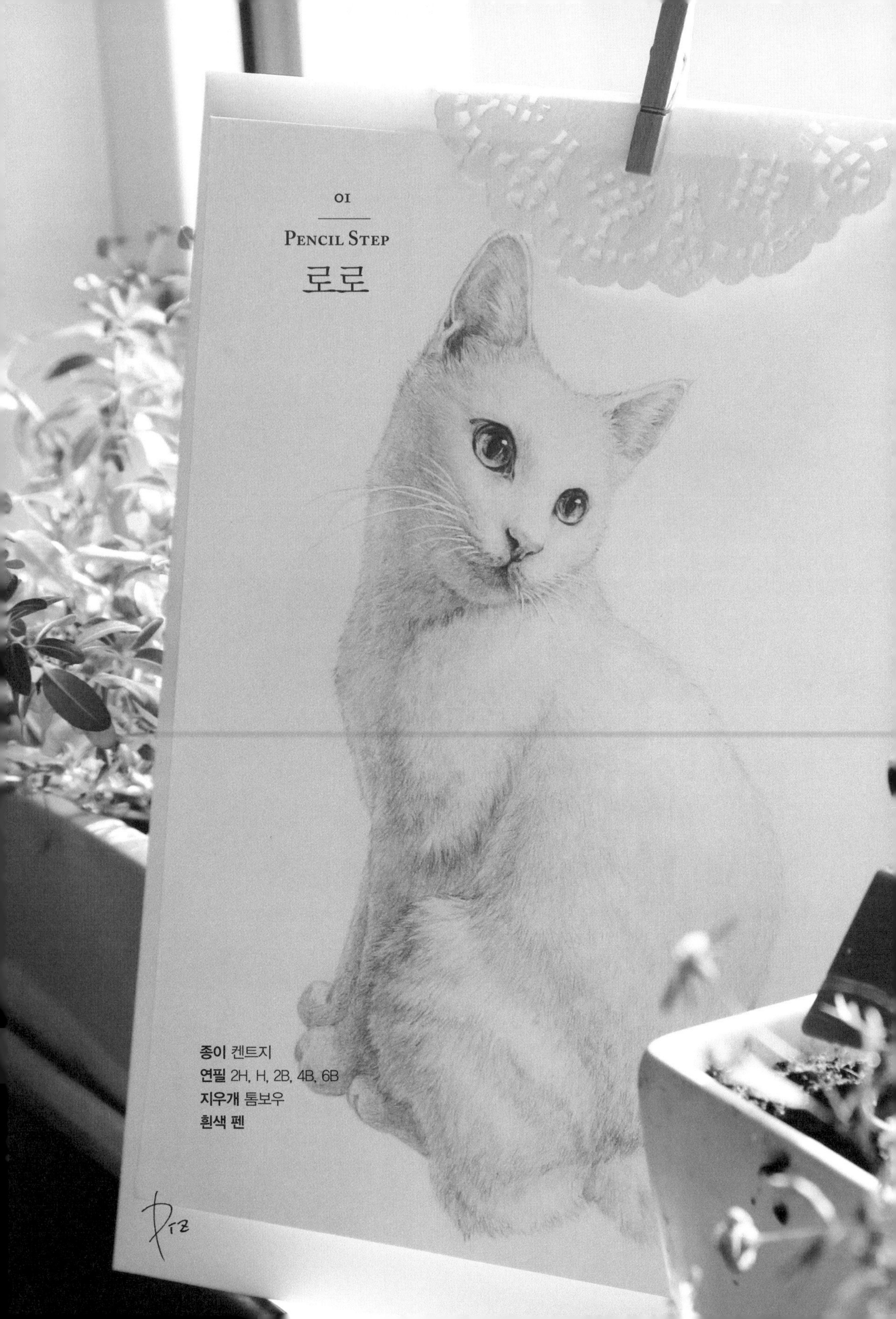

01

Pencil Step

로로

종이 켄트지
연필 2H, H, 2B, 4B, 6B
지우개 톰보우
흰색 펜

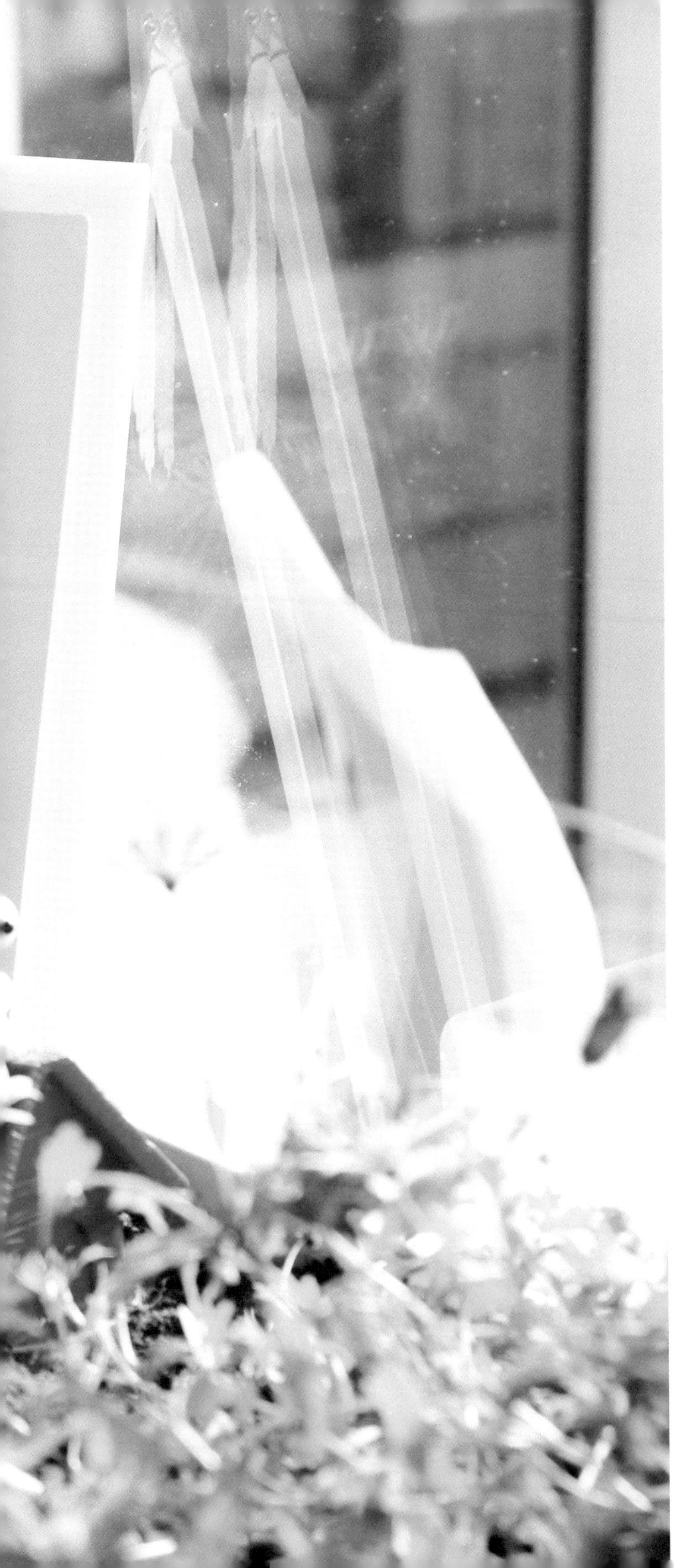

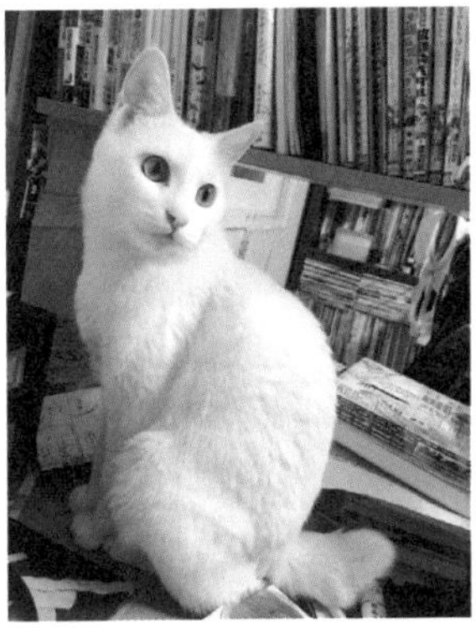

로로 터키시앙고라

마트에 있던 9개월 정도 된 요 녀석을 지인이 업어왔습니다. 업어오자마자 걱정과 달리 바로 밥 먹고 누워 자는 엄청난 친화력을 보여준 식탐 많고 겁도 없는 로로. 태어날 때부터 꼬리가 짧아 콤플렉스가 있는지 만지면 심하게 화를 냅니다. 식탐은 너무 많은데 통 살이 찌지 않는 로로. 집 밖에 나갔다가 누군가에게 맞아 뒷다리가 부러져 상처가 남지 않을까 모두를 걱정시켰지만 다행히 지금은 완치되어, 아들 하나 딸 하나와 함께 엄청난 수다를 늘어놓으며 잘 지냅니다.

1 앞 장에서 설명했던 스케치 방법 중 더 편한 방법으로 스케치하세요. 스케치할 때는 재료와 상관없이 언제나 연한 선으로 하고 지우개질도 살살 해야 종이 표면이 일어나지 않고 연필선도 뭉개지지 않습니다.

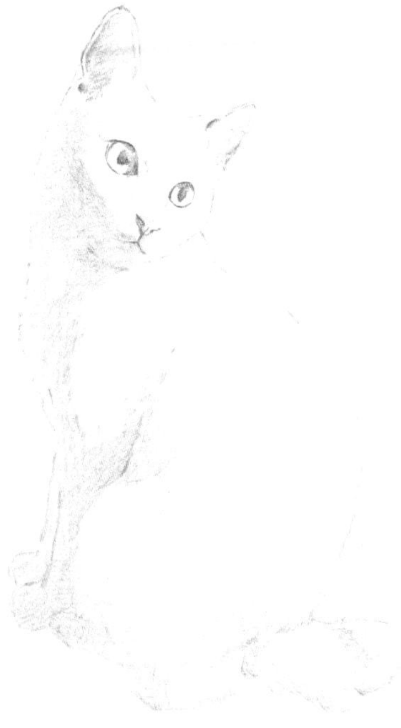

2 빛의 방향이 오른쪽 위이므로 왼쪽 아랫부분에 그림자의 흐름을 그립니다. 얼굴을 구로 생각하고 몸통을 원기둥으로 생각해 그림자의 흐름에 따라 긴 선으로 어두운 부분을 채우세요. 이때 연필은 눕히고 연필심 표면은 둥글게 만들어 부드럽고 두껍게 칠하고 연필선의 간격을 촘촘히 채워 빈 공간을 없애주는 것이 좋습니다.

3 이목구비를 좀더 또렷하게 그려주세요. 가장 진하게 표현해야 하는 부분인 이목구비가 이 그림의 전반적인 이정표가 되어줄 겁니다. 그림이 익숙하지 않은 분은 힘을 주어 덩어리를 한번에 진하게 표현하기보다, 처음에는 힘을 빼고 그리다 차츰 힘을 주며 덩어리를 표현하는 연습을 합니다.

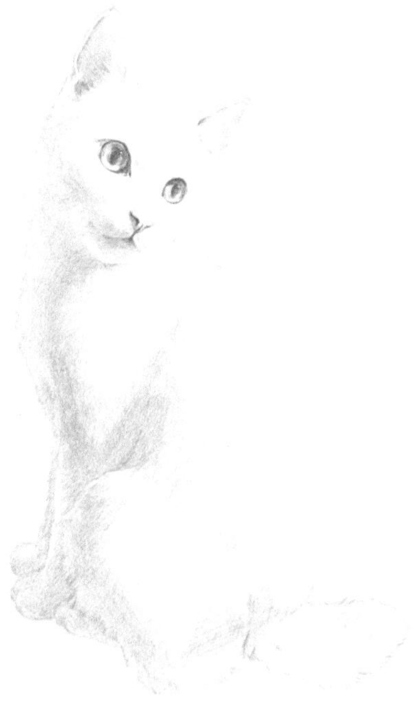

4 전체적으로 흰 털이므로 어둠을 표현할 때 처음부터 너무 강한 선을 사용하지는 마세요. 이목구비보다 짙은 어둠을 흰 털에 먼저 표현하지 않도록 주의하면서 길고 부드러운 선으로 계속 어두운 그림자의 흐름을 잡아갑니다. 이때 연필선의 방향을 너무 한 방향으로만 그리면 종이 질감이 뭉개질 수 있으니 주의하세요. 처음 스케치할 때 표현하지 못했던 작은 덩어리의 형태도 조금씩 표현하면서 진행합니다.

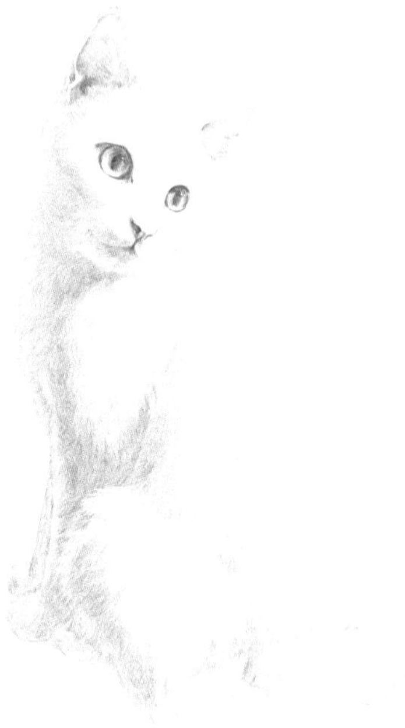

5 터키시앙고라처럼 흰 털 고양이를 그릴 때는 어두운 부분의 묘사를 최대한 많이 하고, 빛을 받는 부분은 후반부에 살짝만 묘사하는 것이 색감을 살리기에 좋습니다. 중반 이후까지는 그림자가 있는 부분 위주로 묘사합니다. 그림자의 흐름을 긴 선으로 잡은 후에는 좀더 짧고 힘 있는 선으로 털 방향을 살려가며 묘사해갑니다. 그림의 왼쪽 아랫부분은 반사광이므로 최소한의 색감과 덩어리만 표현하세요.

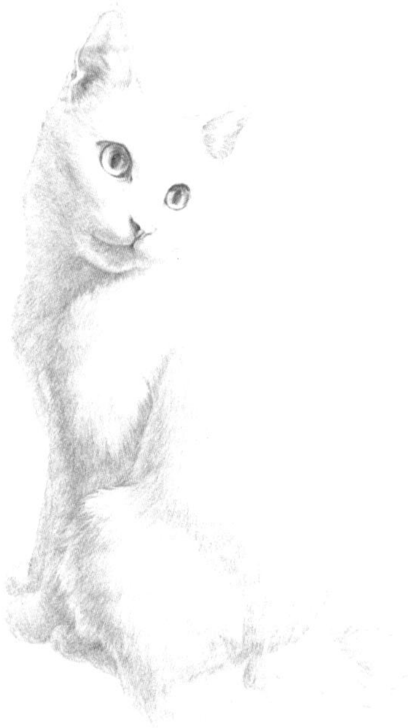

6 연필 각도를 좀더 세우고 그림자의 흐름을 묘사하면서 어두운 부분의 밀도를 높입니다. 털 방향을 좀더 세심하게 묘사해야 하지만 묘사에 치우쳐서 전체적인 덩어리의 통일성을 잊지 않도록 주의하세요. 가장 앞에 위치한 뒷다리 부분은 반사광을 살려가며 묘사하면 입체감을 표현할 수 있습니다.

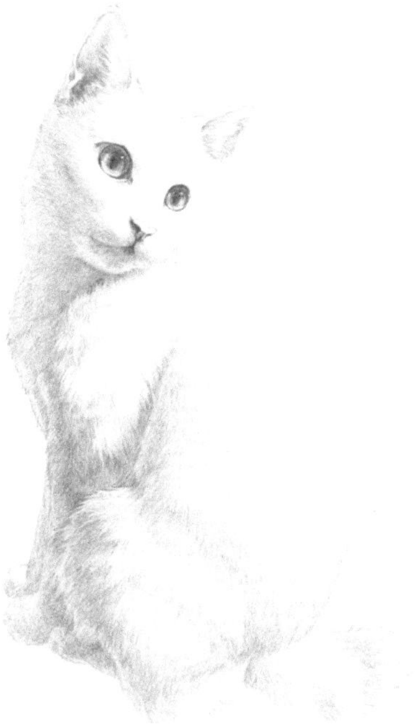

7 색이 가장 짙은 이목구비를 다시 한번 묘사합니다. 이목구비의 색감을 기준으로 삼아 털의 색을 어느 정도까지 칠해야 하는지 결정해야 합니다. 진하고 또렷한 이목구비 표현을 위해 연필심을 좀더 뾰족하게 다듬어주세요. 지우개도 날카롭게 잘라 모서리를 이용해 눈과 얼굴 털 부분의 하이라이트를 표현합니다.

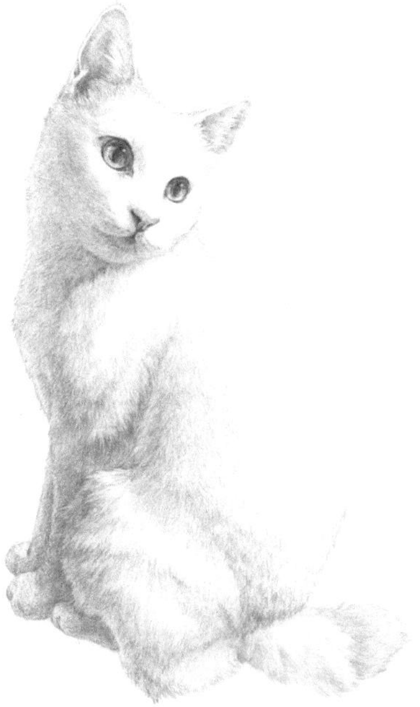

8 이목구비의 색감과 비교해가며 전체적으로 세밀한 묘사를 진행합니다. 짧고 날카롭고 힘 있는 연필선으로 털 방향대로 그리세요. 이때 앞으로 나온 부분을 가장 많이 묘사하고 뒤로 갈수록 묘사의 양을 줄여야 입체감이 살아납니다. 전체적으로 같은 강도로 묘사하면 그림이 산만하고 평면처럼 보일 수 있으니 강조해야 할 부분을 집중해서 묘사하는 것이 좋습니다.

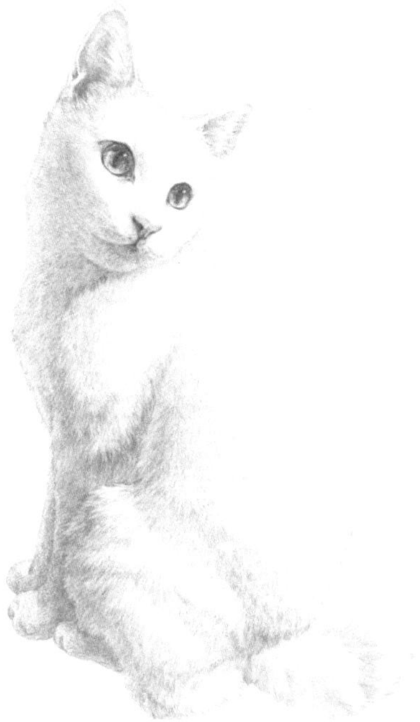

9 중간 톤 부분을 묘사해 털의 질감을 풍부하게 합니다. 흰색 고양이지만 아무 선도 그리지 않은 빈 부분이 너무 많으면 오히려 평면적으로 보이고 그림의 완성도도 떨어질 수 있으므로 전체적인 밸런스를 맞추는 것이 중요합니다. 단단하고 흐린 연필로 털의 방향을 생각하며 짧은 선으로 묘사한 후 날카롭게 잘라낸 지우개 모서리로 중간중간 하이라이트를 표현합니다.

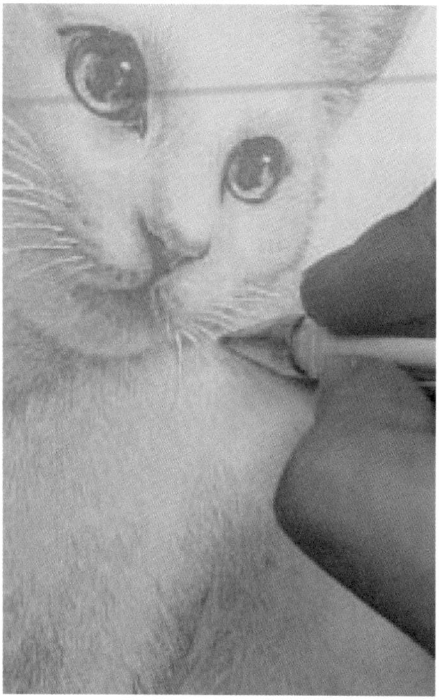

10 흰색 펜으로 수염과 눈의 하이라이트를 그려 완성합니다. 펜을 사용하지 않고 지우개의 날카로운 면을 이용해 지워내면서 표현해도 좋습니다.

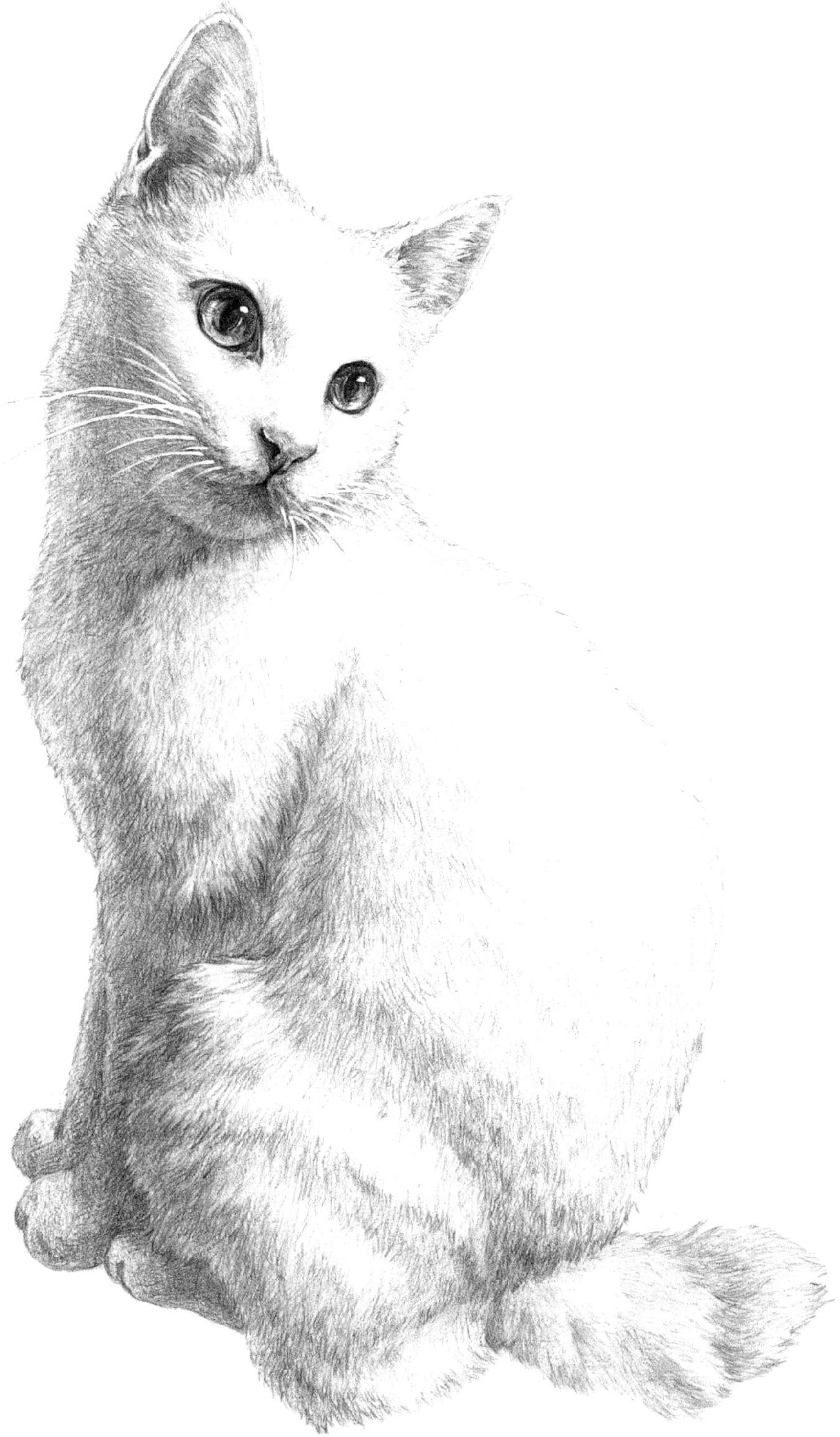

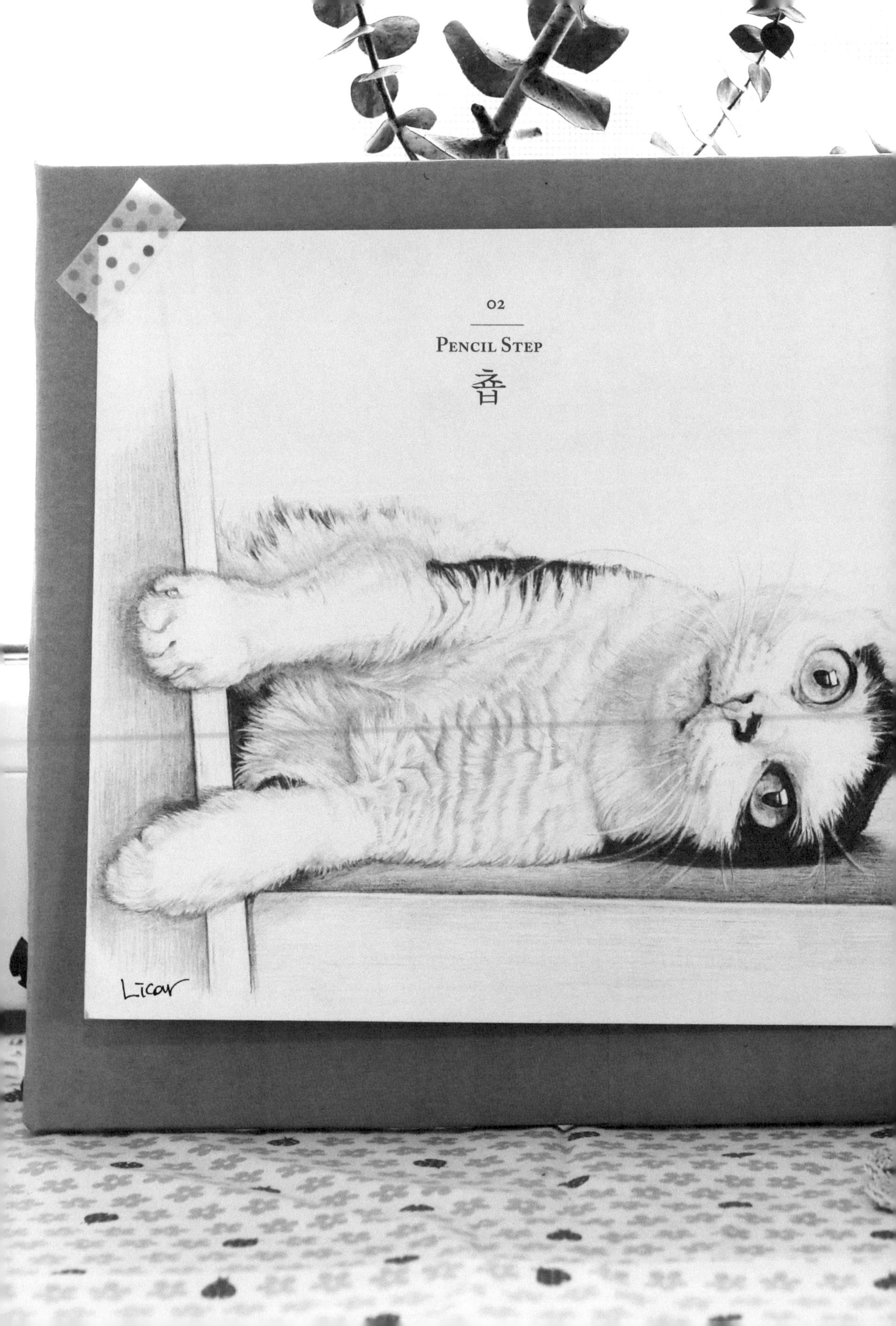

02

Pencil Step

솜

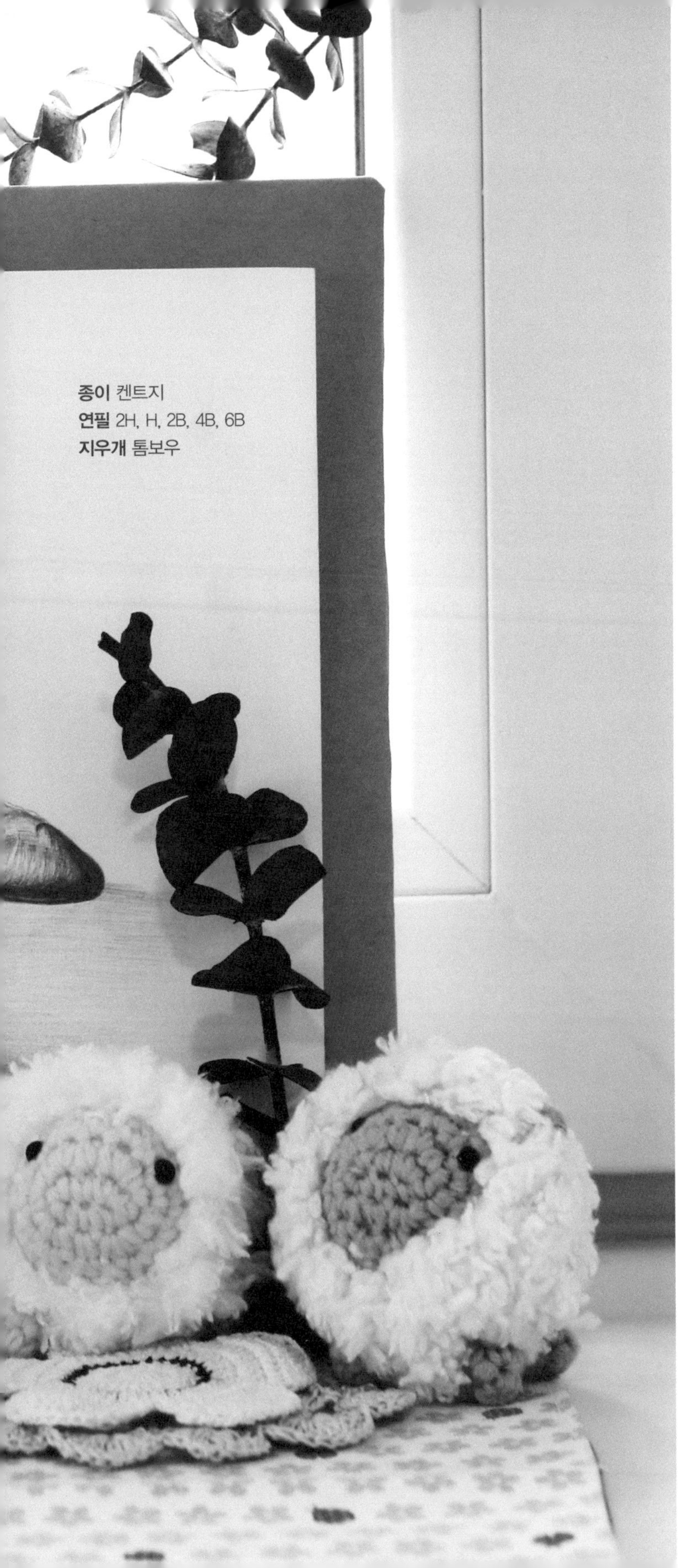

종이 켄트지
연필 2H, H, 2B, 4B, 6B
지우개 톰보우

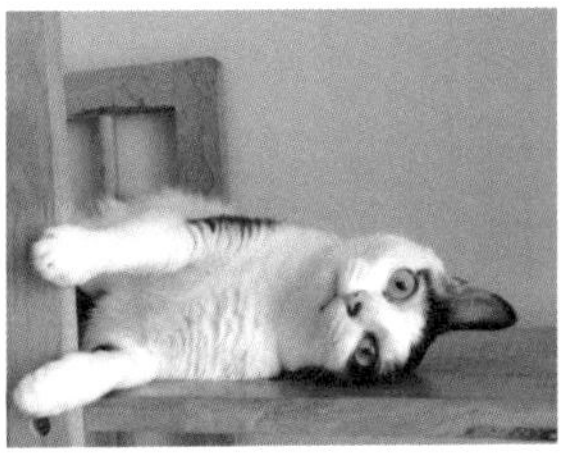

홉 코리안 쇼트헤어

언니가 발을 쪼물거려서 귀찮게 해도 참아주는 착한 고양이. 당연하다는 듯 마사지를 요구하고 만져달라고 조르는 고양이. 아기 때도 잠투정 많아 안아 재웠는데 6살이 된 지금도 졸릴 때 잠투정을 하는 녀석. 자기 물건에 애착이 강해서 다 낡고 찢어진 박스를 새 걸로 바꿔주는 것도 고민하게 만드는 아가씨입니다.

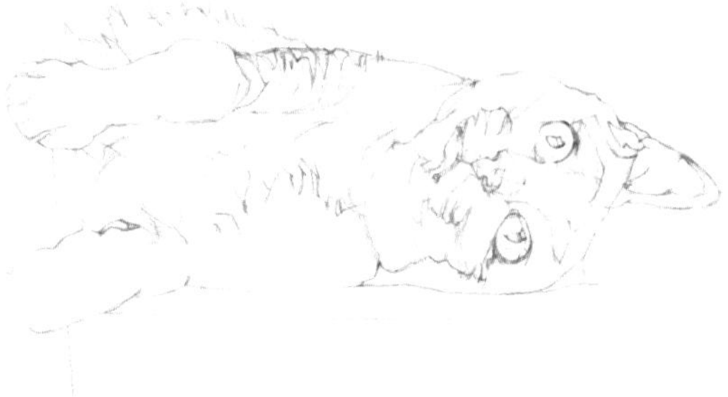

1 일명 짜장 고양이. 검은 부분은 별로 없고 하얀 부분이 많기 때문에 형태를 잡을 때 연필이 번지거나 진하게 그려지지 않게 조심합니다. 연한 연필을 얇게 깎아서 사용하는 게 좋습니다. 형태가 완성되면 필요한 선을 제외하고 지우개로 미리 지워줍니다.

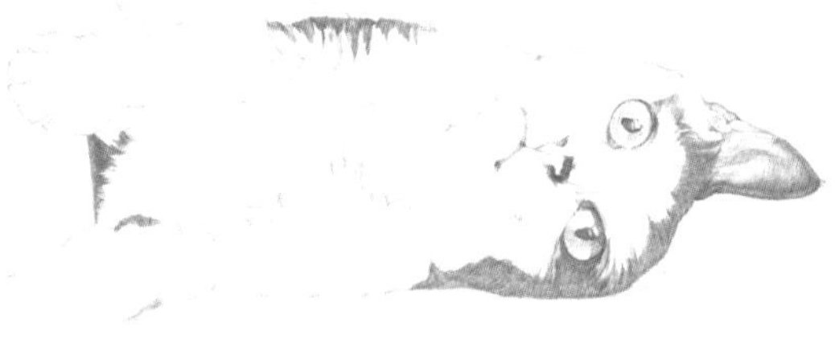

2 가장 어두운 검은 얼룩 부분과 눈, 코, 입을 먼저 그립니다. 검은 얼룩은 가장 어두운 기준이 되면서 인상에도 중요한 부분이기 때문에 위치를 계속 확인하면서 그리세요. 연필은 너무 눕히지 말고 손에 힘이 많이 들어가지 않도록 합니다.

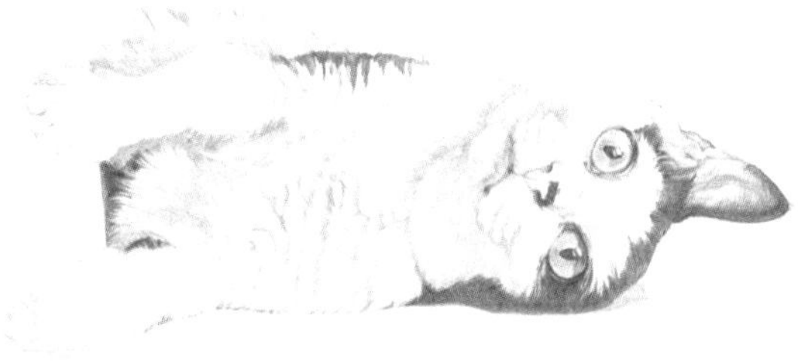

3 가장 어두운 검은 얼룩 부분과 눈, 코, 입을 어느 정도 그린 후 중간 톤을 그립니다. 여기서 중요한 건 중간 톤이라 해도 하얀 털이기 때문에 어두워지지 않도록 조심하는 겁니다. 가장 어두운 부분이 10이라고 하면 중간 톤은 아무리 어두워도 4를 넘지 않게 합니다. 연필선은 직선으로 한 번에 그리기보다는 털의 방향으로 여러 번 살살 그리면 묘사와 명암이 자연스러워집니다.

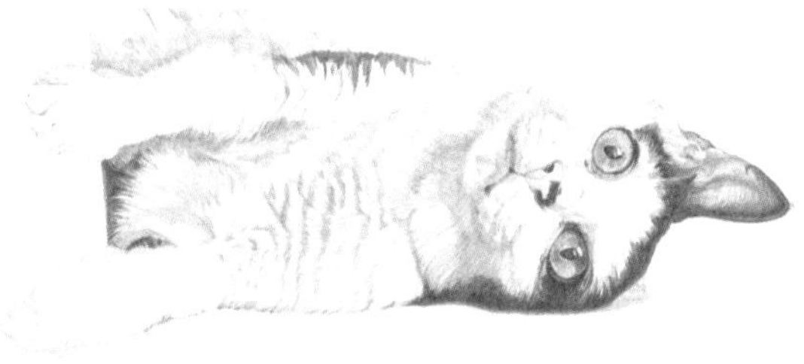

4 중간 톤이 그려지면 한 톤 더 밝은 부분을 그립니다. 방법은 중간 톤을 그릴 때처럼 직선이 아닌 털의 방향대로 여러 번 그리는데, 밝은 부분이므로 손에 힘을 더 빼고 연필을 더 세워서 연필선이 번지거나 진해지지 않게 조심하면서 그립니다. 앞발의 덩어리감은 하얀 앞발에 어울리게 너무 어둡지 않게 표현하고 반사광 부분도 남겨두며 최대한 가볍고 부드럽게 그립니다.

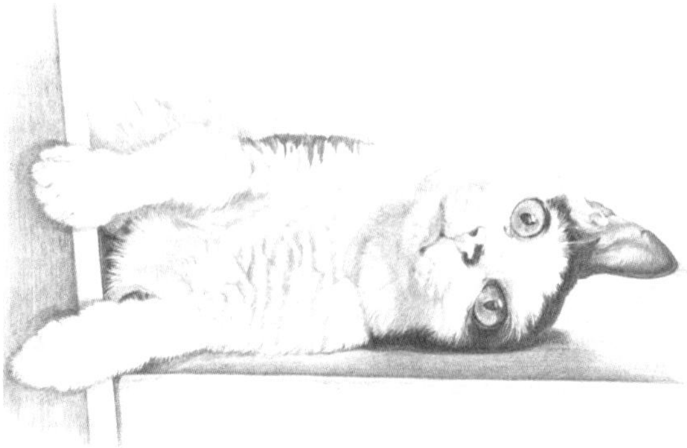

5 테이블 색을 어느 정도 그린 후 그림자를 이용해 몸통과 앞발의 경계를 그리면서 덩어리감도 같이 표현합니다.

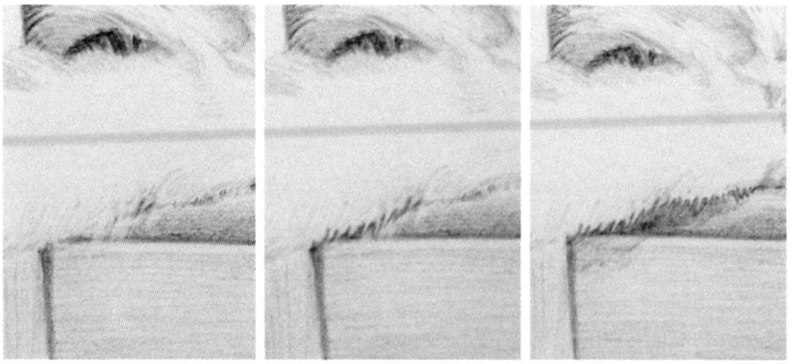

6 지우개로 그리듯이 지우는 과정입니다. 먼저 지우개로 털을 그리듯 털 방향대로 짧게짧게 지웁니다. 다음 연필로 지우개로 지운 부분을 따라 털 모양을 그리세요. 그림자가 시작되는 부분은 어둡기 때문에 연필을 세워서 조금 선명하게 그립니다.

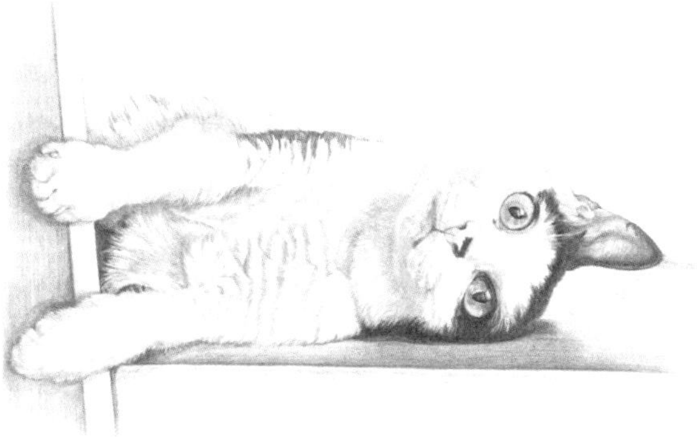

7 반 이상 그린 상태입니다. 중간중간 멀리서 보며 톤의 흐름이 자연스러운지, 인상이 잘 그려졌는지 확인합니다. 하얀 털을 조심하느라 사이에 비워진 부분이 있을 수 있는데 그런 부분이 그림을 어색해 보이게 할 수 있습니다. 그런 부분은 날카롭게 깎은 연한 연필로 살살 채워줍니다.

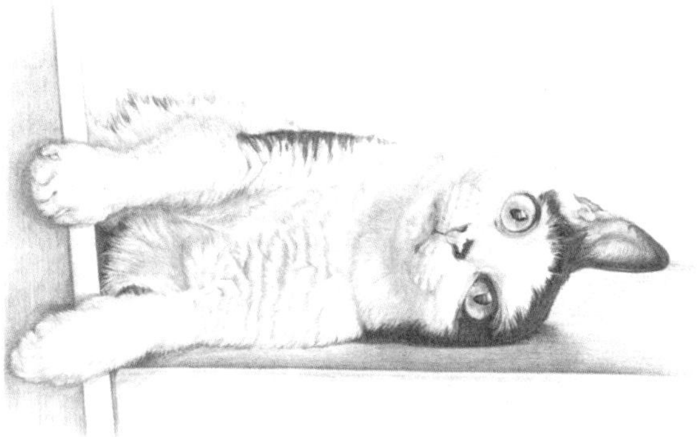

8 거의 완성된 상태입니다. 얼룩이나 눈동자 등 까만 부분은 진한 연필로 한번 더 그려줘 인상을 선명하게 만들고 중간 톤이나 밝은 부분 가운데 어두워진 부분이 있으면 깨끗한 지우개로 지우지 말고 살짝살짝 눌러서 자연스럽게 색을 빼줍니다.

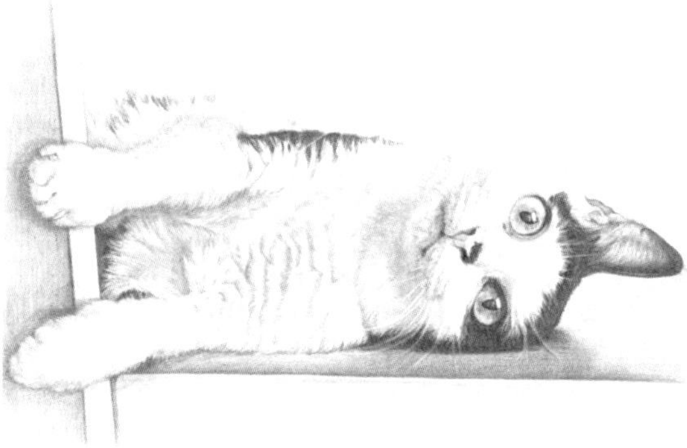

9 완성. 수염 말고는 더는 그릴 것이 없다고 느껴지는 순간, 과감히 완성을 외치며 깨끗한 지우개를 준비합니다.

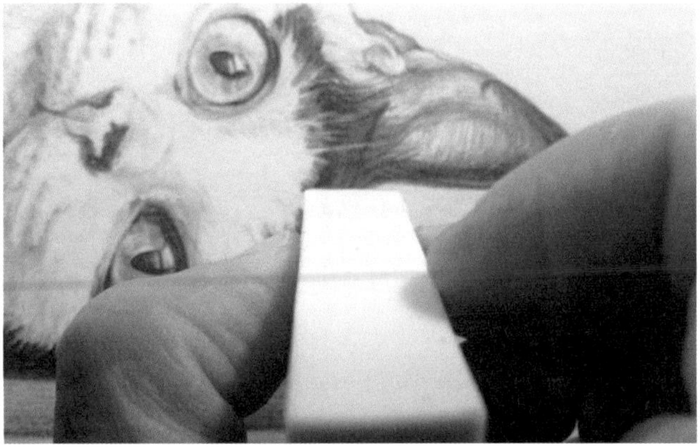

10 이제 수염과 눈썹을 그립니다. 항상 긴장되기는 하지만 차분히 하나씩 지워나가면 됩니다. 게다가 연필은 종이가 아주 망가지지만 않으면 수정할 수 있기 때문에 너무 긴장하지 말고 지우개를 하얀 연필이라고 생각하고 그리듯이 지우면 됩니다. 지우개는 날카롭고 깨끗한 상태가 좋기 때문에 아깝다는 생각은 잠시 접어두고 조금이라도 뭉툭해지거나 연필심이 묻었으면 칼로 바로바로 잘라냅니다. 지우개로 지운 후 지워진 선을 따라 날카롭게 깎은 연필로 다시 그리면 깔끔하고 선명한 수염과 눈썹도 완성입니다.

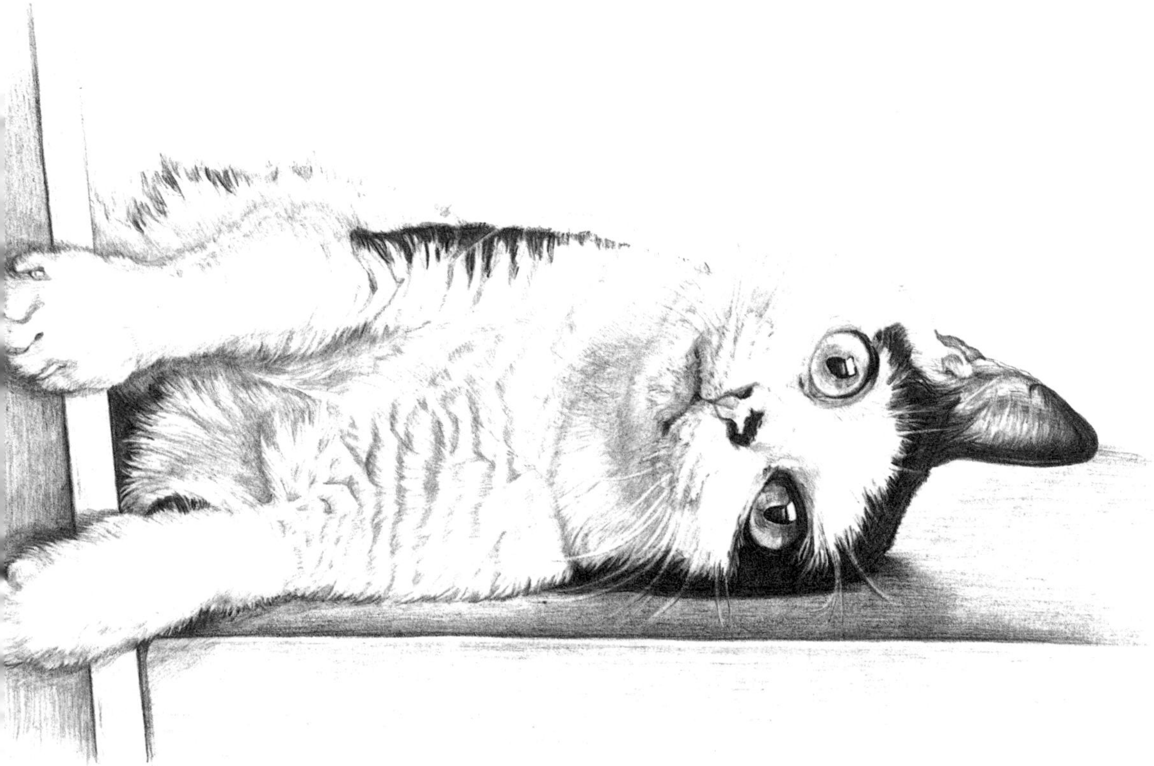

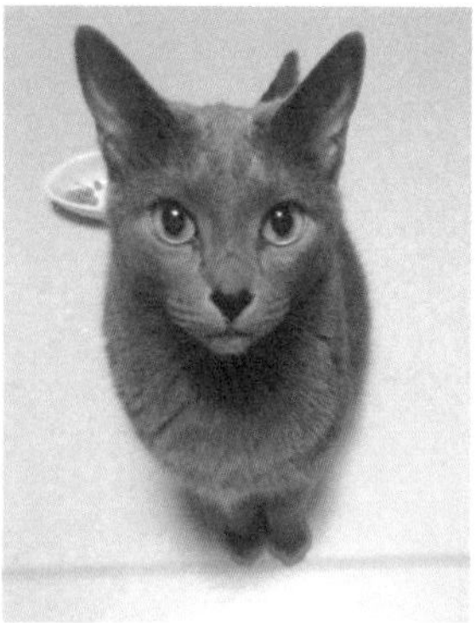

리카 러시안블루

우리 집 첫째 리카는 아주 잘생긴 러시안블루입니다. 그리고 제 이름의 진짜 주인입니다. 리카를 처음 봤을 때, 청회색의 매끄러운 털에 놀랐고, 곧고 정직하게 생긴 앞발에 기분이 좋았으며, 초록의 선량한 눈빛에 왠지 마음이 뭉클해지고, 먹색의 코를 볼 때마다 뿌듯함을 느꼈습니다. 같이 산 지 10년이 훌쩍 넘었지만 잘생김은 매일매일 늘어만 가고 잘생김만큼 애교와 꾹꾹이도 늘어나는 아주 착한 녀석입니다. 이 사진도 침대 밑에서 눈이 마주치기를 기다리는 모습입니다. 눈이 마주치면 바로 침대로 올라와 꾹꾹이 시작!

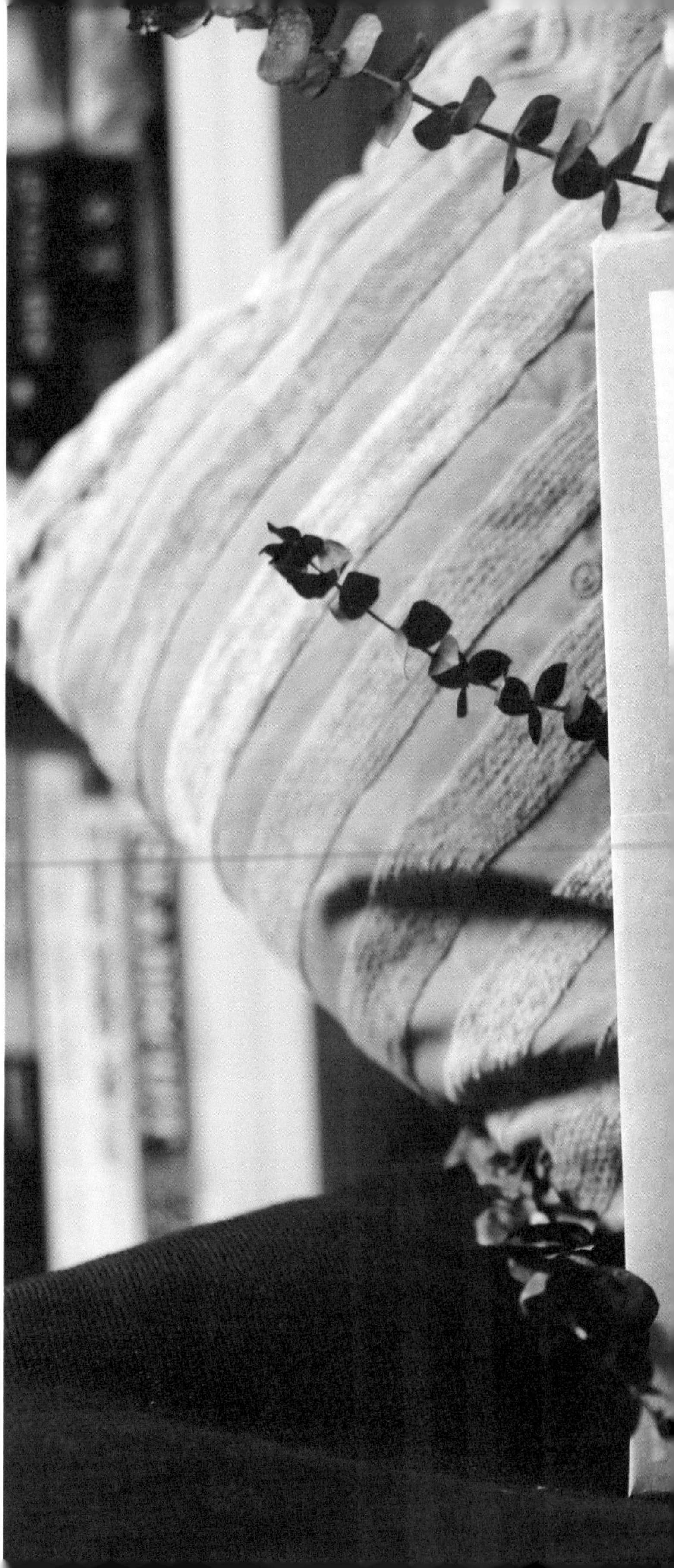

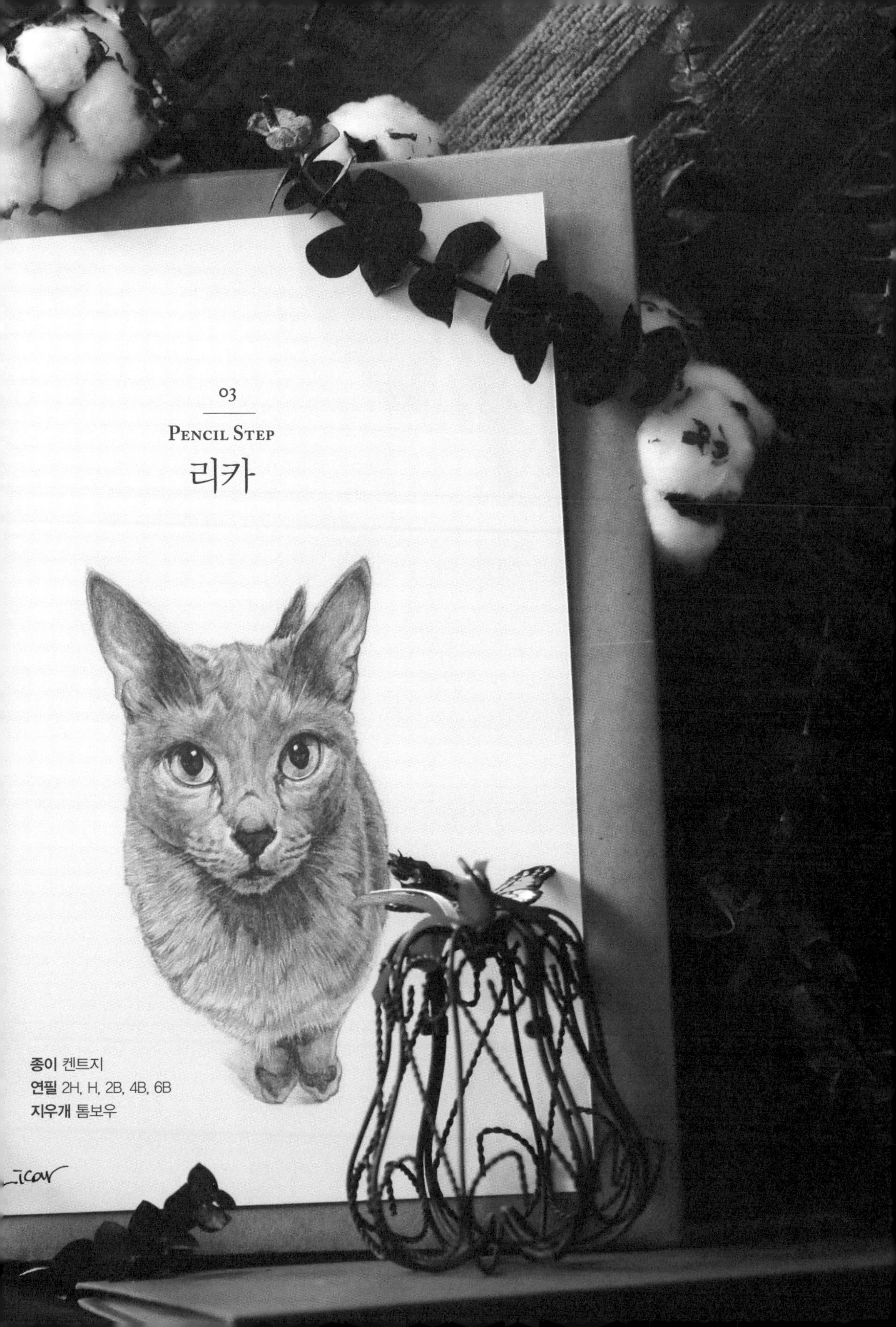
03
PENCIL STEP
리카
종이 켄트지
연필 2H, H, 2B, 4B, 6B
지우개 톰보우

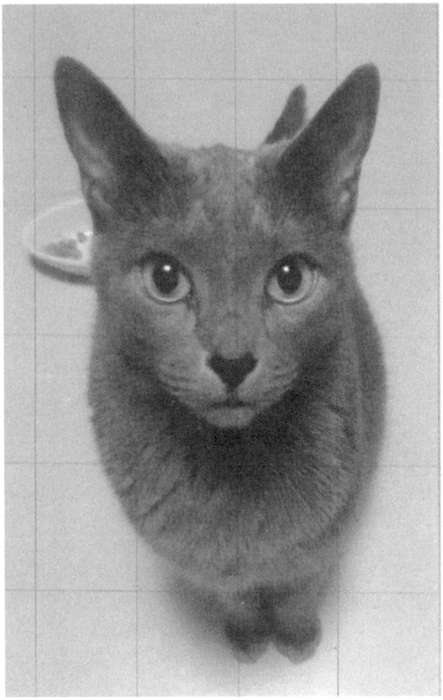

1 리카는 그리드로 형태를 잡아봤습니다. 사진을 원하는 크기로 준비한 후 적당한 간격으로 그리드를 표시합니다. 그리려는 종이에도 원하는 그림의 위치를 잡은 후 같은 크기의 그리드를 표시합니다. 앞에서 설명한 바와 같이 원본 사진과 그림을 그리려는 종이의 비율과 그리드의 수만 같으면 종이 사이즈는 달라도 되지만, 혹 헷갈릴 수 있어 일부러 원본 사진과 같은 크기의 종이를 준비했습니다.

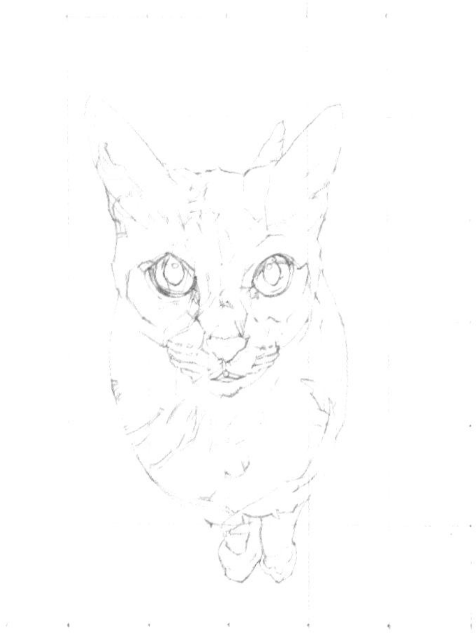

2 그리드가 표시된 종이에 사진을 보며 형태를 그립니다. 그리드를 이용하면 크게 비율이 어긋나지 않고 쉽게 형태를 그릴 수 있습니다. 올려다보는 리카의 사진에 맞춰 그림은 종이의 아랫부분에 배치했습니다.

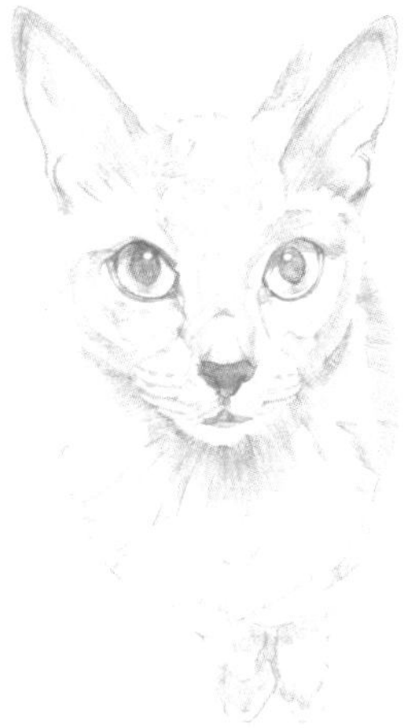

3 형태를 다 잡은 후 가장 어두운 부분 위주로 너무 힘을 주지 말고 스케치하는 기분으로 살짝 음영을 줍니다. 내가 잡은 형태가 맞는지 확인하며 표시해둔 음영 부분에 약하게 면으로 색을 입힙니다. 리카는 러시안블루 특유의 얇고 촘촘한 털을 가지고 있기 때문에 처음부터 날카롭게 깎은 연필로 힘을 주지 않고 털 방향대로 부드럽게 그립니다.

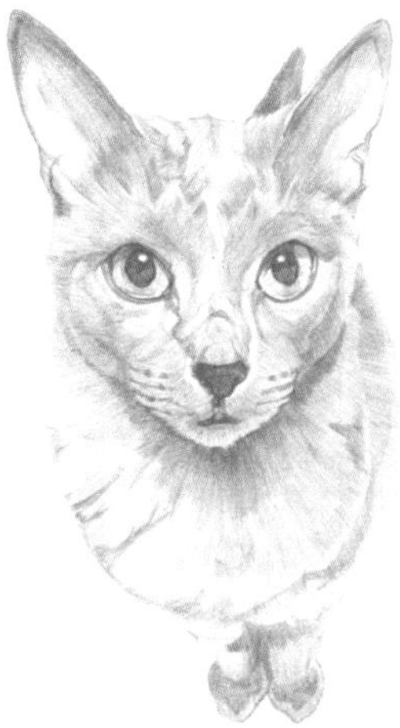

4 연필이 번지지 않게 계속 조심하면서 가장 어두운 부분인 귀, 눈, 코, 입, 얼굴 그림자 그리고 다소곳한 앞발과 저 멀리 조금만 보이는 꼬리까지 진하게 더 그립니다. 가장 어두운 부분을 그린 후 중간 톤도 그리기 시작합니다. 중간 톤은 그 전에 그린 가장 어두운 부분보다 어두워지지 않게 조심하면서 그립니다.

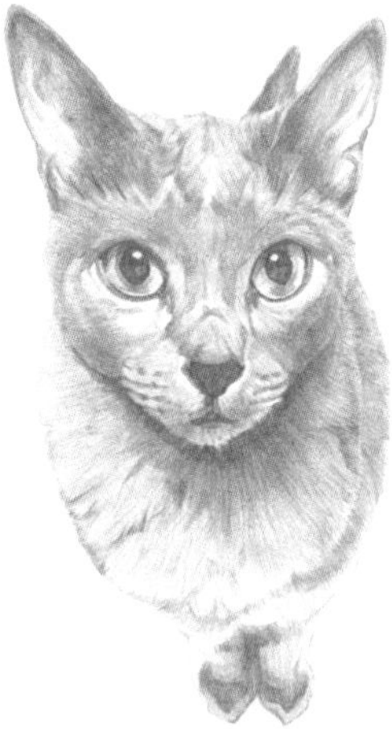

5 앞의 과정처럼 어두운 부분을 먼저 진하게 그리고 그 다음 중간 톤의 순서로 계속 진행합니다. 러시안블루 특유의 은회색 털을 표현하느라 자칫 그림이 너무 어두워지거나 빛의 흐름이 무너질 수 있는데, 이를 방지하기 위해 가장 어두운 부분을 제일 먼저 그리고 가장 밝은 부분은 어두워지지 않도록 조심합니다. 얇고 촘촘한 털을 표현하기 위해 날카롭게 깎은 연필로 힘을 빼고 털 방향대로 그립니다. 슬슬 지치고 지겨워질 수 있지만, 연필선이 쌓여 털 느낌이 나기 시작하면 뿌듯함이 지겨움을 이기는 순간이 옵니다, 꼭!

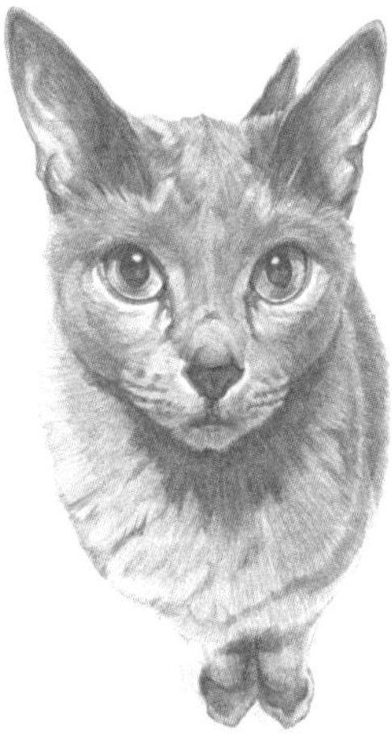

6 인상과 색이 어느 정도 입혀진 상태에서 가장 어두운 부분을 정확하고 무게감 있게 표현합니다. 어두운 부분의 무게감과 다른 질감을 위해 이 부분만 4B연필을 사용합니다. 어둠의 흐름이 흐트러지지 않고 정확하게 자리를 잡으면 인상도 정확해지고 연필선의 질감도 산만하지 않고 풍성하게 살아납니다.

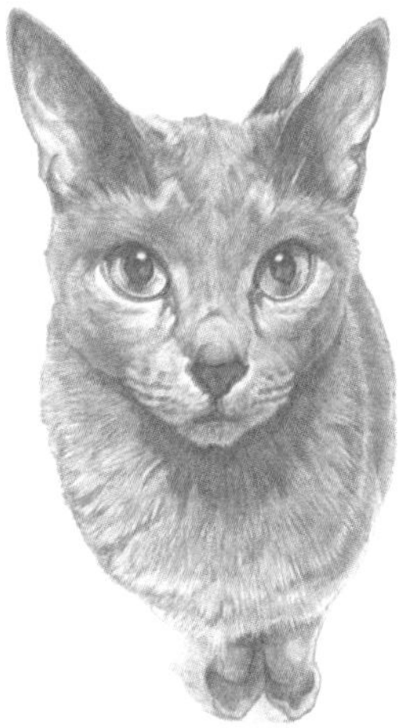

7 6번 과정에서 든든하게 잡아준 어둠 덕에 나머지 부분의 묘사와 은회색의 털 때문에 자칫 어두워 보일 수 있는 중간 톤과 밝은 부분의 색체가 안정감을 얻습니다. 거의 진행된 상태에서 표정을 계속 확인하면서 조금씩 손을 봅니다. 다소곳한 앞발은 그림자로 거리감과 귀여움을 살짝 표현합니다. 그림자는 너무 무겁지 않게 스케치하는 느낌으로 가볍게 그립니다.

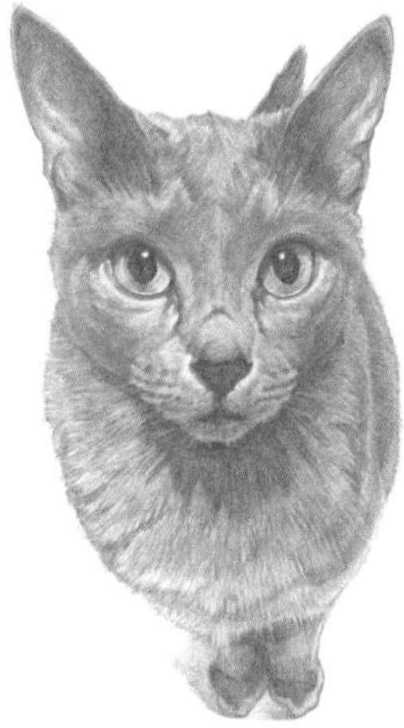

8 전체적으로 너무 밝게 튀거나 연필선이 뭉쳐서 얼룩덜룩한 부분이 없는지 확인합니다. 외곽선이 부자연스럽지 않게 짧은 선으로 잔털을 가볍게 그려줍니다. 수염이 얇고 색도 은색에 가까워 잘 보이지 않는데 이렇게 잘 보이지 않는 수염은 너무 무리하게 그리지 말고 느낌만 줘서 자연스럽게 표현합니다. 눈동자의 반짝이는 부분을 깨끗한 지우개로 한번 더 지워서 가장 밝게 만들면, 완성입니다.

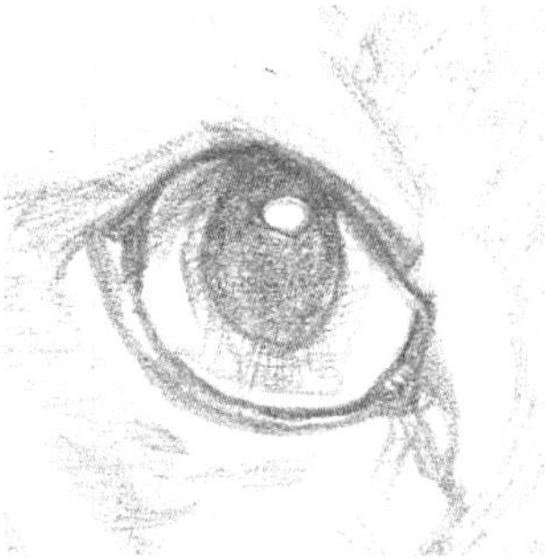

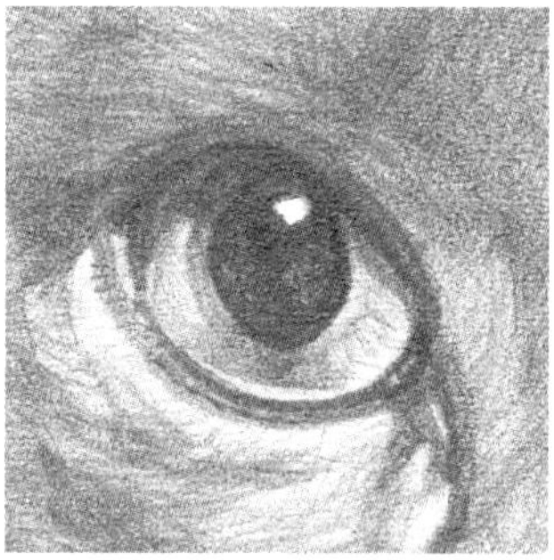

눈 그리기

화려한 색 때문인지 고양이의 눈은 그릴 때마다 어렵게 느껴집니다. 그러나 눈동자와 눈의 라인만 진하고 정확하게 그리고, 동공이 퍼지는 부분까지 중간 톤을 진하지 않게 그리면 어렵지 않게 눈이 완성됩니다.

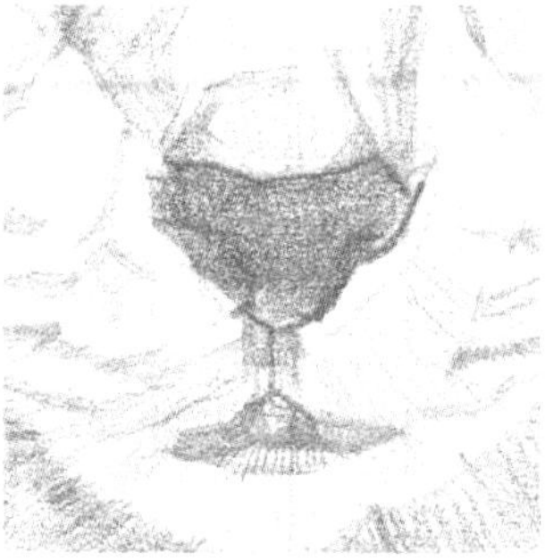

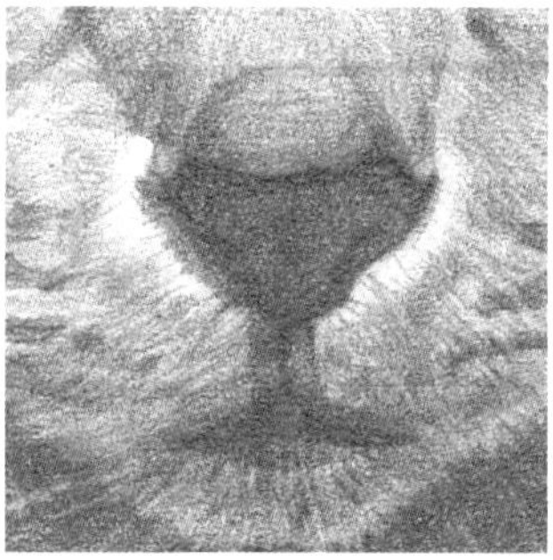

코 그리기

리카의 코처럼 색이 진한 코를 그릴 때도 입체감을 위해 어둠에 강약을 줍니다. 가장 어두운 부분은 코의 라인과 콧구멍입니다. 반사광을 아주 살짝 넣어 입체감과 함께 색이 비어 보이지 않게 합니다.

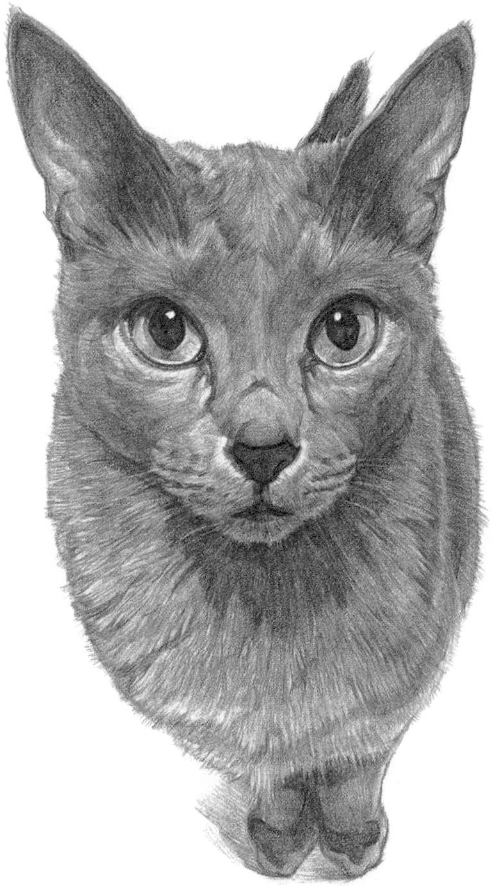

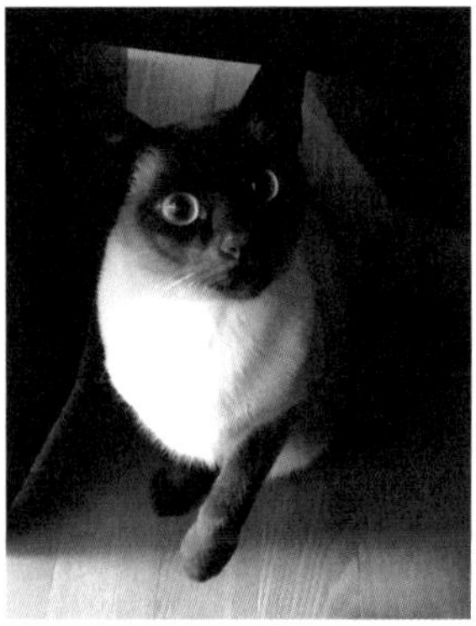

쿠키 샴

말투가 무척이나 퉁명스러운 후배가 고양이를 데려왔는데 종은 샴이고 이름이 쿠키라고 했을 때 후배도 고양이한테 보통 반한 게 아니구나, 했습니다. 지인의 할머니가 기르시던 녀석이었다는데 후배 집으로 왔을 때가 한 살 정도였답니다. 마음을 여는 데 몇 달이 걸릴 정도로 무척 예민하고 까칠한 성격이지만 그래도 3년 정도 지난 지금은 다행히 손만 대도 배를 보인답니다. 그런데 사진을 보니 까칠함은 모르겠고 겁이 많아 보인다고 했더니, 장난이 아니라며, 너무 겁이 많고 소심하다고. 모든 집의 첫째는 그런가, 생각하게 만든 녀석 쿠키입니다.

종이 켄트지
연필 2H, H, 2B, 4B, 6B
지우개 톰보우

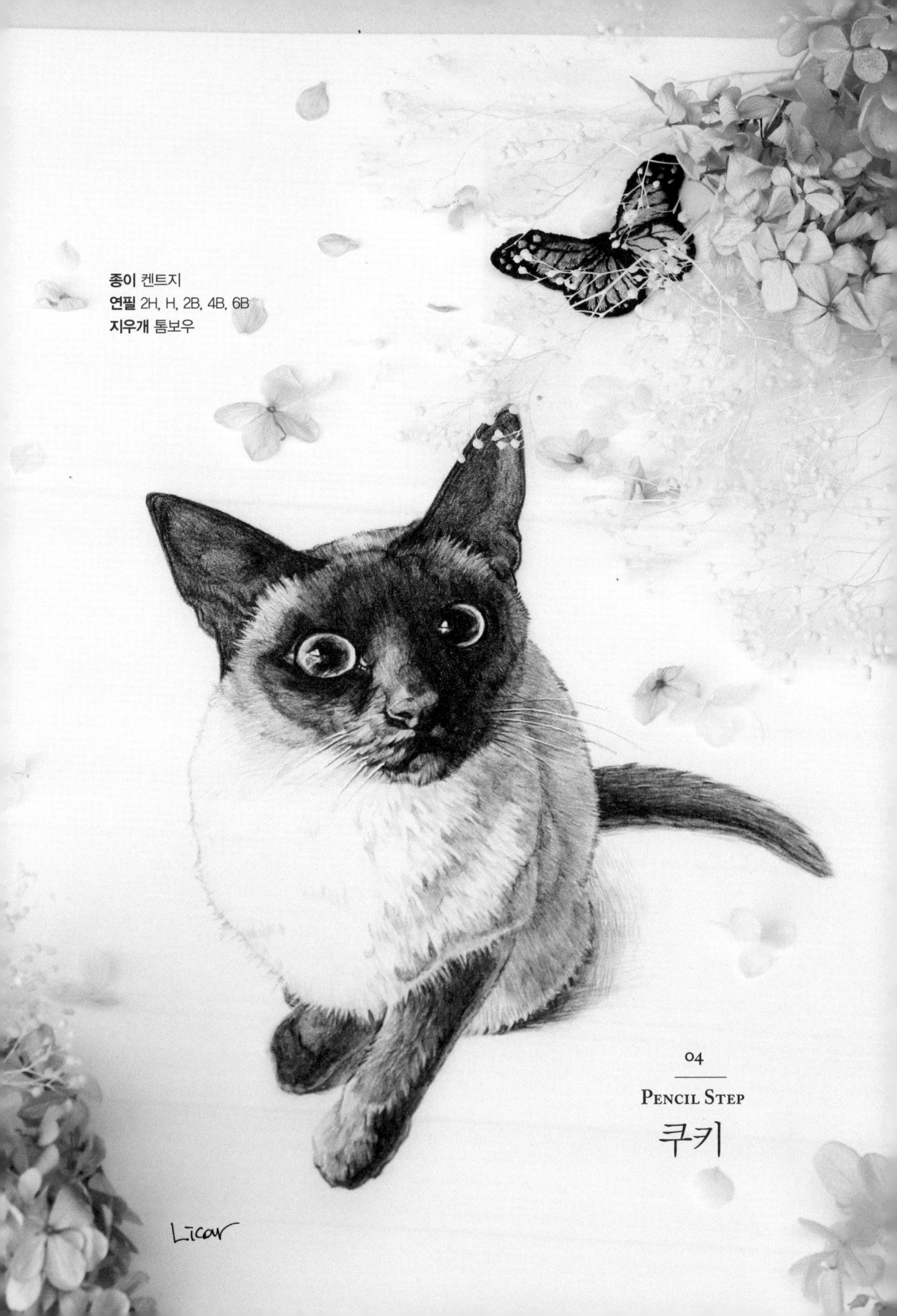

04

PENCIL STEP
쿠키

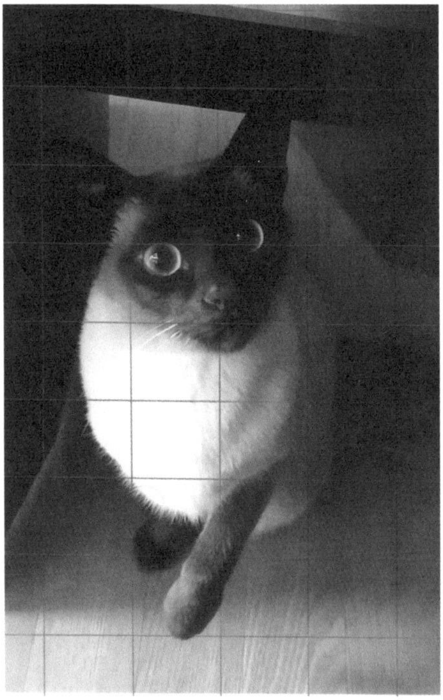

1 그리드를 이용해 형태를 잡았습니다. 사진을 원하는 크기로 준비한 후 적당한 간격으로 그리드를 표시합니다. 그리려는 종이에도 원하는 그림의 위치를 잡은 후 같은 크기의 그리드를 표시합니다.

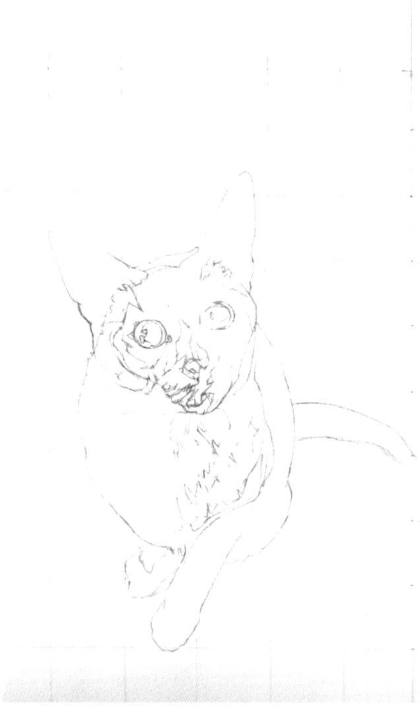

2 그리드가 표시된 종이에 사진을 보며 형태를 그립니다. 그리드를 이용하면 비율이 크게 어긋나지 않고 쉽게 형태를 그릴 수 있습니다. 장난감을 올려다보는 쿠키의 사진에 맞춰 그림은 종이의 아랫부분에 배치했습니다.

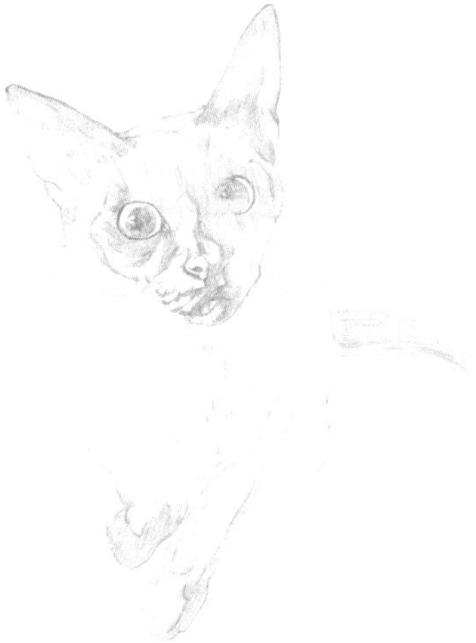

3 샴 특유의 껌정과 하양의 대비가 귀여운 쿠키. 까만 얼굴과 귀. 다리와 꼬리를 중심으로 그림을 시작하고 하얗고 부드러운 느낌의 몸통은 중반 이후부터 그립니다. 우선 까만 부분부터 기본 색을 입힙니다. 인상과 형태를 확인하는 느낌으로 너무 진하지 않게 부드럽게 색을 입힙니다.

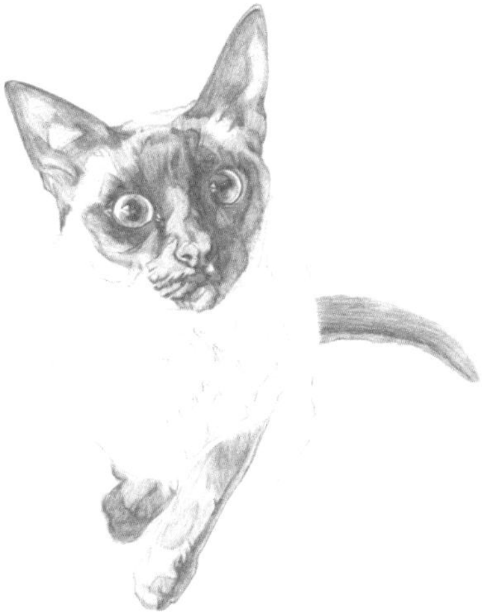

4 까만 얼굴에 역광까지 섞여 얼굴이 더 까맣게 보입니다. 그러나 까만 얼굴을 자세히 들여다보면 다양한 어둠의 흐름이 보입니다. 그 중 가장 어두운 흐름을 찾아 가장 먼저 그립니다. 가장 어두운 부분의 흐름을 정확히 표현해주면 얼굴의 형태와 입체감이 자연스럽게 표현됩니다. 입체감을 위해 반사광도 표현합니다.

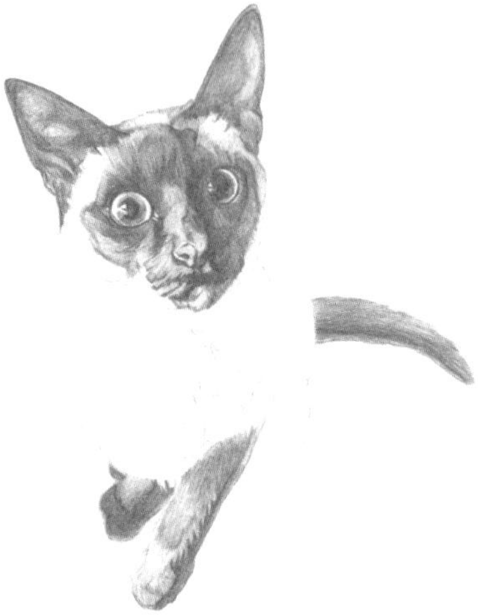

5 어둠의 흐름이 어느 정도 자리를 잡으면 얼룩처럼 보이지 않게 흐름을 헤치지 않는 선에서 색을 채워줍니다. 그러면 자연스럽게 까만 얼굴 안에서 코와 입이 보입니다. 장난감 때문에 긴장한 앞발도 반사광을 이용해 까맣지만 입체감 있게 표현합니다.

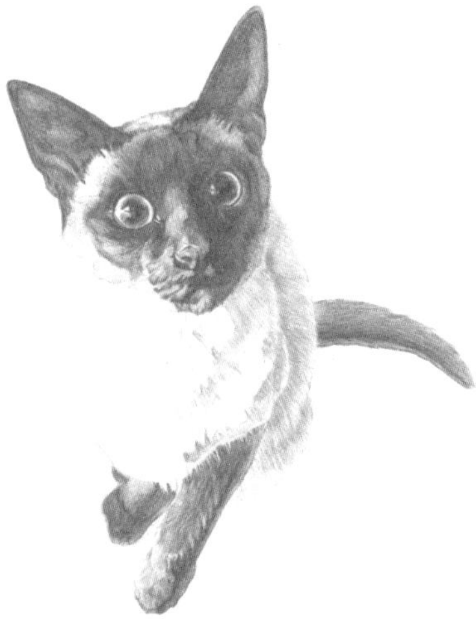

6 부드럽고 하얀 몸통을 그리기 전에 먼저 4B 연필로 까만 부분을 한번 더 잡아줍니다. 그후에 연한 연필로 몸통을 그리기 시작합니다. 이렇게 연필의 종류를 달리하면 질감과 무게감에 차이가 생겨 대비도 확실해지고 질감도 풍성해집니다. 몸통은 털 방향대로 부드럽게 그리면서 가슴 부분의 귀여운 털도 살짝살짝 표현해줍니다.

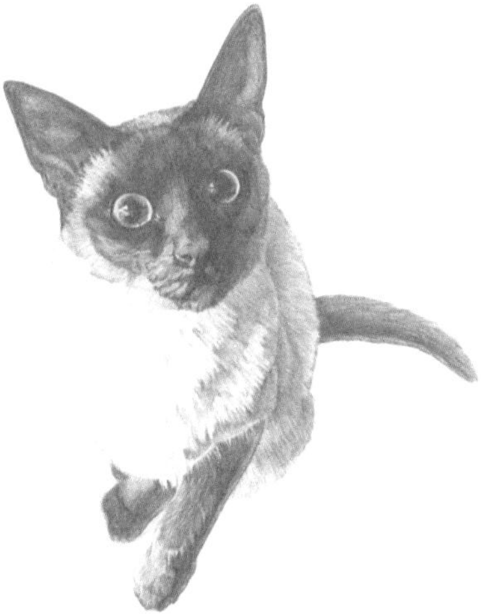

7 중간 톤인 몸통을 진행하면서 몸통의 전체적인 입체감을 위해 반사광을 잊지 말고 넣어줍니다. 너무 튀지 않게 조금씩 넣으면 몸통의 전체적인 입체감과 작은 덩어리들이 자연스럽게 표현됩니다. 얼굴 주위의 그림자를 포함한 중간 톤도 몸통의 색감과 맞춰가며 완성도를 높입니다. 이때 얼굴의 중간 톤이 너무 어두워지지 않도록 조심합니다!

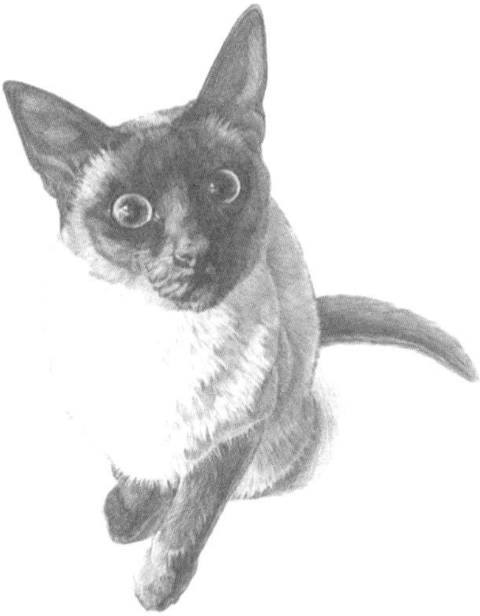

8 쿠키의 인상과 중간 톤이 진행된 상태에서 가장 밝은 부분도 표현합니다. 가슴 부분의 털도 지우개를 이용해 도드라지게 하고 몸통의 외곽선도 일직선이 아닌 짧은 선을 이용해 털 질감으로 그려 귀여움을 배가시킵니다. 이때는 아주 연한 연필을 사용합니다. 그림자는 너무 어둡지 않게 스케치하는 느낌으로 가볍게 그렸습니다. 조금 멀리 있는 꼬리의 그림자도 잊지 않고 그려줍니다.

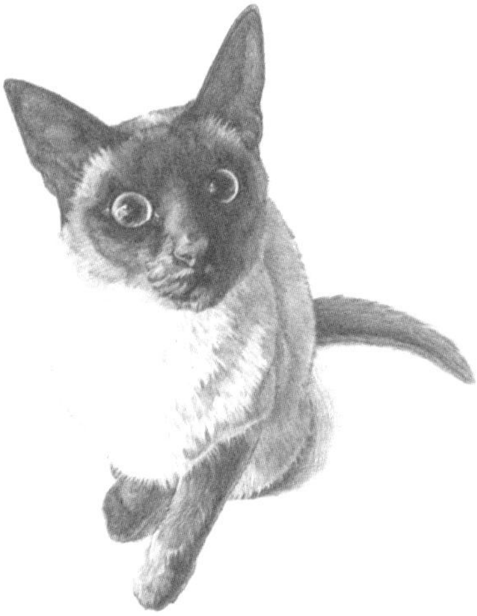

9 거의 완성된 상태입니다. 까만 부분은 까맣게, 밝은 부분은 밝고 가볍게 그려졌는지 전체적으로 확인하면서 너무 튀거나 부자연스러운 부분은 지우개로 살짝 눌러주면서 전체 톤을 맞춥니다.

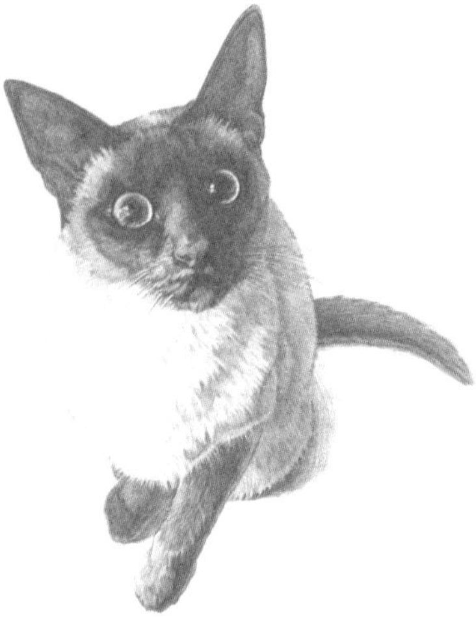

10 살짝 긴장한 동그란 눈과 수염이야말로 쿠키의 인상에서 가장 중요한 부분입니다. 우선 깨끗한 지우개로 눈의 모양에 따라 눈의 가장 밝은 부분을 지우고 날카롭게 깎은 2B연필로 주변을 선명하게 다듬어줍니다.수염도 날카롭고 깨끗한 지우개로 선을 긋듯이 지우고 지우개 선을 따라 날카로운 연필로 그려주면 하얗게 도드라진 수염이 완성됩니다. 그리고 쿠키도 완성입니다.

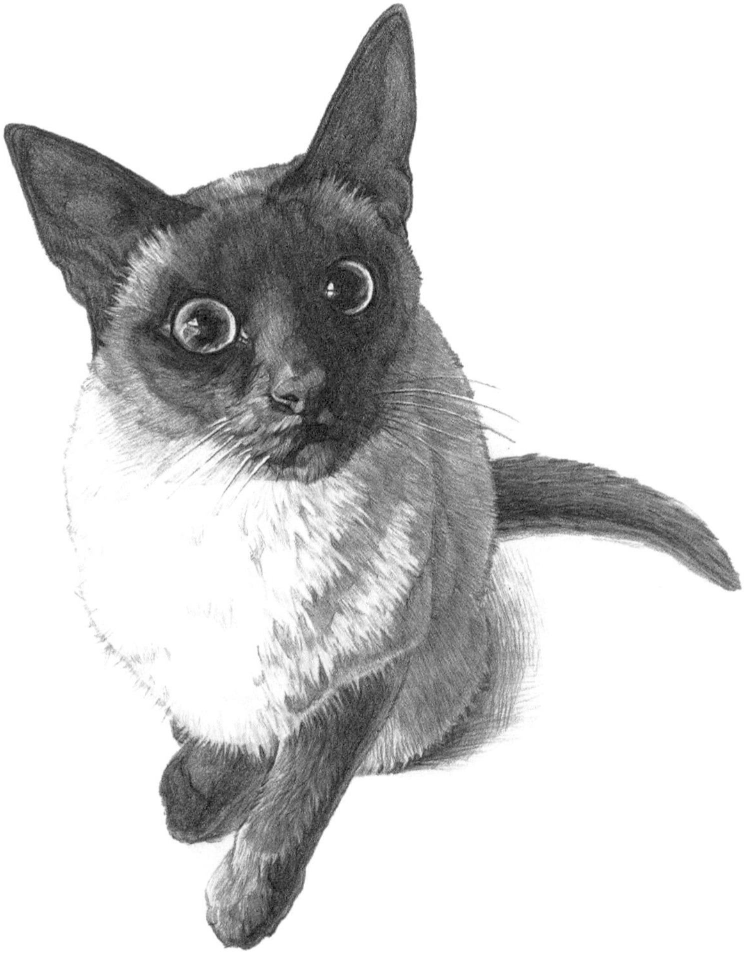

PART 4

COLORPENCIL STEP
색연필로 그리기

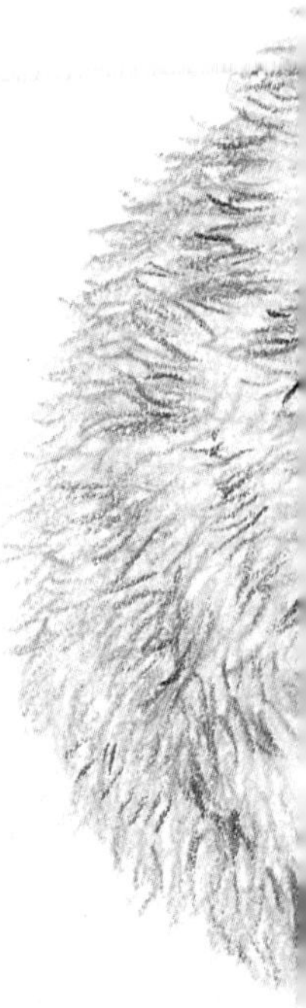

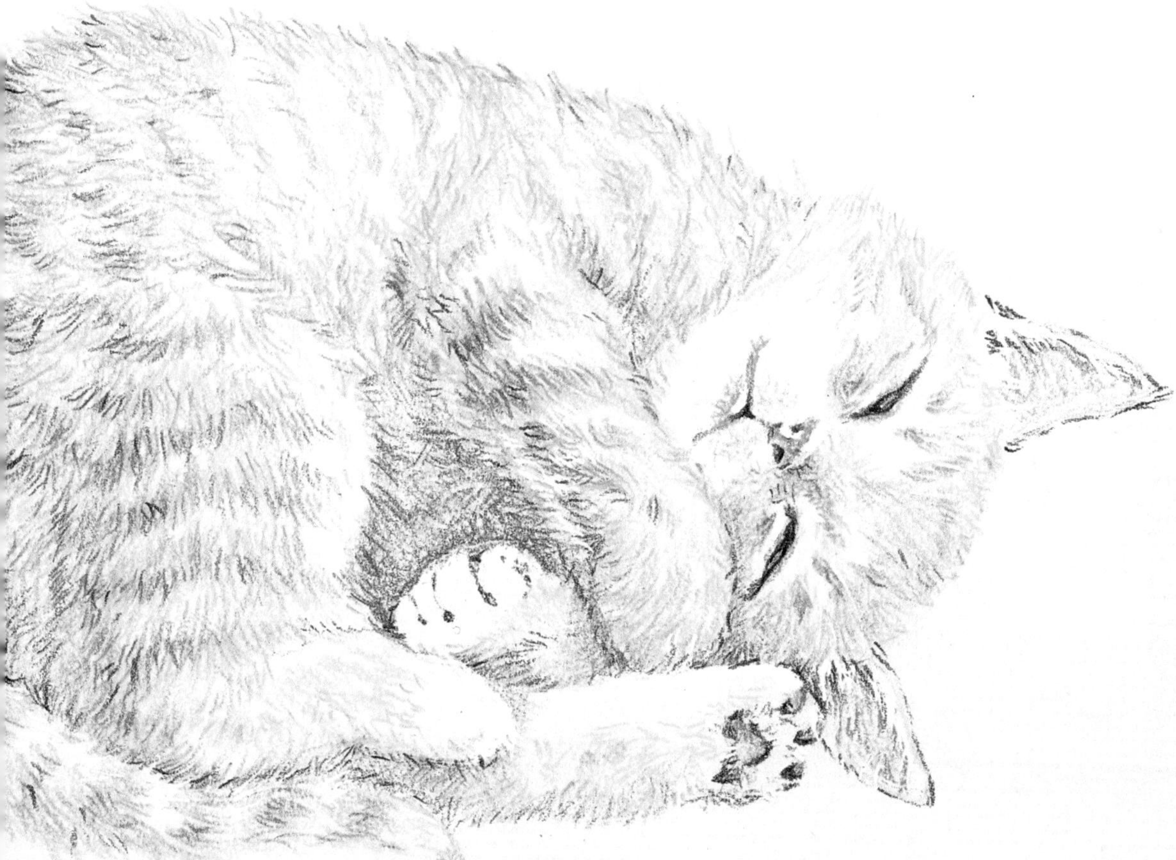

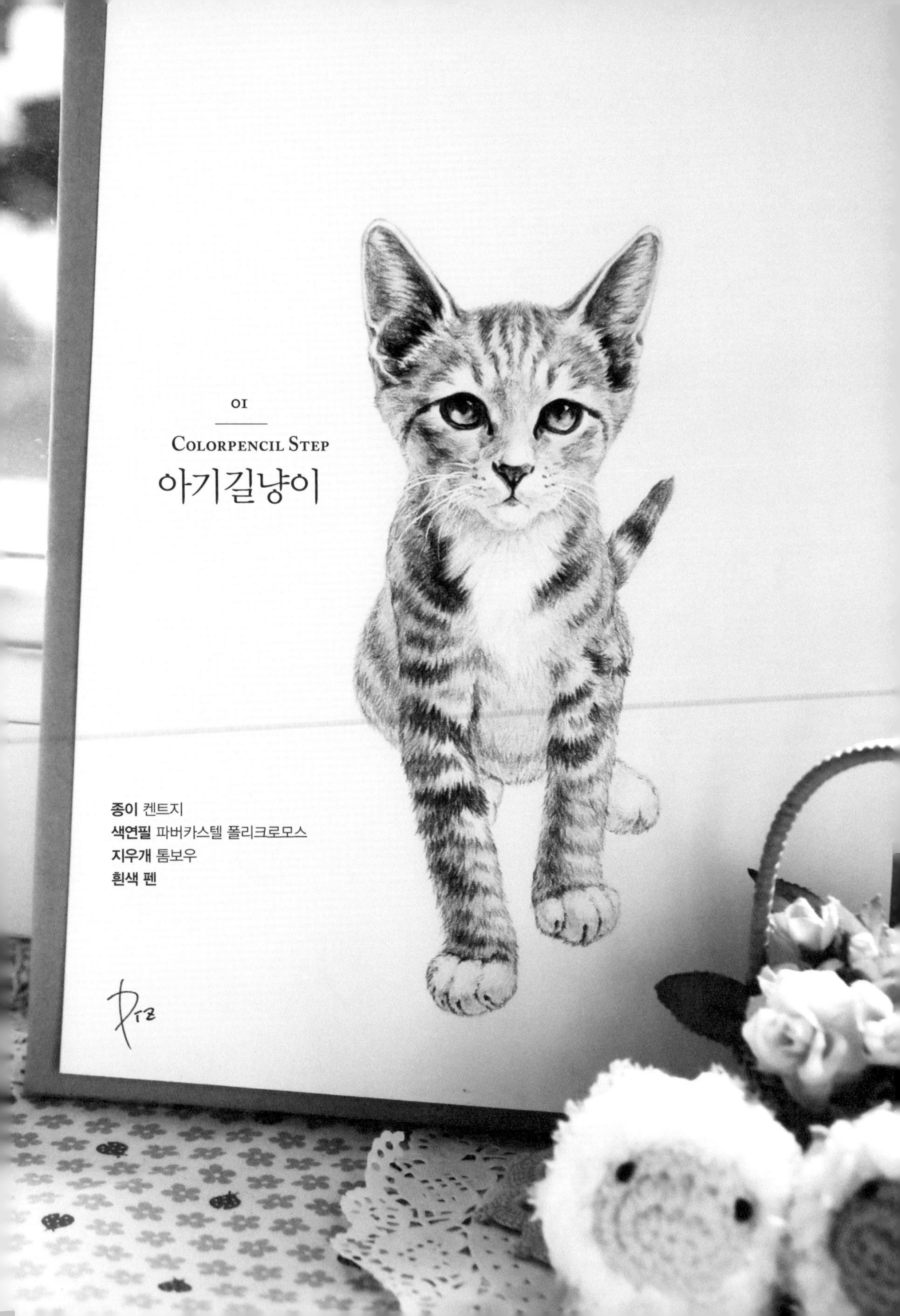
01
COLORPENCIL STEP
아기길냥이
종이 켄트지
색연필 파버카스텔 폴리크로모스
지우개 톰보우
흰색 펜

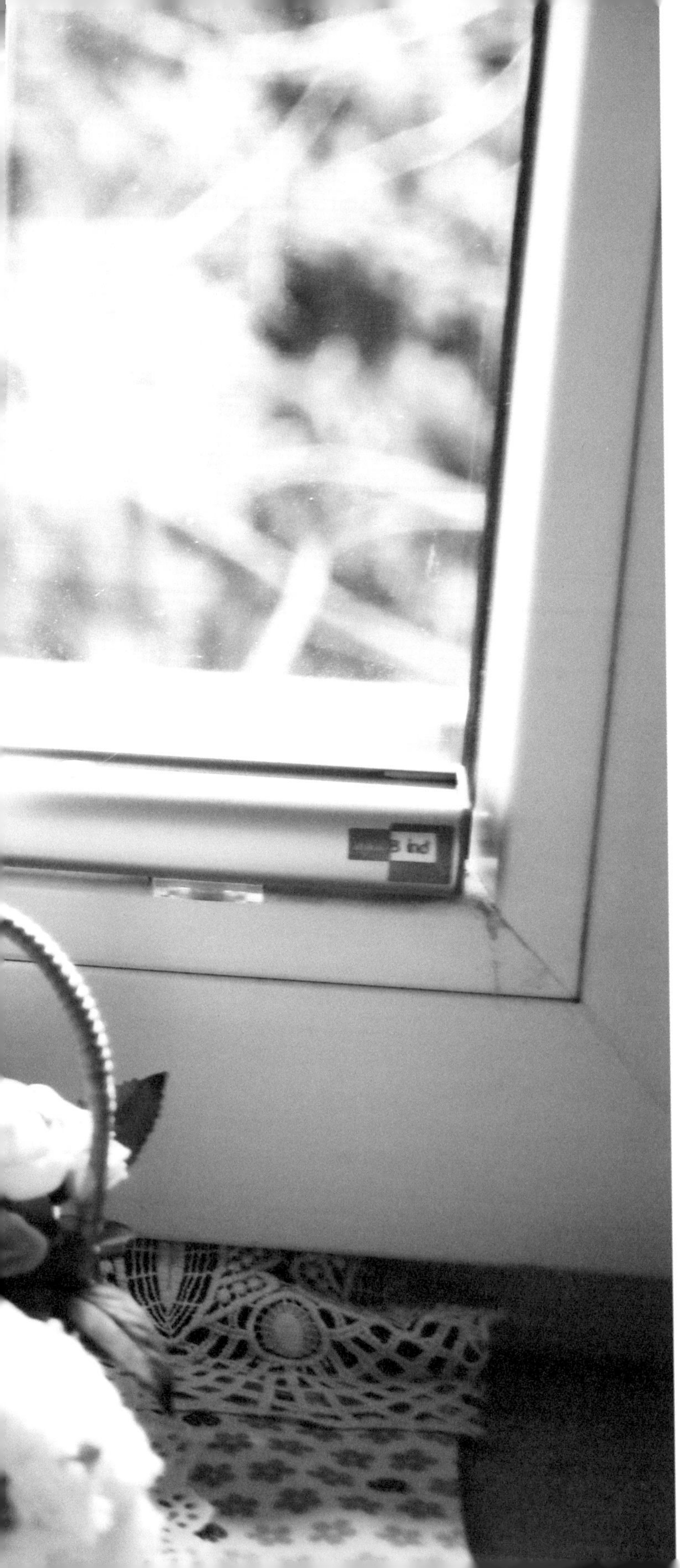

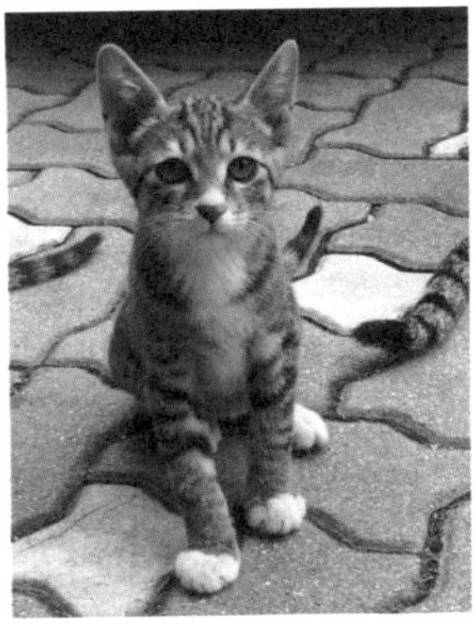

아기길냥이

코리안 쇼트헤어

일본에서 몇 년간 공부하고 돌아온 지인이 사진 한 장을 보내왔습니다. 길고양이와 친해지려면 어떻게 해야 하느냐는 질문과 함께. 네 마리의 아기고양이가 동네분들의 보살핌 속에 겨울을 나고 있다고 했습니다. 그 중 덩치가 가장 작고 겁이 많은 이 녀석이 오며가며 마주칠 때마다 신경이 많이 쓰인다고요. 겨울이 지나고 이사를 가야 해서 더 이상 커가는 모습을 볼 수가 없다며 보낸 마지막 사진에 겁쟁이 막내 사진은 없었습니다. 어느 순간 사라져 보이지 않는다고 했습니다. 순간 마음이 덜컥 내려앉았지만 담담한 척 어디선가 잘 살고 있으리라 서로를 위로하는 수밖에요.

1 색연필로 스케치할 때는 손에 힘을 약하게 주는 것이 좋습니다. 세게 그리면 그림을 진행할 때 색연필이 뭉치거나 종이에 눌린 자국이 남을 수 있으니까요. 지우개를 사용할 때도 아주 약하게 강도 조절을 해주세요. 힘 조절에 실패하면 종이의 결이 망가지고 결이 망가진 종이는 색연필 발색에 한계가 생기기 때문입니다. 가급적이면 지우개는 이후로도 최소한만 사용하는 것이 좋습니다.

2 이번 단계에서는 좀더 세밀하게 형태를 잡아가며 대략적인 이목구비를 그리세요. 그림의 전체적인 인상을 좌우하기 때문에 이목구비 비율에 신경 써야 합니다. 좀 진한 색으로 털 방향을 생각하며 스케치를 보강합니다. 특징적인 얼룩 위치도 표시해주는 것이 좋습니다. 그림을 그리는 동안에는 대상과 닮아 보이는지 끊임없이 확인하는 것이 중요합니다.

3 눈과 코에 기본 밑색인 푸른색과 분홍색을 살짝 칠합니다. 살짝만 칠해줘도 전체적인 느낌이 훨씬 다채롭게 보이지 않나요? 밑색을 칠한 후 눈과 코의 외곽선을 갈색으로 그리세요. 진한 색으로 그릴 때는 왠지 손에 힘을 주게 되는데 초반부터 강하게 그리면 이후에 더 진하게 그리고 싶어도 불가능해지므로 주의하세요. 빛의 방향을 생각하며 전체적인 어둠의 흐름을 털 방향대로 그립니다.

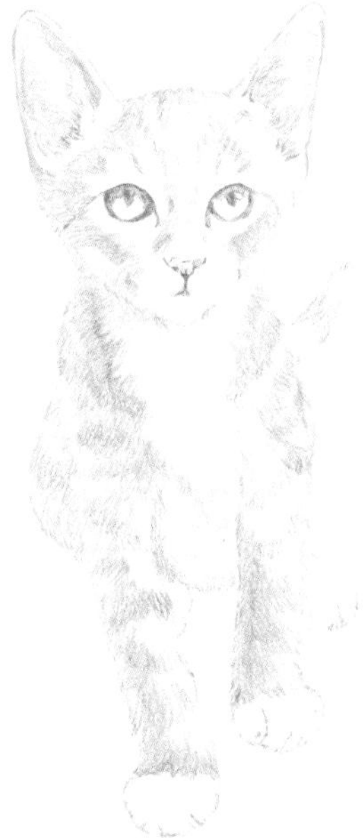

4 이목구비와 앞발, 가슴의 흰 부분을 제외한 종이의 빈 곳을 털 방향대로 연한 갈색으로 채우세요. 고양이를 그릴 때는 털 방향과 길이를 잘 관찰해 묘사하는 것만으로도 많은 특징을 표현할 수 있습니다. 가슴의 흰 부분과 앞발을 옅은 회색으로 묘사해주세요. 색의 단계를 많이 줄 수 없는 흰색은 손의 힘을 조절해 선 자체에 재미를 주는 것으로도 묘사가 풍부한 그림을 그릴 수 있습니다.

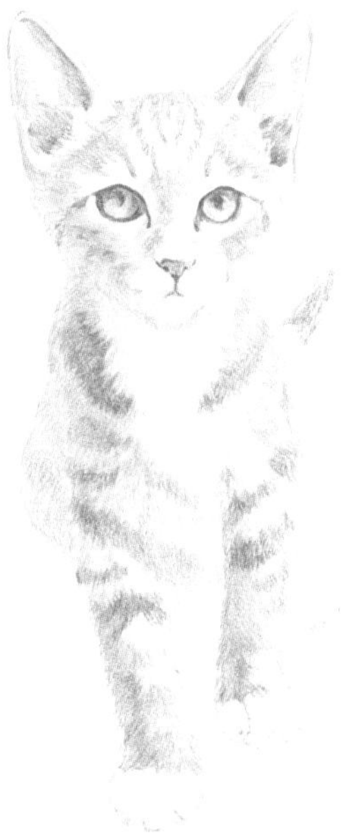

5 녹색과 푸른색으로 눈동자를 묘사하세요. 안구 모양대로 동그랗게 선을 그리면 더 쉽게 입체감을 줄 수 있습니다. 그리고 동공의 가장 가운데 부분을 한 단계 더 진하게 그려주세요. 전체적으로 색이 연한 부분을 먼저 그리고 진한 부분을 또렷하게 묘사하는 순서로 진행하는 것이 좋습니다. 코와 입, 귀도 마찬가지로 좀더 다양한 핑크색으로 연한 부분을 먼저 그리고 점점 진한 부분을 묘사하는 순서로 진행하세요.

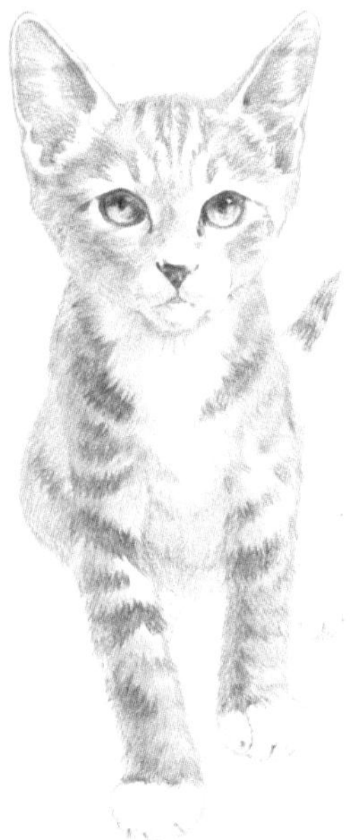

6 진한 황토색으로 전체적인 색감을 뚜렷하게 만들면서 털 질감과 방향을 묘사합니다. 입체감을 주기 위해서는 앞으로 튀어나온 얼굴과 앞발, 앞가슴의 털 등을 엉덩이나 뒷발, 꼬리 등 뒤에 있는 부분보다 명암 대비도 강하게, 색도 또렷하게, 묘사도 자세하게 해주어야 합니다. 앞발은 구를 그렸던 기억을 되살려 연한 회색으로 살짝 음영을 주고 짙은 회색으로 테두리의 털 질감만 덧그리세요.

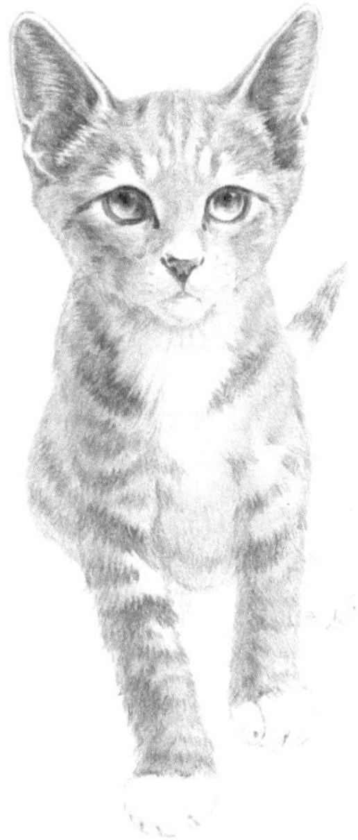

7 이목구비를 날카로운 선으로 또렷하게 묘사하세요. 귀 안쪽의 붉은색도 과감하게 칠한 다음 귀 안쪽의 털을 진한 갈색으로 표현해주세요. 단계가 진행될수록 색연필을 날카롭게 깎는 것도 잊지 마시고요. 처음에는 부드러운 선으로 기초적인 색을 입히고 점점 색연필의 심은 얇게, 색연필의 각도는 세워서, 손의 힘은 강하게 그려나가야 선이 뭉개지지 않습니다.

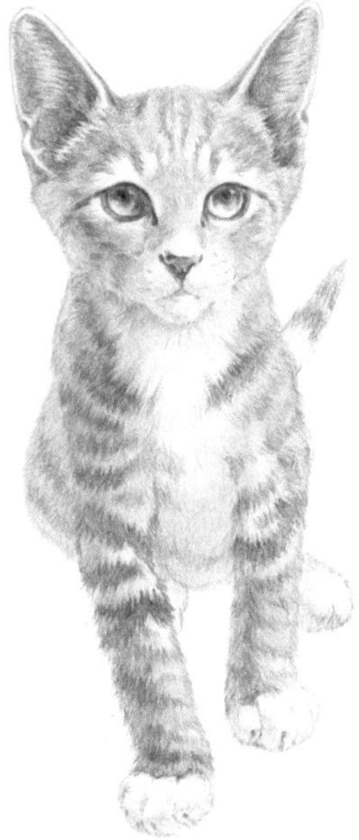

8 앞으로 가장 많이 나와 있는 앞발과 다리 위주로 색감과 묘사를 자세히 진행합니다. 같은 선 안에서도 손힘의 강약을 조절해 그리면 훨씬 다양하고 재미있는 그림을 그릴 수 있어요. 전체적인 완성도를 결정해야 하는 시기이므로 어느 정도까지 디테일하게 묘사할 것인지 생각하며 전체적인 조화를 맞춰야 합니다. 색감이 진해진 부분은 지우개로 조금씩만 지우며 그림의 전반적인 균형을 맞춰주세요.

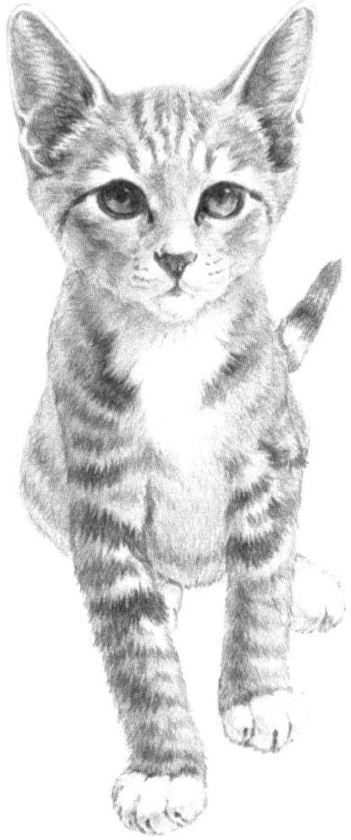

9 이제 색연필로 묘사할 수 있는 마지막 단계입니다. 이목구비의 인상을 마지막으로 체크하면서 가장 진한 단계의 색연필로 또렷하게 표현하세요. 전체적인 마무리를 위해 날카로운 검정색연필로 강조하고 싶은 부분을 묘사하며 톤을 정리한 후 흰색 펜으로 수염과 눈동자의 하이라이트를 그려 그림을 완성하세요.

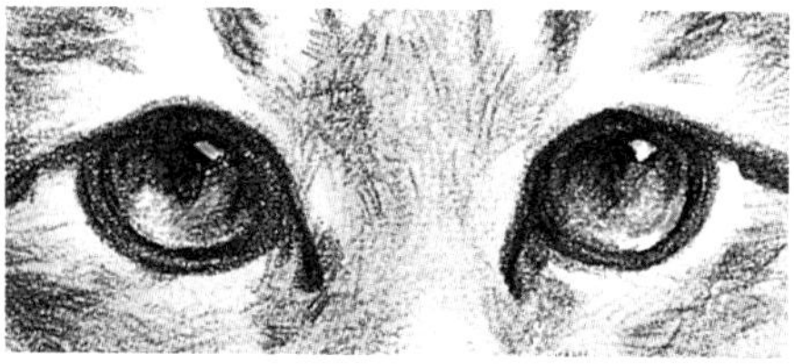

눈 그리기

눈동자를 그릴 때 하이라이트의 바로 옆을 가장 어둡고 날카롭게 표현해야 유리처럼 반짝거리는 느낌을 확실하게 줄 수 있습니다. 여러 가지 대비되는 색을 섞어서 사용하는 것을 두려워하지 마세요. 고양이의 눈은 다양한 색을 동시에 가지고 있으니 어울리지 않을 것이라는 생각을 버리고 과감하게 묘사하다보면 좀더 자유롭고 재미있게 그림을 즐길 수 있습니다.

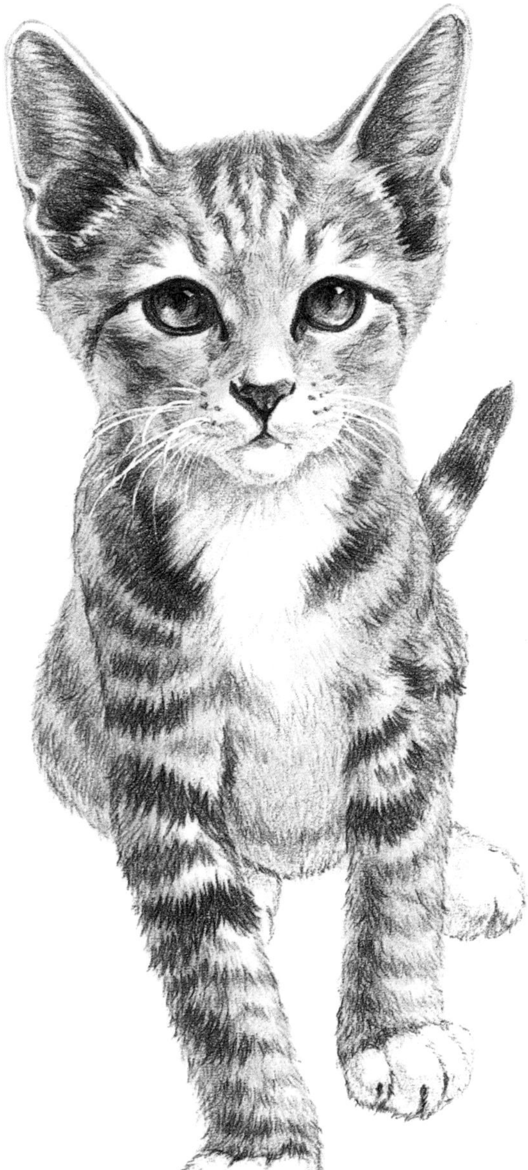

02

Colorpencil Step
포틴

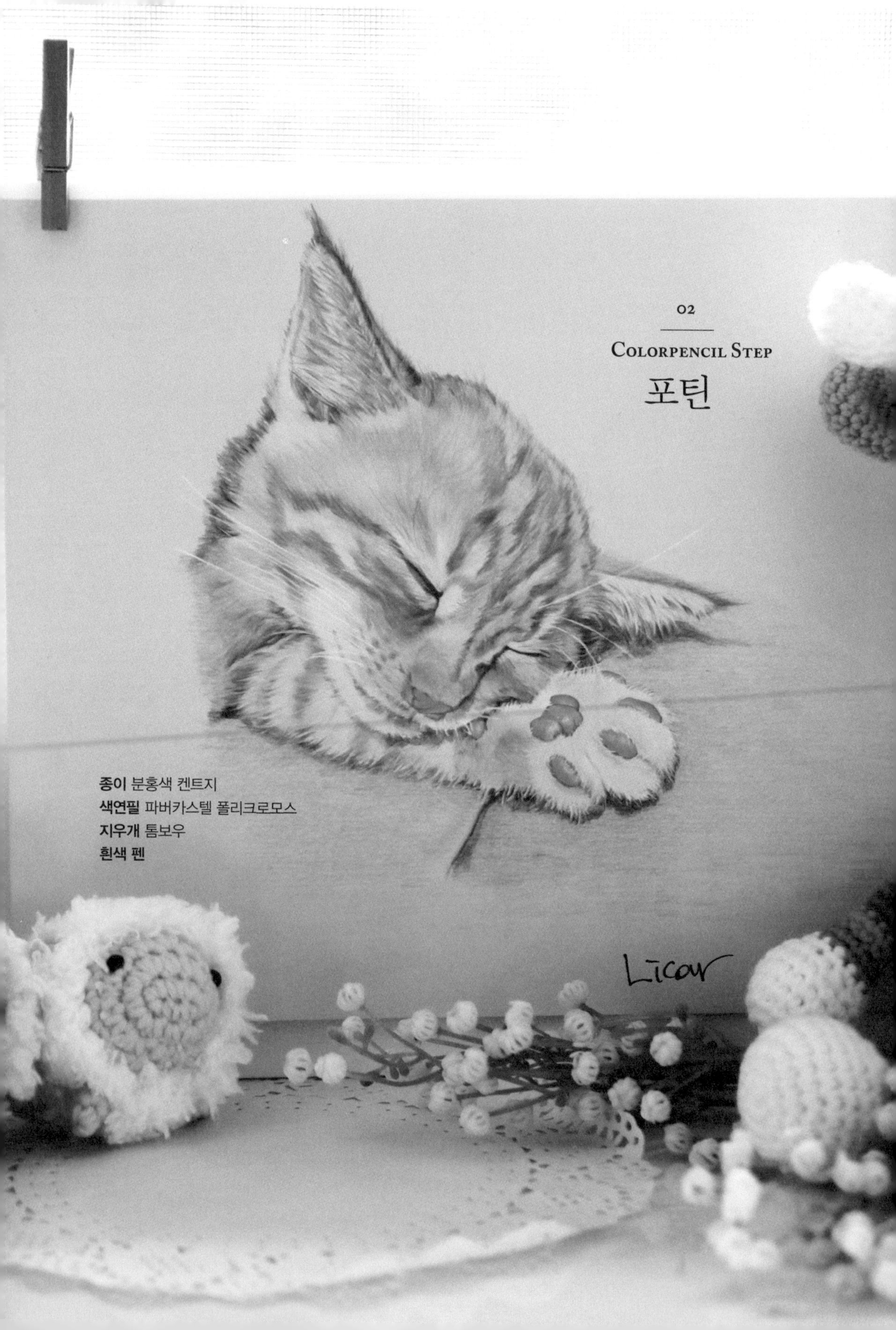

종이 분홍색 켄트지
색연필 파버카스텔 폴리크로모스
지우개 톰보우
흰색 펜

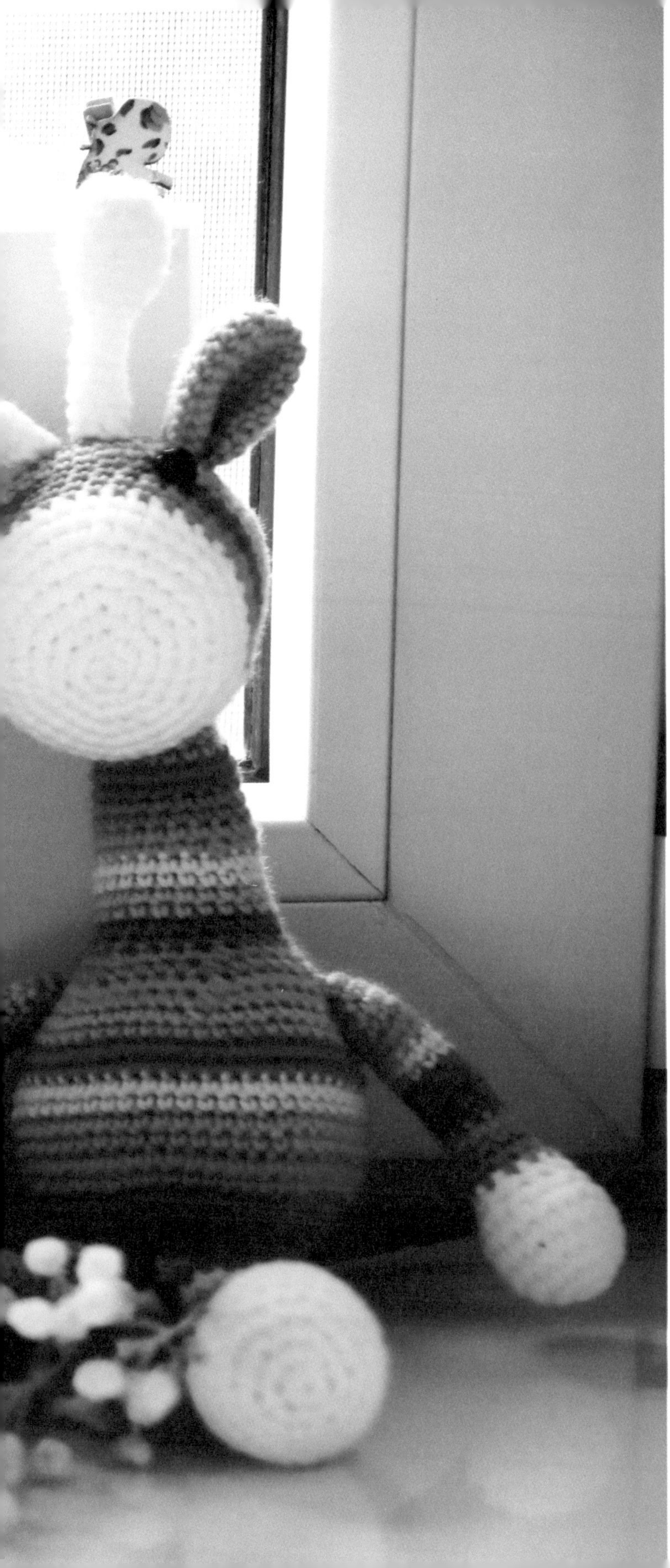

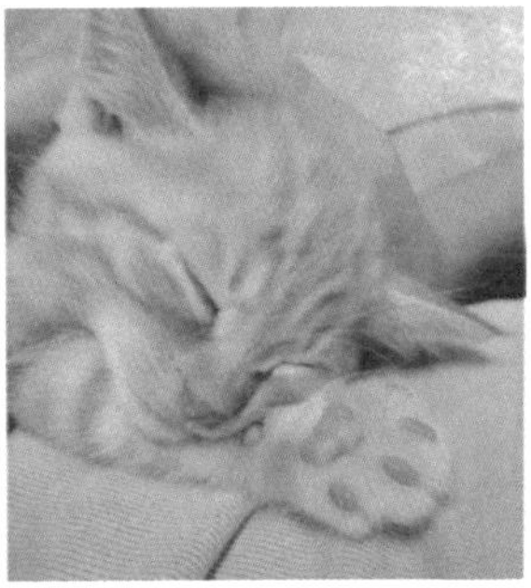

포틴 코리안 쇼트헤어

2년 전, 누군가 태어난 지 두 달도 안 돼 보이는 아기고양이를 녀석의 입보다 더 커 보이는 건새우 머리 몇 개와 함께 집 앞에 두고 갔습니다. 처음에는 동네에서 누가 새를 키우나 했는데, 알고 보니 녀석이 쉬지 않고 울던 거였어요. 하지만 우리 집에는 면역력이 바닥인 녀석들뿐이라 급하게 친구에게 임시보호를 부탁하고 부랴부랴 좋은 주인을 찾았는데, 임시보호 시간이 끝날 때 기적처럼 좋은 주인을 만났습니다. 임시보호를 해준 친구는 녀석을 빙구라 부르며 보통 녀석은 아니라고 했는데, 입양 간 집에서는 포틴이라는, 무슨 백작가의 도련님 같은 이름을 얻었습니다. 알고 보니 비행기인지 전투기인지의 이름이라고 합니다. 그 집에는 어린 남매가 있는데 첫날부터 잘 도망 다니고 잘 안기는, 어린이에게 최적화된 고양이 포틴! 유기농 수제 사료도 먹는, 이름에 어울리는 고양이가 되었습니다.

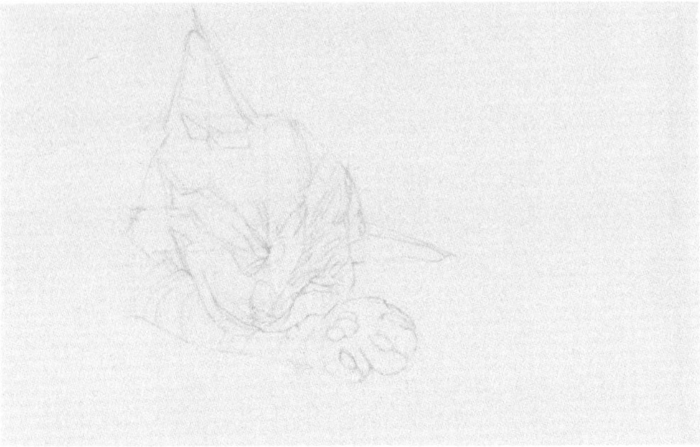

1 잠든 아기고양이의 분홍 젤리가 포인트인 사진으로 따뜻한 느낌을 살리기 위해 연한 분홍색 종이를 사용했습니다. 색연필로 그릴 때는 색연필로 스케치하는 것이 좋지만 실수가 부담스럽다면 아주 흐린 연필로 힘을 빼고 연하게 스케치합니다. 스케치를 끝내고 색연필 채색을 시작하기 전에 스케치가 진한 듯하면 알아볼 수 있을 정도만 남겨두고 지우개로 살짝 지웁니다.

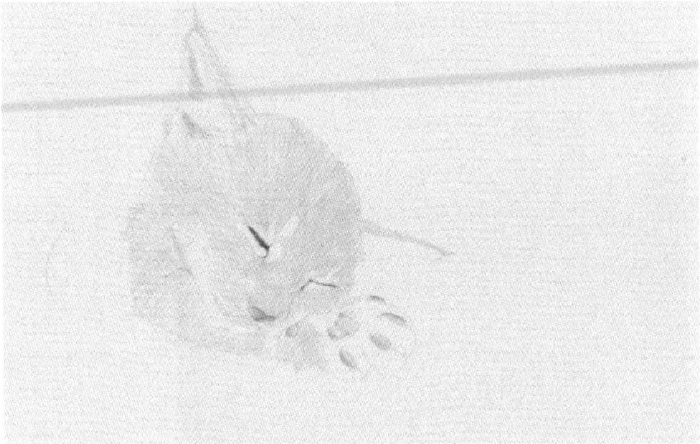

2 채색을 시작할 때는 가장 기본이 되는 밑색을 전체적으로 부드럽게 입혀줍니다. 이때부터 최대한 털 방향을 따라 칠하면 완성 후 털의 느낌이 풍성해집니다. 색연필은 수정이 쉽지 않으니 흰색 부분에 다른 색상이 칠해지지 않도록 조심합니다.

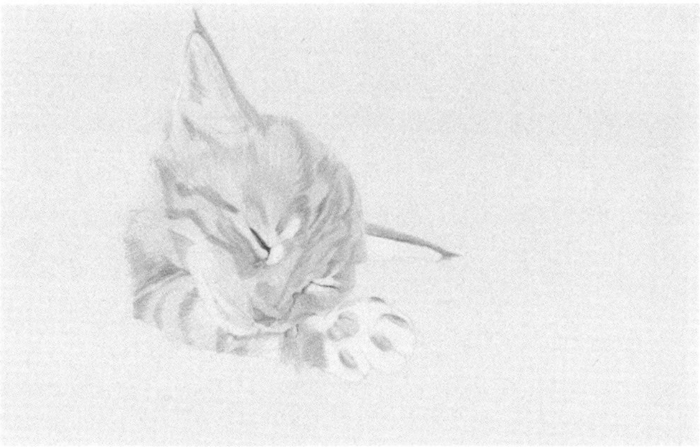

3 밑색을 적당히 채운 후에는 인상만큼이나 중요한 태비의 컬러를 진행합니다. 밑색을 충분히 칠한 후라 태비의 색이 자연스럽게 어우러집니다. 태비는 색이 진하므로 털 방향에 좀더 신경 쓰면서 그립니다. 손에 힘을 빼고 부드럽게 그려줍니다. 부드럽게 그려야 혹시라도 실수했을 때 지우개로 약간이나마 수정할 수 있습니다. 흰색 부분도 털 방향대로 채워줍니다.

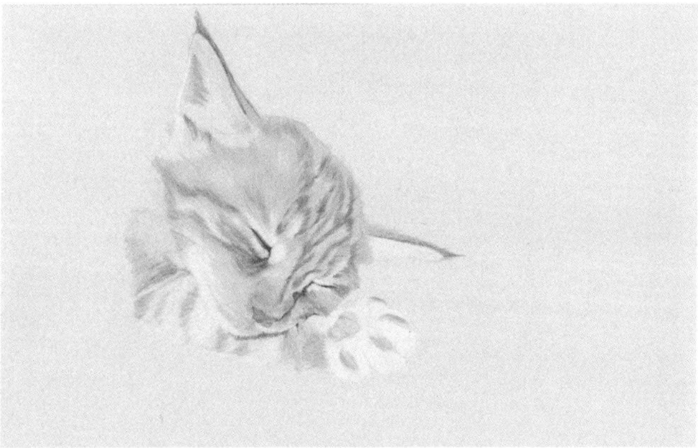

4 기본 색이 채워지면 가장 손이 많이 가는 얼굴과 코 위주로 그리기 시작합니다. 분홍 코도 덩어리감을 살릴 수 있게 한 단계 진한 색으로 라인을 그리고 눈매도 선명하게 그려줍니다. 털은 단색처럼 보여도 자세히 보면 여러 색이 섞여 있기 때문에 태비도 비슷한 계열의 색상을 섞어서 그리면 색감이 풍성하게 표현됩니다. 흰색 솜털이 많이 모인 입과 발바닥은 선의 길이를 다르게 여러 번 칠합니다.

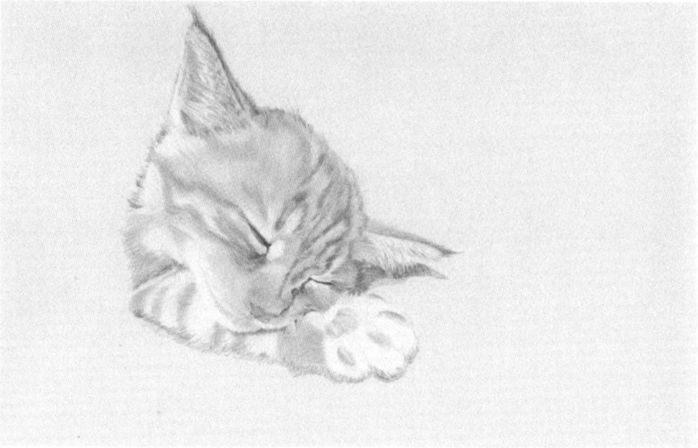

5 인상이 어느 정도 나오면 그림자를 이용해 외곽선을 그립니다. 그림자는 한 번에 직선으로 그리지 말고 이미 밑색으로 그려진 털을 따라서 여러 방향으로 그리면 그림자 표현과 함께 털의 표현이 동시에 되기 때문에 그림이 훨씬 자연스럽고 따뜻한 느낌도 줍니다. 귀도 같은 방법으로 털과 덩어리감을 같이 표현합니다.

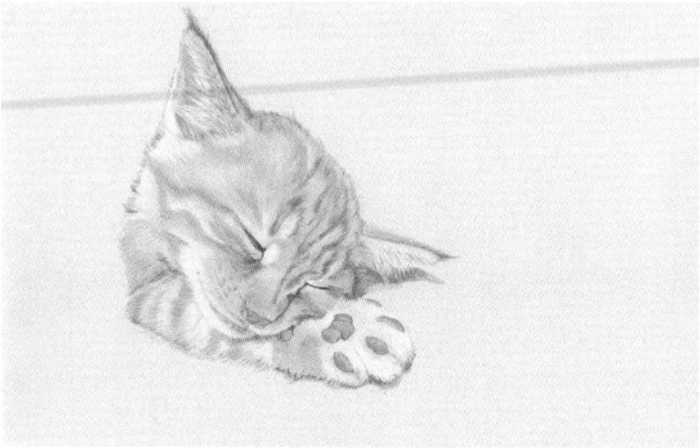

6 다시 세부묘사를 합니다. 이때는 이미지를 크게 바꾸기보다는 더 그리고 싶은 부분이나 모자란 부분을 찾아가며 원하는 이미지를 더 강조한다고 생각하며 그립니다. 입매를 더 예쁘게 만들어주는 수염이 시작되는 곳도 그리고 가장 두근거리는 분홍 젤리도 더 탱글탱글해 보이도록 진한 분홍색으로 강조합니다. 그림자 때문에 흰색 발바닥이 강조되니 분홍 젤리도 더 빛을 발하는 듯합니다.

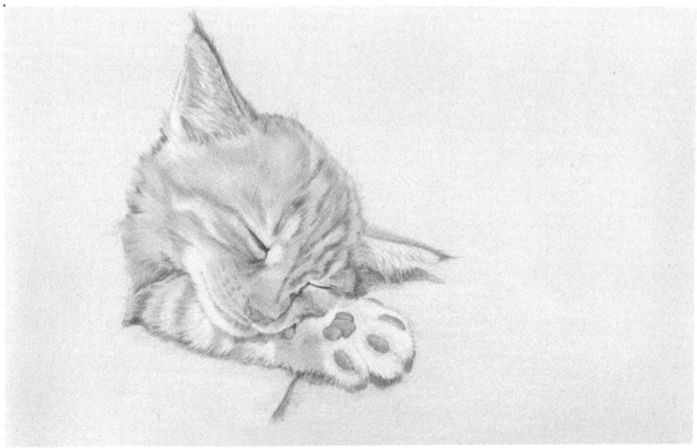

7 거의 다 그린 상태에서 숙면을 취하고 있는 녀석에게 어울리는 부드러운 바닥을 그리기 시작합니다. 바닥 천은 자세히 그리기보다는 스케치하듯이 가볍게 그립니다. 너무 진해져서 주인공 포틴을 가리지 않도록 연하게 그립니다. 바닥 천이 그림자와 자연스럽게 연결되도록 그림자를 조금 더 다듬어줍니다.

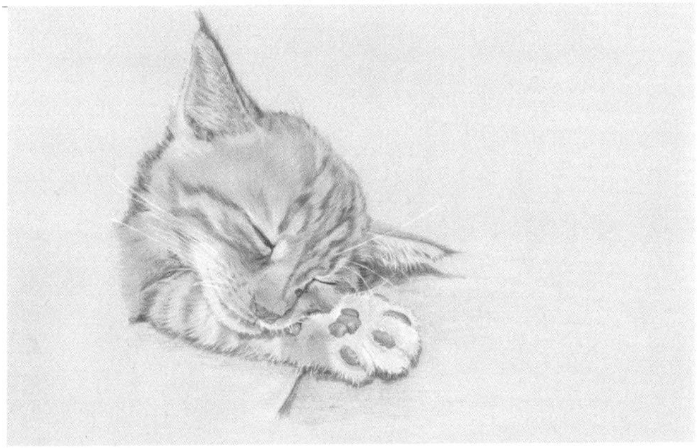

8 외곽선을 더 채워서 상대적으로 부드러운 표정을 강조하고 바닥 천도 짧고 힘을 뺀 선으로 부드럽게 채워서 완성했습니다. 전체적으로 모자란 부분은 없는지 확인하고 솜털과 수염을 그리는데, 포틴은 아기라서 그런지 하얀 솜털은 반짝거리고 수염은 매끈한 흰색입니다. 그 반짝거림을 강조하기 위해 흰색 펜으로 솜털과 수염을 그려 완성합니다.

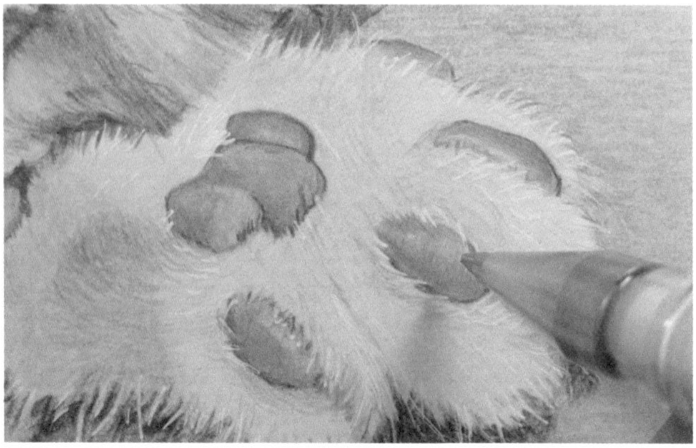

흰색 펜 활용 1 분홍 젤리를 더 예쁘게 해줄 발바닥의 반짝거림을 흰색 펜으로 표현해줍니다. 색연필로 그린 털의 방향과 비슷하게 중간중간 흰색 펜으로 털을 그립니다. 흰색 색연필보다 더 진하고 느낌도 달라 흰색이 더 도드라지면서 색감과 질감이 풍성해집니다. 그러나 예쁘다고 너무 많이 사용하면 오히려 색연필 특유의 부드러운 느낌을 망칠 수 있으니 욕심을 버리고 조금만 사용합니다.

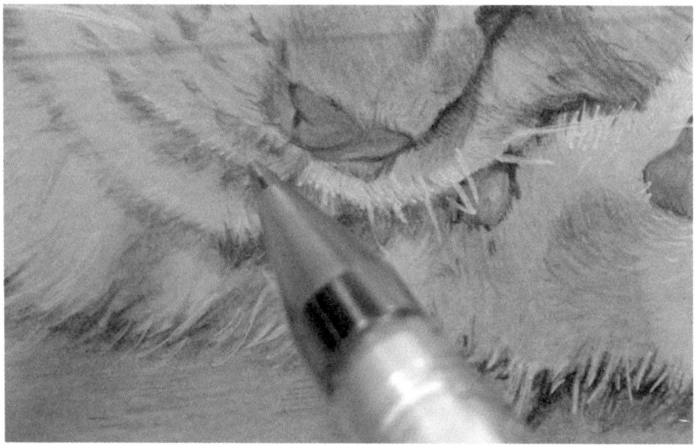

흰색 펜 활용 2 수염과 입가의 솜털도 흰색 펜으로 선명하게 그립니다. 수염은 최대한 한 번에 그리고 솜털은 발바닥처럼 너무 많이 사용하지 않고 중간중간 조금만 그려줍니다. 수염은 흰색 펜으로 그린 후 날카롭게 깎은 색연필로 부드럽게 입부분과 연결시킵니다. 그래야 펜의 느낌이 자연스럽게 색연필과 어우러집니다.

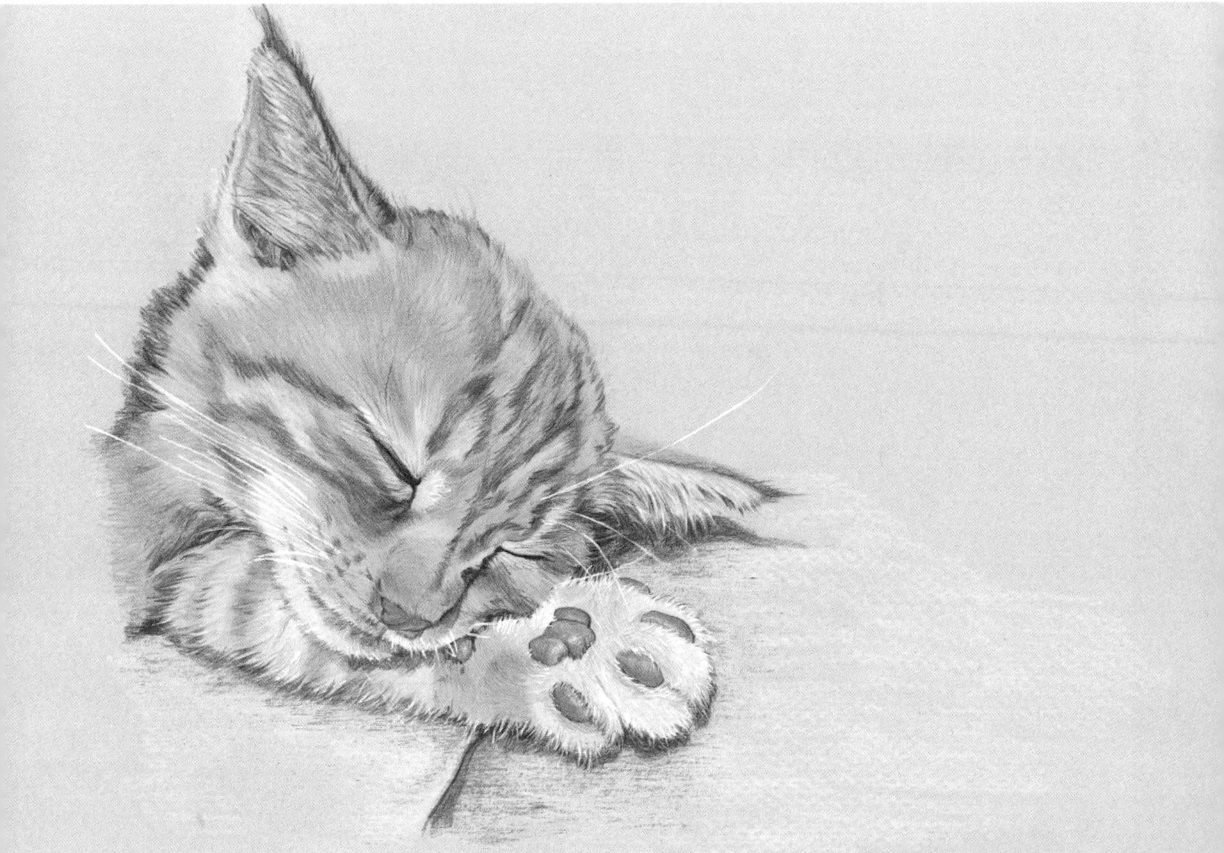

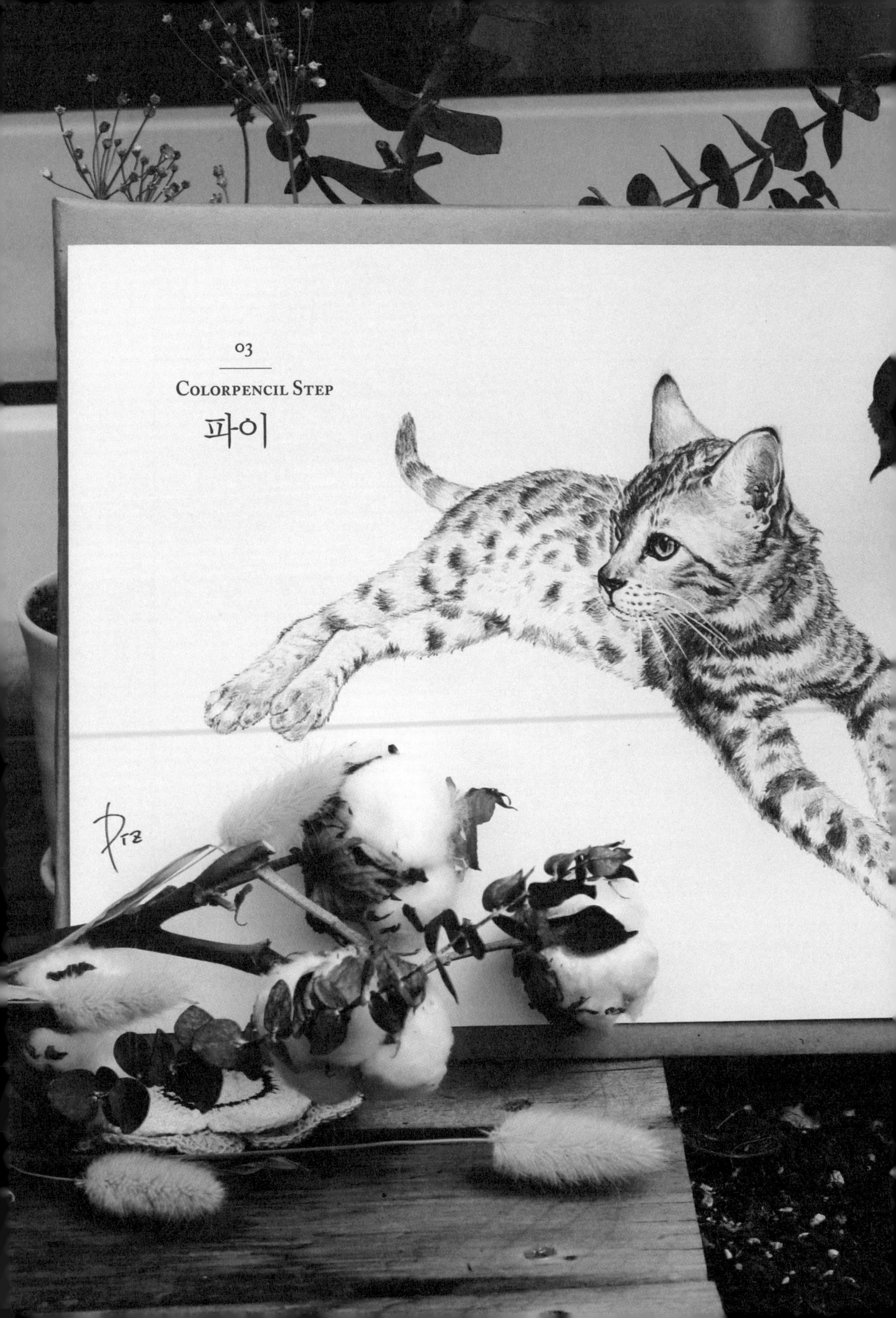
03
Colorpencil Step
파이

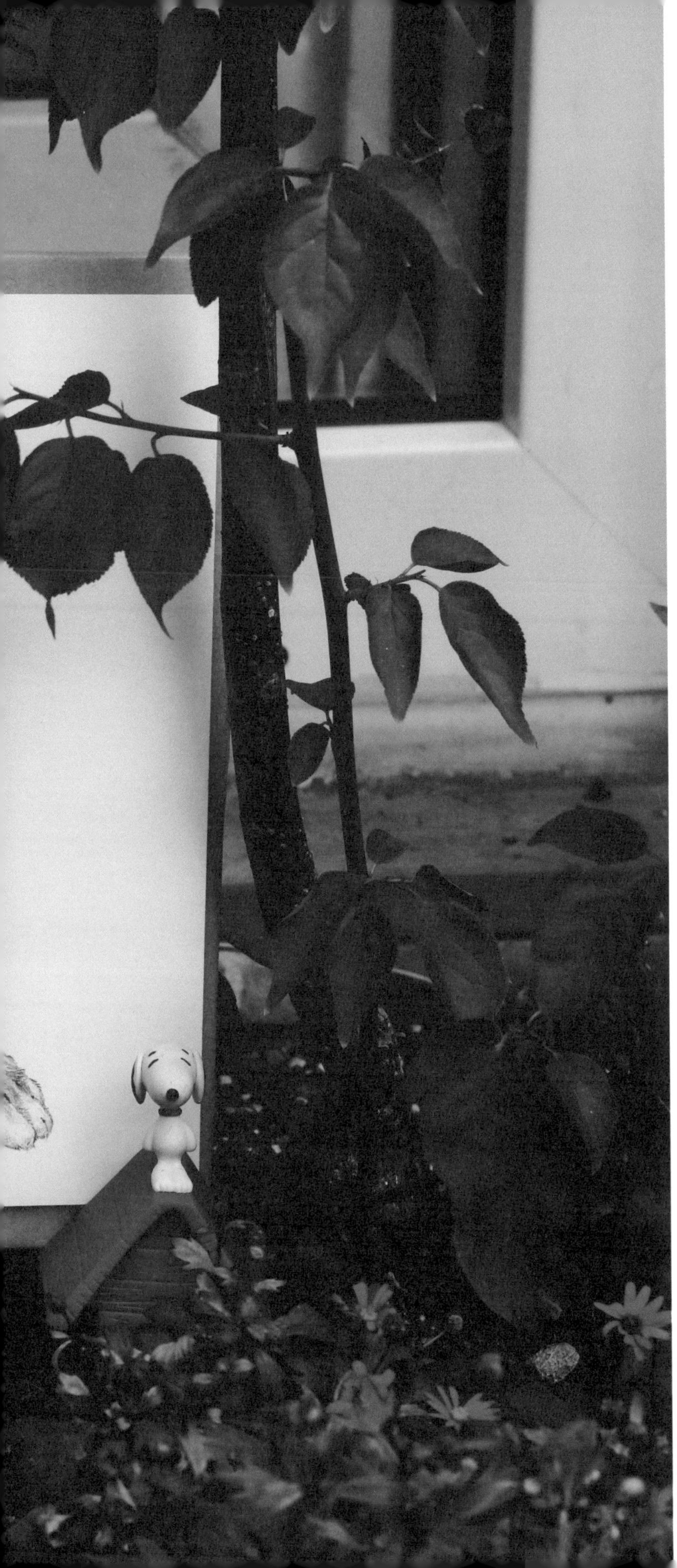

종이 켄트지
색연필 프리즈마 컬러
지우개 톰보우
흰색 펜

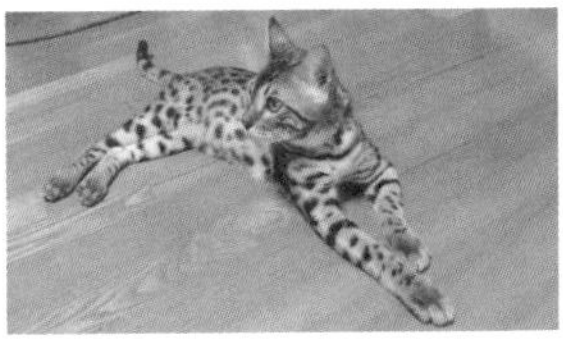

파이 뱅갈

2016년 2월생의 똥꼬발랄한 남자아이. 첫 고양이 쿠키를 성묘 상태로 키우게 되어 아기고양이를 보고 싶어서 데려오게 되었다고 합니다. 정작 그녀의 지인들은 그녀가 고양이를 키울 줄, 또 두 마리나 키우게 되리라고는 예상하지 못했다고. 어릴 때부터 키운 덕인지 이름을 부르면 냉큼 달려오는데다 감정에 따라 다른 울음소리를 낸답니다. 심지어 '기다려'를 알아듣고 진짜 기다리는 강아지 같은 고양이. 거구인데다 활달한 성격이어서 열심히 뛰어다니다 가끔 스스로의 몸을 감당하지 못해 떨어지기도 하고, 첫째 쿠키를 끊임없이 귀찮게 하면서 둘째만의 존재감을 드러내고 있습니다.

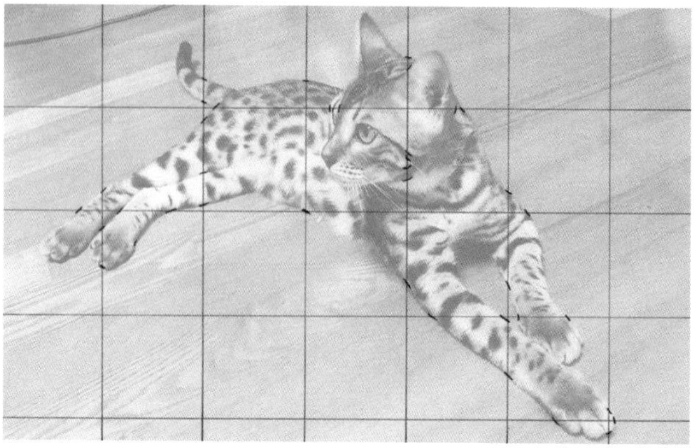

1 그리드 스케치를 복습해볼까요? 먼저 원본 사진을 출력한 후 큰 눈금을 그리듯이 가로세로 정사각형 격자무늬 그리드를 그려주세요. 파이의 테두리 라인과 그리드라인이 만나는 접점을 선 방향을 생각하며 꼼꼼하게 표시합니다.

2 켄트지 위에 연필로 연하게 원본 사진에 그린 그리드라인의 수와 비율을 맞춰 그립니다. 좌표를 표시하듯 원본 사진의 접점 위치를 한 칸씩 확인해가며 연필로 표시해주세요. 표시한 접점을 점선 잇기를 하듯 이어주며 큰 형태를 잡습니다. 큰 형태가 완성되면 원본 사진을 더 자세히 관찰하며 전체적인 인상과 형태를 완성합니다.

3 불필요한 그리드라인을 지우개로 지웁니다. 연필로 스케치된 형태를 지우개로 정리해가며 색연필로 다시 스케치를 마무리하세요.

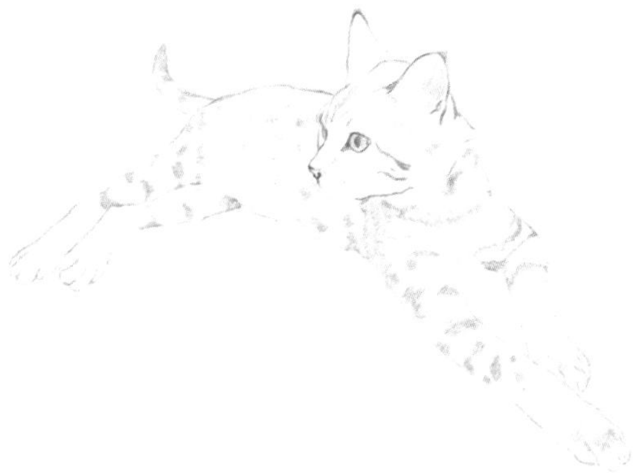

4 특징적으로 표현하고 싶은 눈, 코, 입의 인상과 귀의 모양 등을 좀더 진한 색으로 자세히 그립니다. 뱅갈 특유의 큰 무늬의 위치도 대략적으로 표시해주세요. 초반부터 털 방향을 생각하면서 선을 그리는 것이 좋습니다.

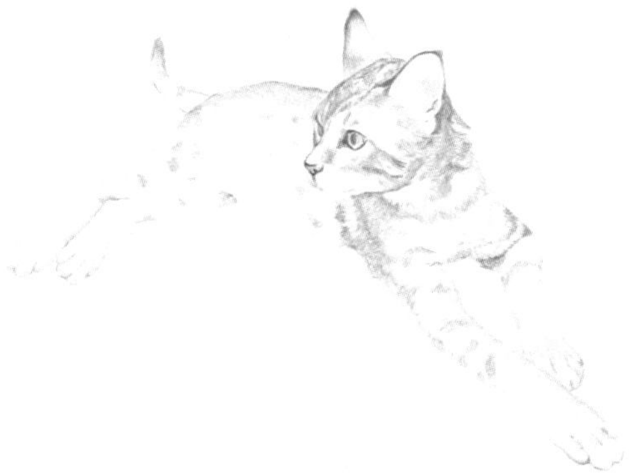

5 연한 갈색으로 전체적인 색감을 부드럽게 표현합니다. 이때 털 방향대로 색을 입혀주는 것이 좋습니다. 손의 힘을 조절하는 것만으로도 같은 색으로 여러 단계를 표현할 수 있다는 것을 느껴가면서 덩어리 그리기를 연습해보세요. 귀 끝과 이목구비, 몸의 얼룩을 좀더 진한 갈색으로 표현하세요. 왼쪽 윗부분에서 빛이 들어오므로 오른쪽 아랫부분을 어둡게 그려 입체감을 표현합니다.

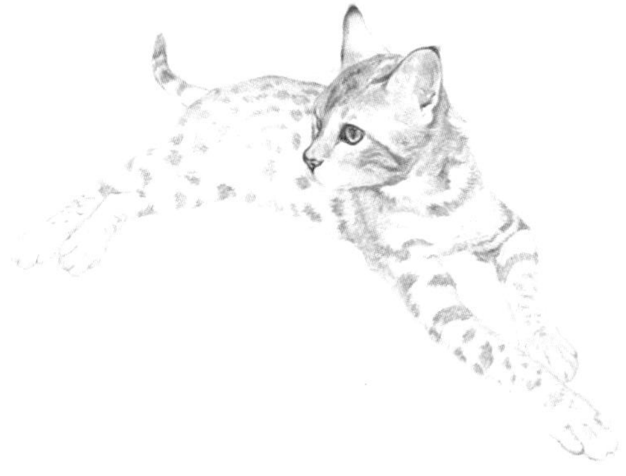

6 눈동자와 귀의 기본 밑색을 칠한 후 눈, 코의 외곽선과 귀의 모양을 좀더 자세하게 그립니다. 얼굴과 오른쪽 앞발 부분을 중점적으로 묘사해야 한다는 것을 염두에 두고 천천히 털 방향대로 색을 단계적으로 쌓아갑니다. 몸통의 무늬 위치를 좀더 자세히 표시하세요.

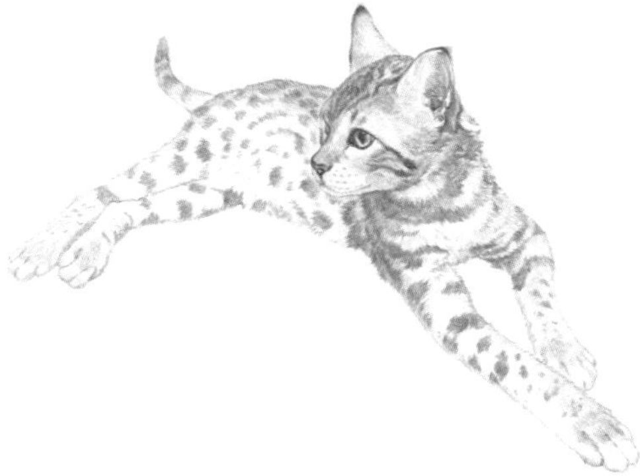

7 이번 그림은 색을 많이 입히기보다는 특징적인 무늬를 표현하는 것만으로 완성시켜보려 합니다. 가장 강조되어야 하는 부분인 머리와 오른쪽 앞발의 무늬를 좀더 강하고 날카롭게 묘사하고, 이마와 볼의 무늬는 털 방향대로 날카롭고 진하게 그리세요. 귀 안쪽 깊은 곳일수록 어둡게 그려야 입체감을 표현할 수 있습니다. 머리와 앞발 이외의 부분은 아주 조금씩만 덧칠을 하며 전체적인 그림의 강약을 조절해주세요.

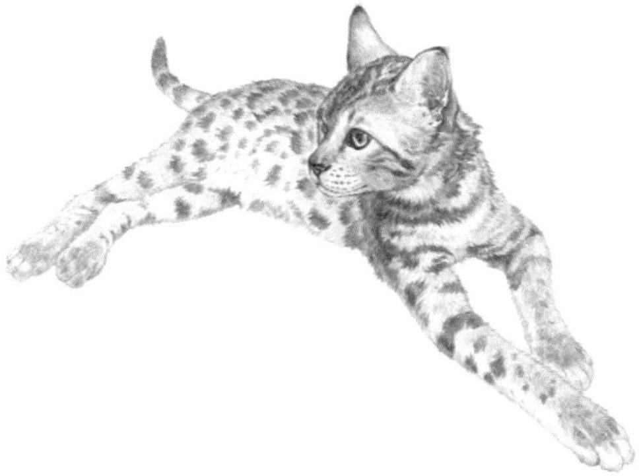

8 그림자의 흐름을 생각하면서 덩어리감을 살려줍니다. 많은 색을 쓰지 말고 목 아랫부분과 등의 뒷부분을 어둡게 묘사합니다. 머리에서 앞발로 흐르는 그림자를 생각하며 표현하는 것이 좋습니다. 옅은 갈색으로 전체적인 톤을 표현해주세요. 어두운 갈색을 이용해 무늬와 라인을 또렷하게 그립니다. 얼굴 아래부터 오른쪽 앞발까지 흐르는 반사광을 살짝 표현해 입체감을 살려줍니다.

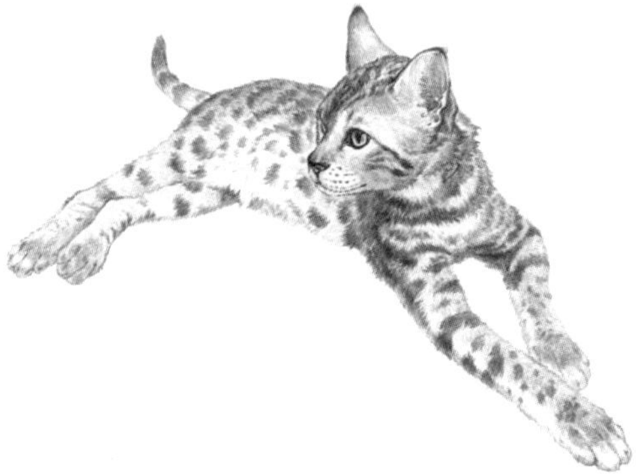

9 눈을 완성해봅니다. 녹색 사이사이에 대비되는 붉은색을 사용하면 단조로움을 피할 수 있습니다. 색연필의 강약을 이용해 털 묘사를 마무리합니다. 많은 색을 사용하지 않고도 그림을 완성하려면 손의 힘을 이용한 선의 강약과 색연필의 굵기 등을 조절하여 점점 날카롭게 묘사하는 것이 좋습니다. 마무리를 위해 날카로운 검정 색연필로 이목구비의 인상과 강조하고 싶은 부분을 묘사하며 톤을 정리해주세요.

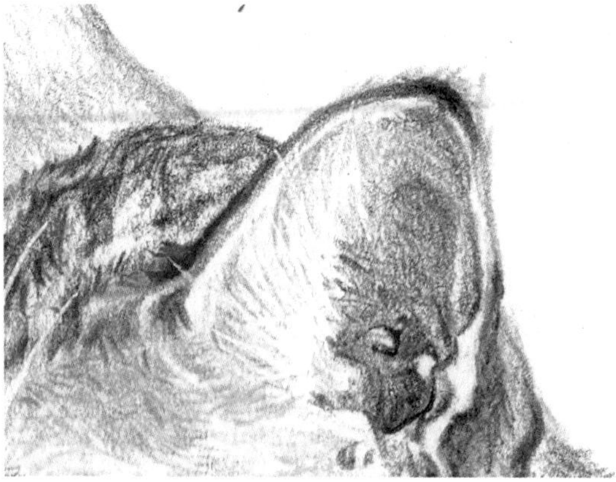

10 귀 모양이 복잡하고 어려워 보여서 지레 겁을 먹는 경우가 많지만 귓바퀴를 또렷하게 그리고 귓구멍을 어둡고 흐리게 표현하는 것만으로도 귀의 입체감을 표현할 수 있습니다. 귀 안쪽 구멍의 복잡한 모양을 전부 다 그려야 한다는 부담을 버리고 선의 강약을 조절하여 마치 복잡한 모양을 다 그린 듯한 효과를 준 후 흰 펜으로 귀 안쪽에서 나오는 솜털을 표현해주세요.

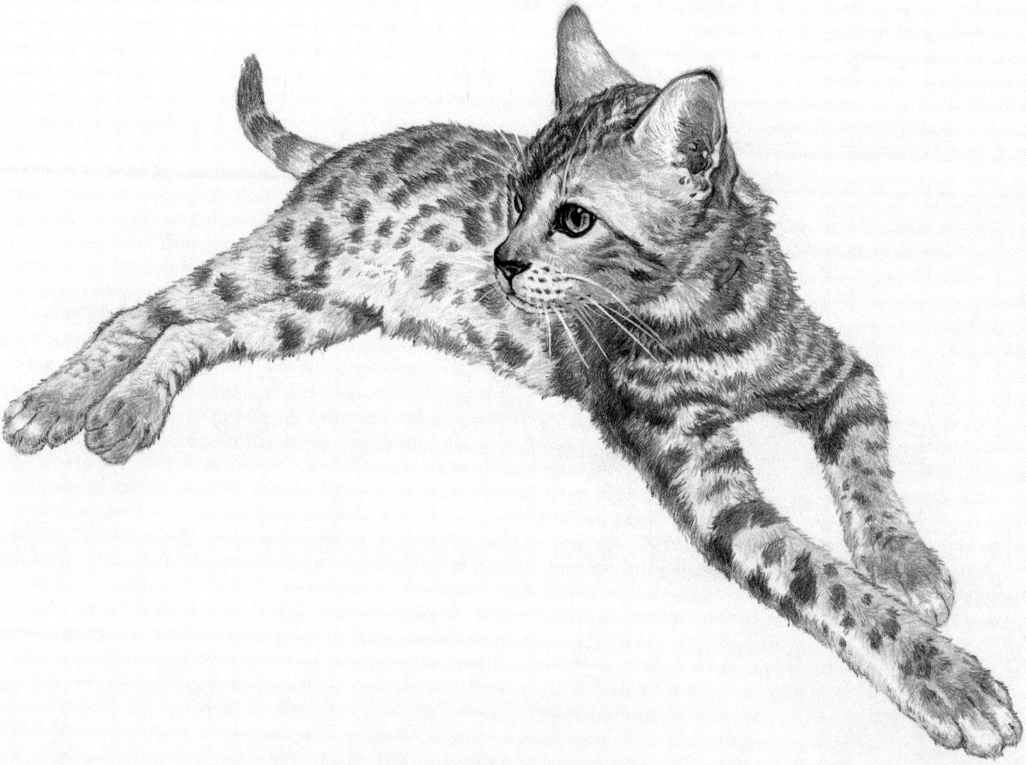

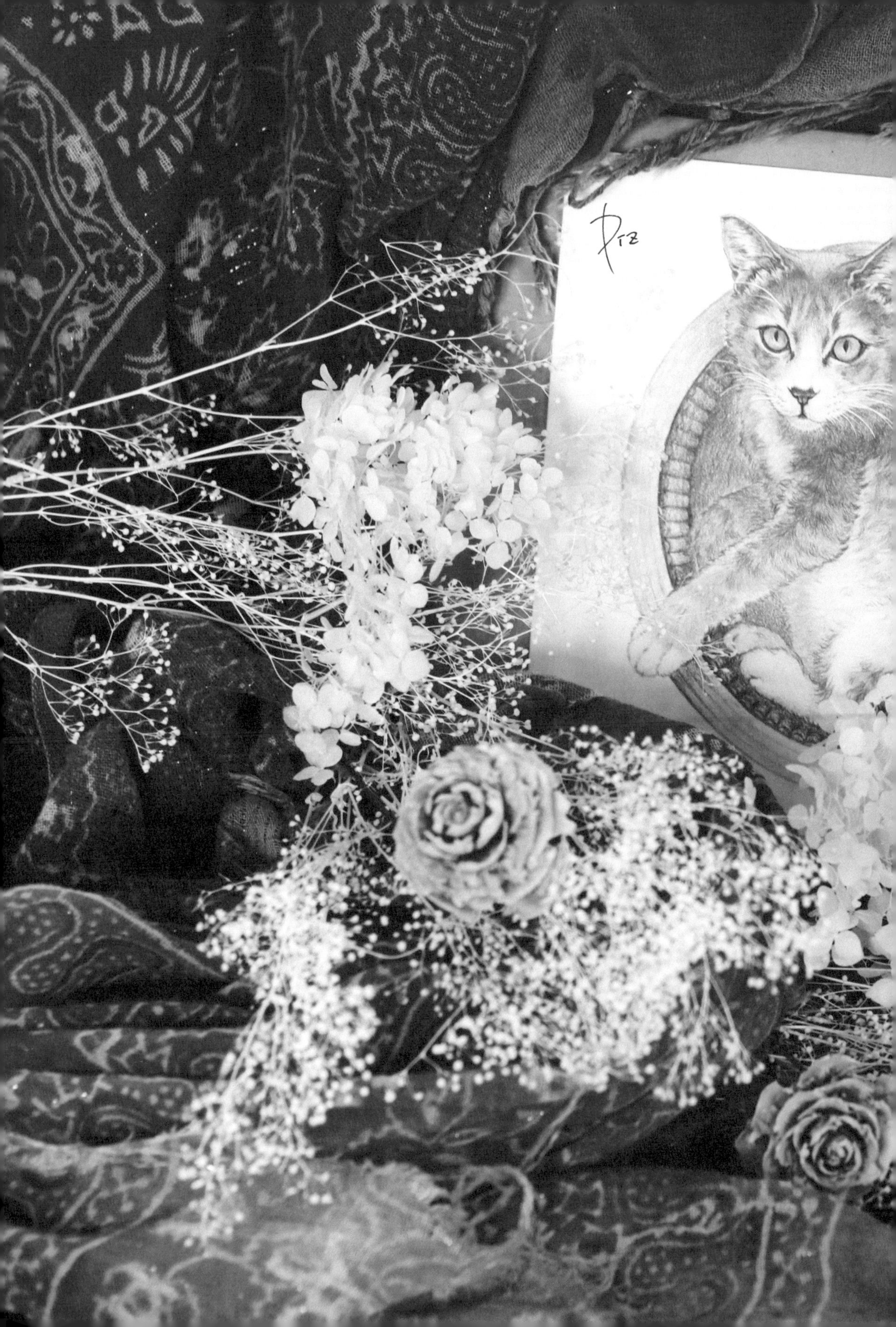

04

Colorpencil Step

인더스

종이 켄트지
색연필 프리즈마 컬러
지우개 톰보우
흰색 펜

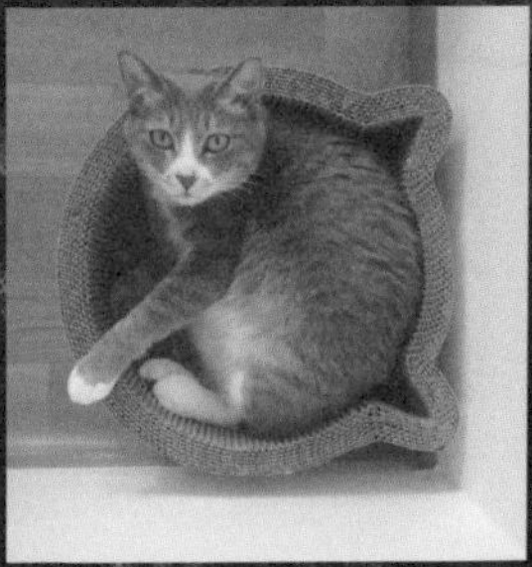

인더스 회색 태비

3살 반에서 4살 정도로 추정되는 여자아이. 딱 잘라 말할 수 없는 모색과 코리안 쇼트헤어 암컷의 평균보다 월등히 큰 덩치를 가진, 정확한 종을 알 수 있을 만한 특징은 없는 아이입니다. 임신한 채 길 위를 떠도는 성묘인데도 누구에게나 누워버릴 정도로 애교가 많고 사람에게 기대는 성향이 강했던 아이. 만삭의 몸으로 모르는 가게에 제 발로 들어가 애교를 부리다 구출되었습니다. 무사히 출산한 아기 네 마리를 모두 분양 보내고 홀로 대구에서 서울까지 입양되어 건강하게 지내고 있습니다. 길에서 생활했지만 벌레 한 마리도 잡지 못하고, 발톱 깎을 때도 골골, 귀 청소할 때도 골골대는 덩치만 큰 세상 순둥이입니다.

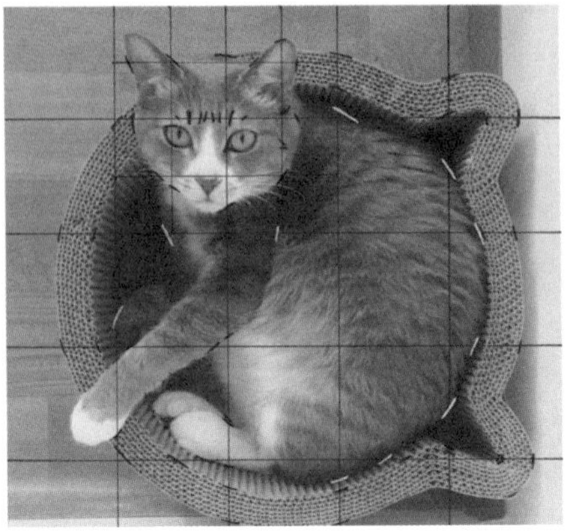

1 그리드로 스케치하기를 연습해보겠습니다. 원본 사진에 큰 눈금을 그리듯 그리드라인을 그려주세요. 인더스의 테두리 라인과 그리드라인이 만나는 접점을 선 방향을 생각하며 꼼꼼하게 표시하세요. 어두워서 잘 보이지 않으면 흰색 펜으로 접점을 그립니다. 얼굴처럼 더 자세히 그리고 싶은 부분은 그리드라인을 더 촘촘하게 세분해서 그리면 됩니다.

2 켄트지 위에 연필로 연하게 원본 사진과 마찬가지로 그리드라인을 그려주세요. 너무 진하게 그리면 나중에 지우면서 종이가 손상될 수 있으므로 연하게 그리는 것이 좋습니다.

3 원본 사진의 접점 위치를 한 칸씩 확인해가며 연필로 표시하세요.

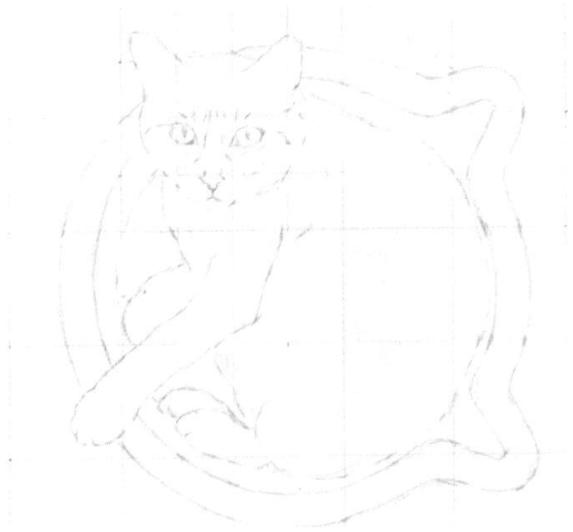

4 표시한 접점을 서로 이어주며 큰 형태를 그리세요. 큰 형태가 완성되면 원본 사진을 더 자세히 관찰하며 전체적인 인상과 형태를 완성해주세요.

5 불필요한 그리드라인을 지우개로 지우세요. 지울 때 너무 세게 지우면 종이 질감을 훼손시킬 수 있으므로 최대한 조심해서 지우세요.

6 옅은 회색 색연필로 연필선을 지워가며 스케치해주세요. 이때 약간의 덩어리감을 표시해주는 것도 좋습니다. 전체적인 그림에서 어떤 부분을 강조할 것인지 생각하며 스케치를 마무리하세요.

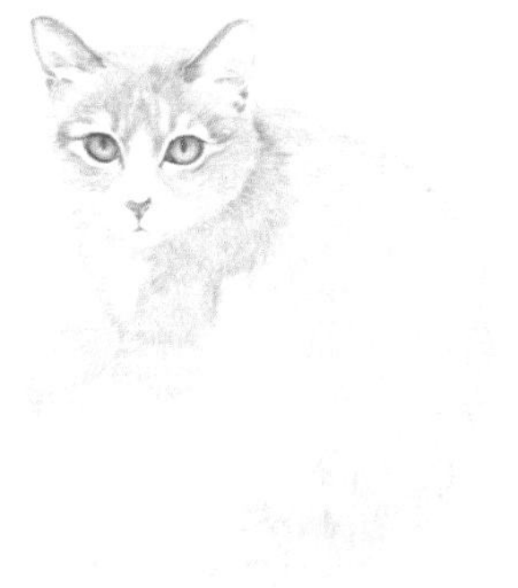

7 회색이 섞인 푸른색으로 눈의 기본 색을 칠합니다. 초반이지만 눈동자의 둥그런 입체감을 조금씩 살려가며 그리세요. 이목구비 모양을 좀더 진한 색으로 보강합니다. 기본적인 덩어리 느낌은 털 방향을 따라 약간 길고 부드러운 선으로 표현해주세요.

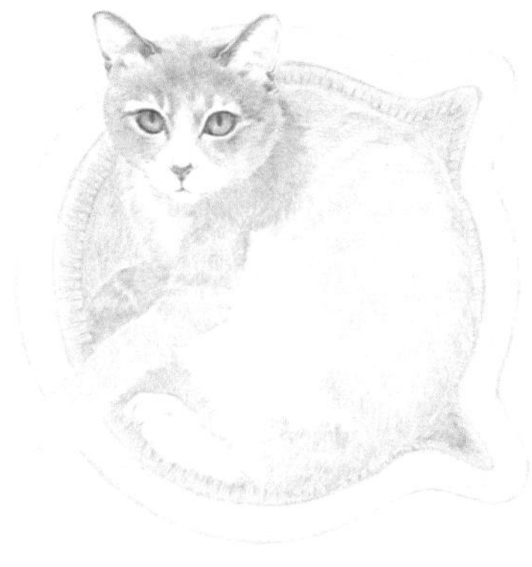

8 인더스 주변의 스크래쳐를 녹색 섞인 노란색으로 그립니다. 입체감을 살리기 위해 스크래쳐 바닥 안쪽의 깊은 곳은 채도가 낮은 녹색계열 색연필로 흐릿하게 표현하세요.

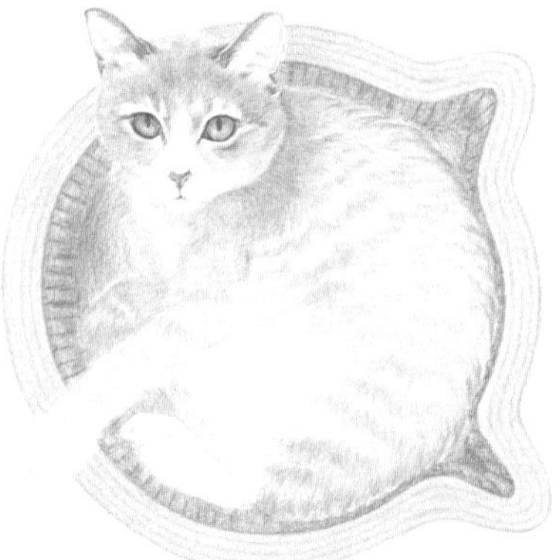

9 스크래쳐 무늬를 좀더 자세히 묘사합니다. 가까이 있는 부분은 또렷하고 날카로운 선으로 표현하고 깊은 부분은 부드러운 선으로 그림자 위주로 그려주세요.

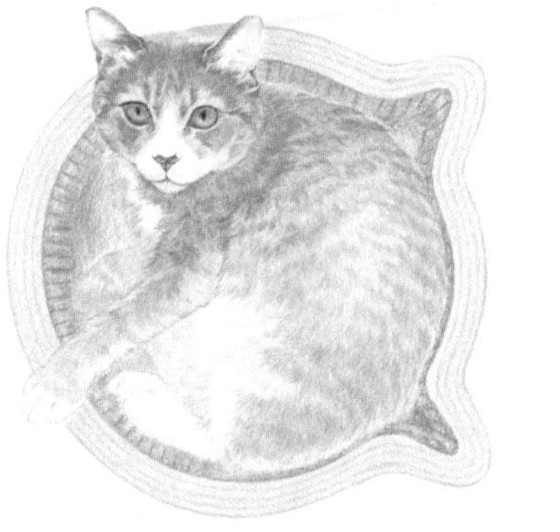

10 회색 색연필로 그림의 전체적인 중간 톤을 풍부하게 그립니다. 얼굴에 연하게 나타나는 무늬 형태도 묘사해주세요. 털 방향을 살려가며 처음에는 부드럽고 길게 묘사하다가 점점 날카롭고 짧은 털로 단계를 올려가며 묘사한 후 연한 연두색으로 눈 아랫부분의 반사광을 표현합니다.

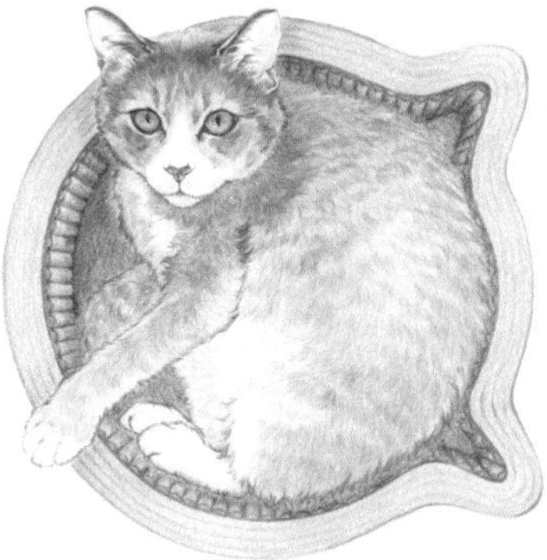

11 스크래쳐의 입체감이 좀더 도드라지게 갈색으로 묘사합니다. 스크래쳐와 고양이 사이의 윤곽선을 손의 강약을 이용해 표현하세요.

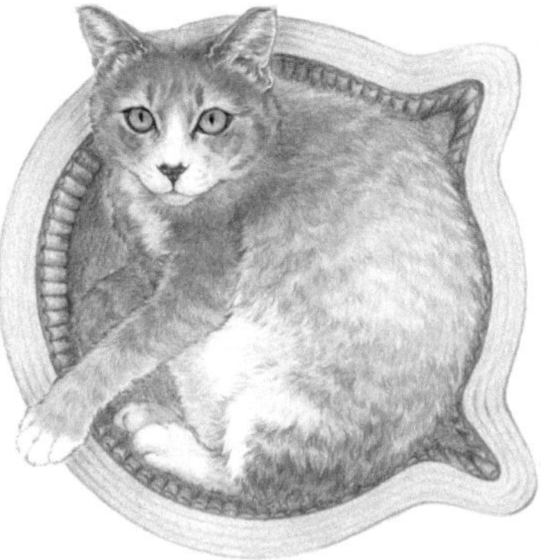

12 이목구비를 또렷하고 짧은 선으로 묘사하세요. 머리가 가장 앞으로 튀어나온 부분이므로 색의 대비와 묘사의 정도 등 모든 요소를 집중적으로 표현하고 붉은색과 갈색으로 귀 안쪽의 털을 묘사하여 깊이감도 만들어주세요. 회색 색연필로 몸통의 그림자 흐름을 생각하며 짧은 털을 묘사합니다. 전체적으로 둥그런 덩어리감이 흐트러지지 않도록 마지막까지 주의하세요.

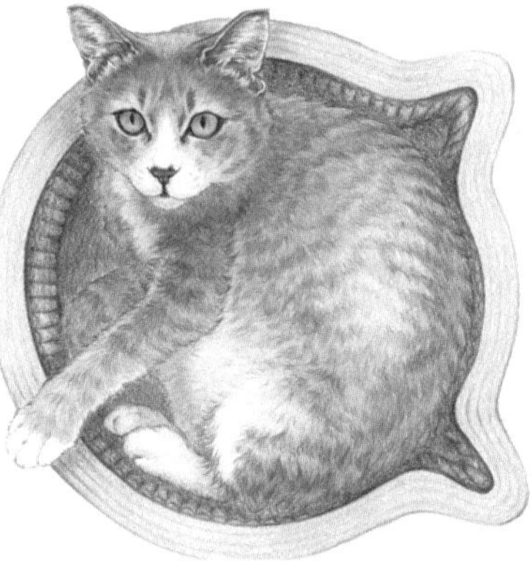

13 전체적인 완성도를 신경 쓰면서 짧고 날카로운 선으로 묘사를 마무리합니다. 스크래쳐 안쪽의 그림자도 전반적인 그림과 어울리게 톤을 정리해주세요. 날카로운 검은색 색연필로 이목구비 중 또렷하게 강조하고 싶은 부분을 묘사합니다. 진한 회색과 검은색 색연필로 최종적으로 표현하고 싶은 부분을 자세히 묘사하고 흰색 펜으로 수염과 눈동자의 하이라이트를 그리며 마무리해주세요.

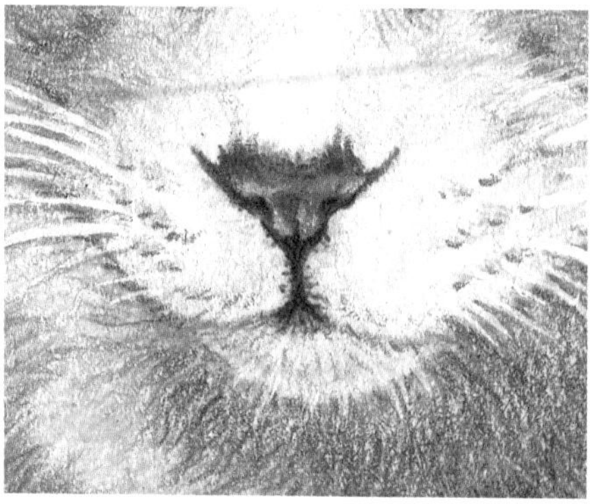

코와 입 그리기

코와 입은 작은 부분이라 색연필로 그리기 어렵다고 느낄 수도 있지만, 반사광을 잘 이용하면 간단하게 입체감을 나타낼 수 있습니다. 빛의 반대방향으로 생성되는 반사광을 코의 원래 색보다 채도가 낮은 색으로 연하게 칠한 후 코의 외곽선과 다크라인을 가늘고 진하게 그려주세요. 입 주변의 반사광은 털 방향대로 자리를 남겨놓고 다크라인을 묘사하면 쉽게 표현할 수 있습니다.

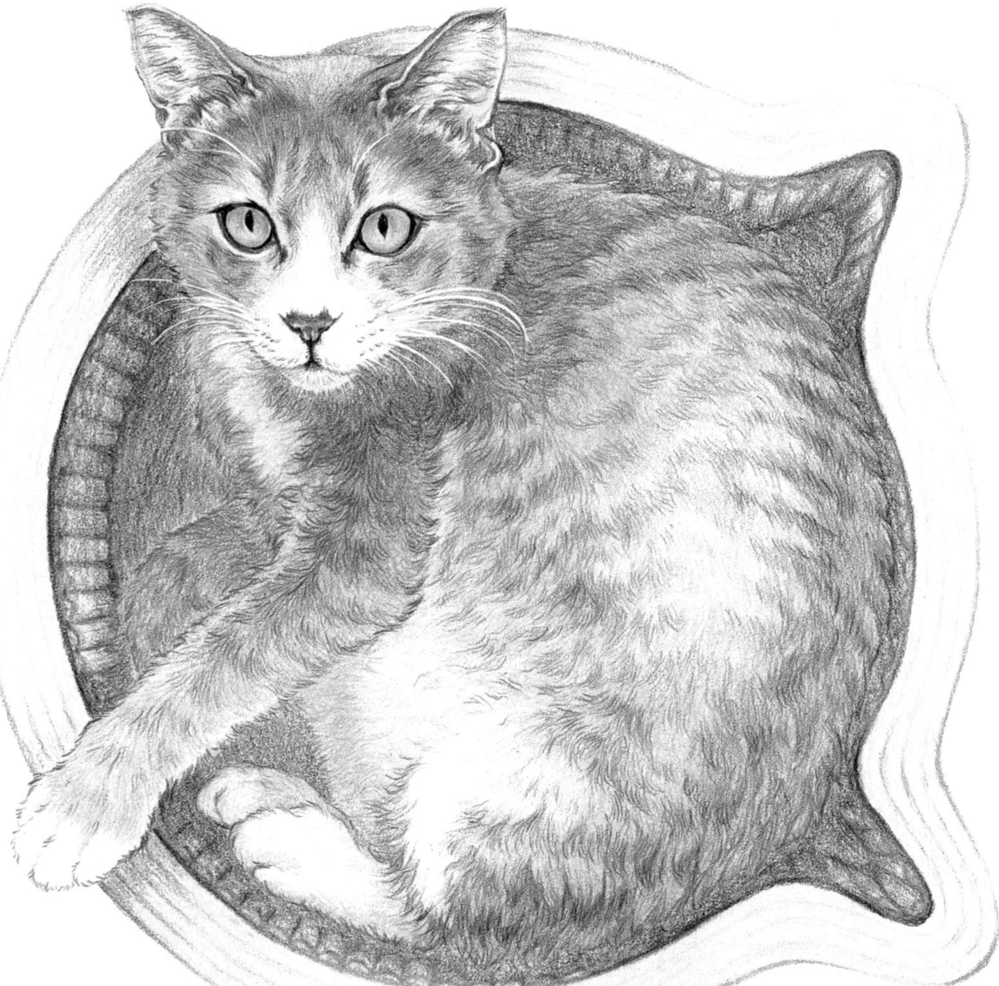

05

Colorpencil Step
맨슨

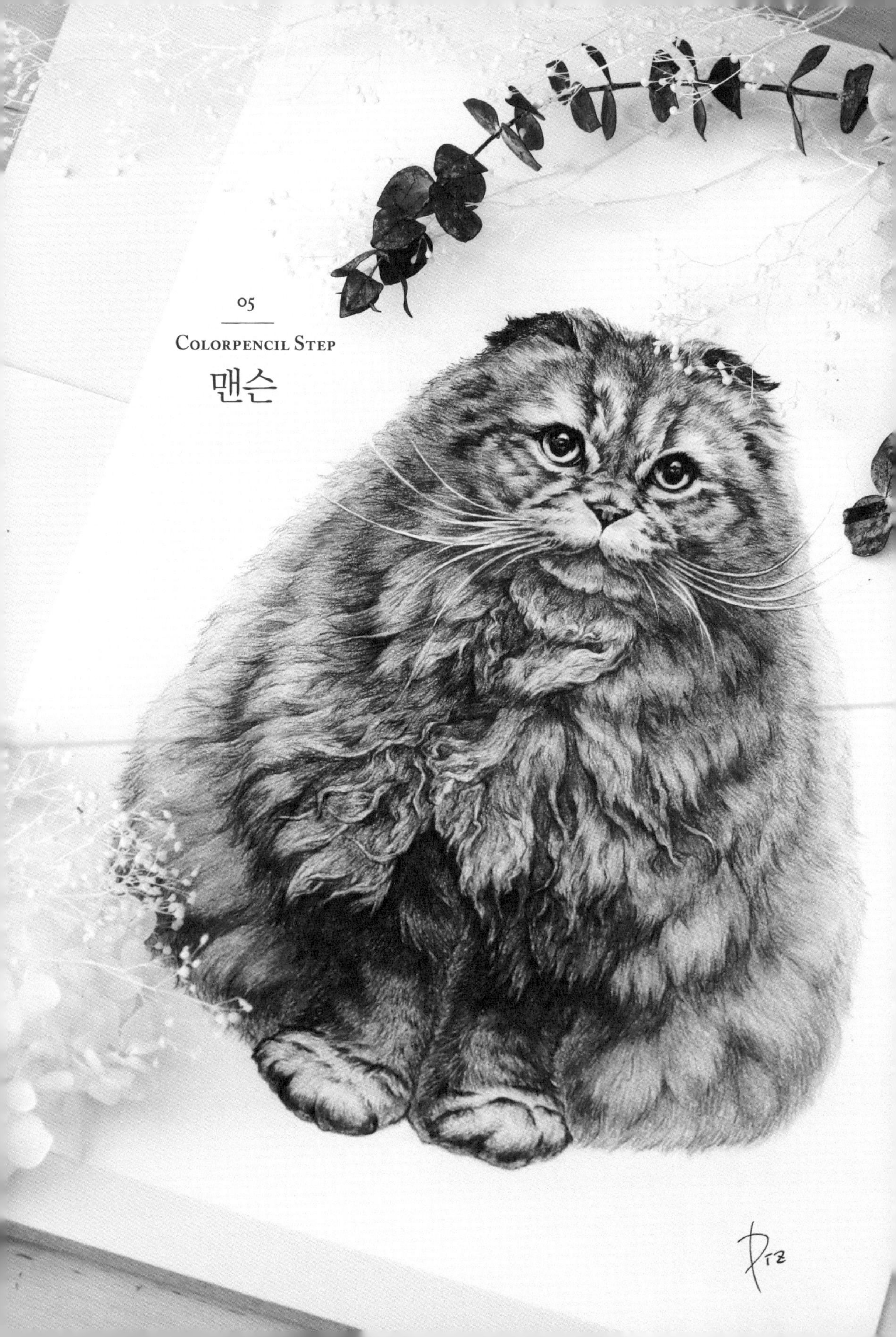

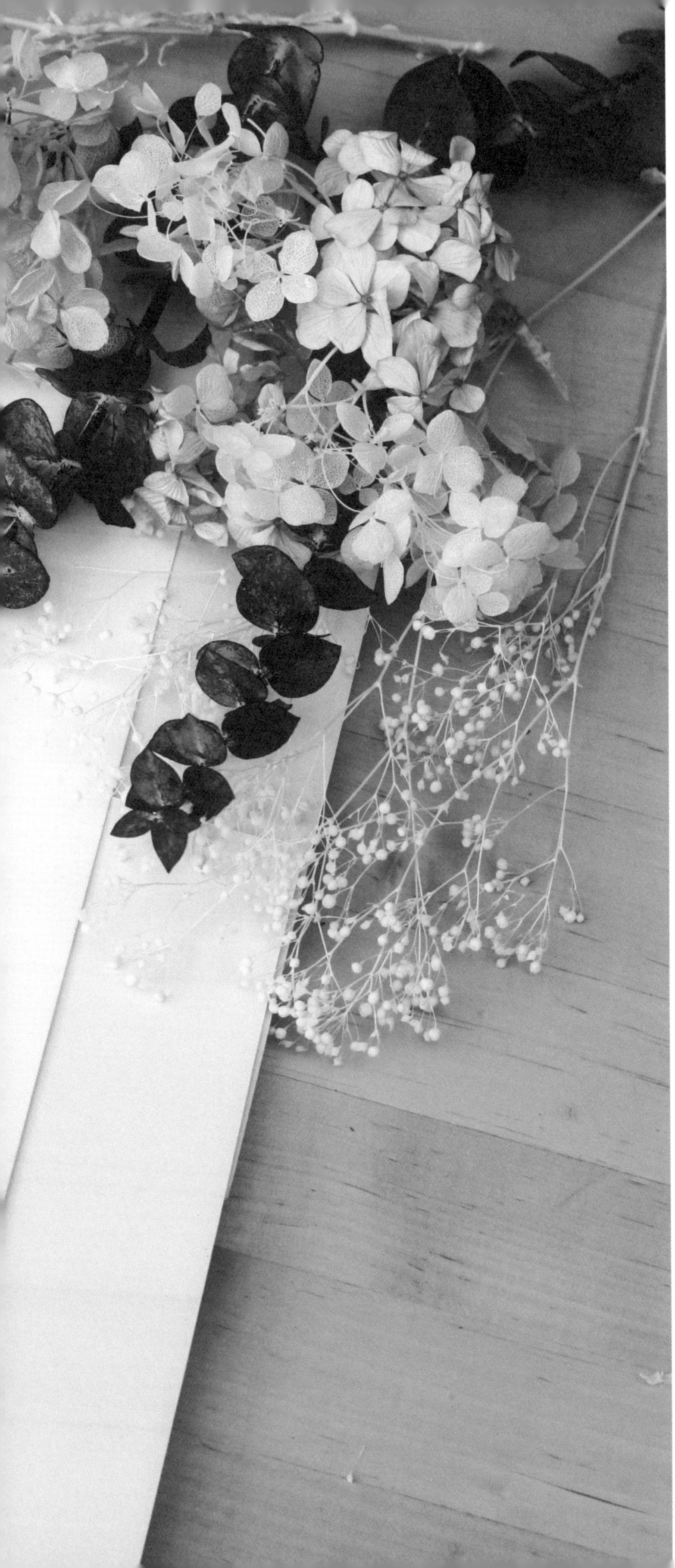

종이 켄트지
색연필 프리즈마 컬러
지우개 톰보우
흰색 펜

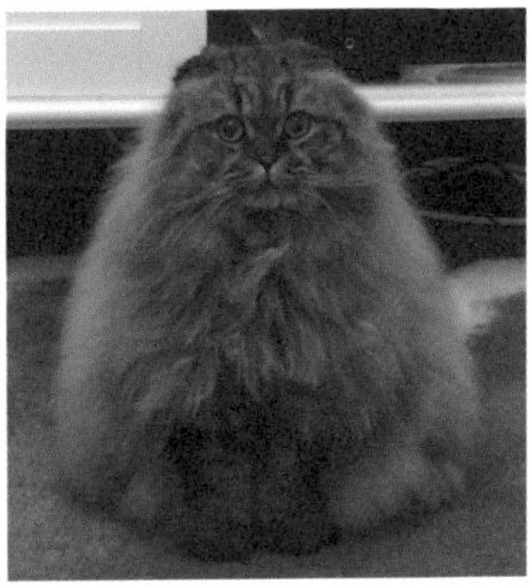

맨슨 하이랜드폴드

4살이 조금 넘은 다정하고 얌전한 아이로 선반이나 높은 곳에 일절 올라가지 않습니다. 겁도 많아서 가족 이외의 사람을 보면 숨어서 나오지 않습니다. 항상 눈을 크게 뜬 듯한 표정과 'ㅅ'자 입모양이 매력 포인트. 앞발이 다른 고양이에 비해 큰 편인데, 보통의 고양이가 많이 하는 일명 '식빵자세'를 할 수 없을 정도입니다. 어떤 사료든 안 가리고 잘 먹고 물도 잘 먹어서 걱정이 없는 덥수룩하고 순한 아이입니다.

1 그리드를 이용한 스케치 연습으로 형태 스케치에 많이 익숙해졌다면 이제는 러프한 긴 선으로 스케치하기를 연습해볼까요? 단모종고양이와 달리 장모종고양이는 털 흐름과 덩어리감을 표현하는 것이 중요합니다. 어떤 덩어리를 중점적으로 표현해야 하는지 생각하며 긴 선을 반복적으로 사용해 얼굴과 몸통 위치를 둥그렇게 그려주세요.

2 큰 덩어리의 위치를 그린 긴 선을 참고하며 좀더 세밀하게 스케치를 완성해보세요. 이목구비의 인상과 특징적인 털의 위치를 표시하며 자세한 형태를 그려주세요.

3 옅은 회색의 부드럽고 긴 선으로 기본적인 어둠을 살짝 표현하세요. 눈 색도 기본적인 밑바탕이 되는 녹색과 노란색으로 칠하세요. 그림을 그리며 몸통의 큰 덩어리감을 잊지 않는 것이 중요합니다.

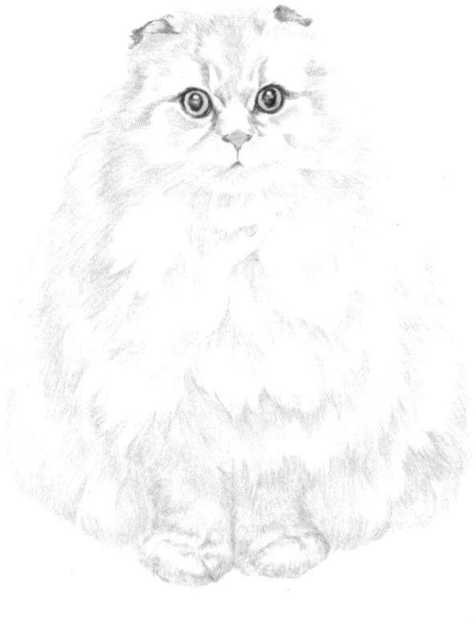

4 원본 사진이 오른쪽 위에서 왼쪽 아래로 빛이 들어오므로 왼쪽 아랫부분을 어둡게 표현해 덩어리의 전체적인 느낌을 잡아갑니다. 제일 큰 덩어리 위에 자잘한 털 모양이 표현되어야 구조가 무너지지 않는다는 사실을 잊지 말아야 합니다. 털 묘사에 너무 집중하다보면 큰 덩어리를 잊게 되는 경우가 종종 있습니다. 눈 색도 단조롭지 않게 파란색 색연필로 묘사해주세요.

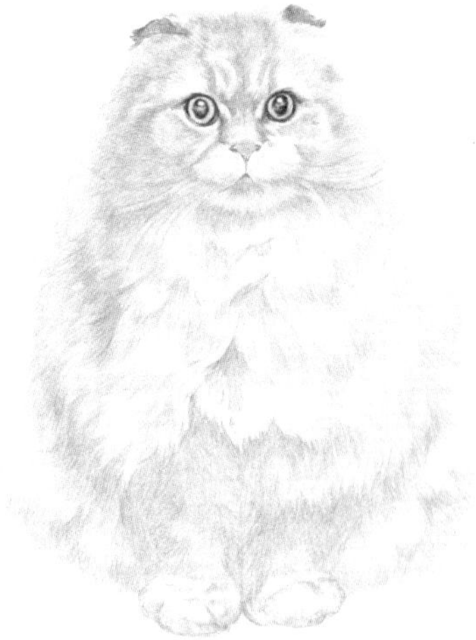

5 털 색감이 단순 회색이 아닌 옅은 붉은색이 감도는 회색이므로 중간 톤을 복숭아색계열로 그립니다. 얼굴의 무늬 위치를 그리고 턱의 반사광을 남겨 얼굴의 입체감을 표현합니다. 전체적으로 연하고 부드럽게 털 방향대로 선을 그리며 차분하게 덩어리를 표현해주세요.

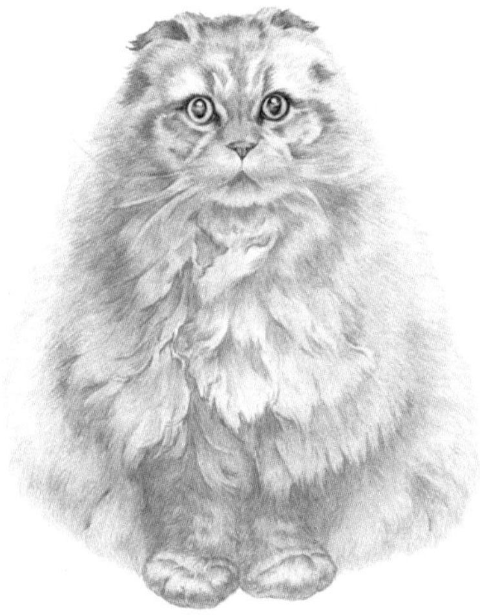

6 복숭아색과 연한 갈색으로 중간 단계 톤을 그리세요. 가슴의 털은 큰 덩어리로 나눕니다. 처음에는 큰 부분으로 나누어 양감을 표현하고 뒤로 갈수록 세세한 묘사를 진행하는 것이 좋습니다. 오른쪽 윗부분에서 빛이 들어오므로 왼쪽 아랫부분을 어둡게 표현합니다. 그림의 중반까지는 길고 부드러운 선으로 털을 묘사합니다.

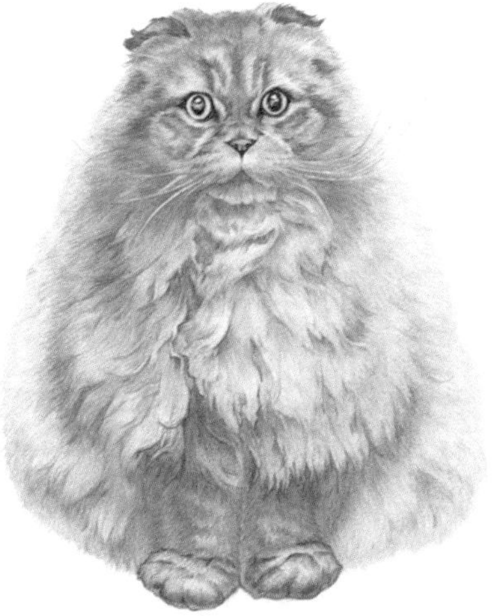

7 회색 섞인 갈색으로 이목구비와 가슴의 털을 또렷하게 묘사합니다. 큰 발도 특징 중 하나이므로 발의 덩어리 표현에 집중하며 묘사해주세요. 큰 덩어리로 표현했던 털을 날카로운 색연필로 조금씩 세세하게 표현하기 시작합니다.

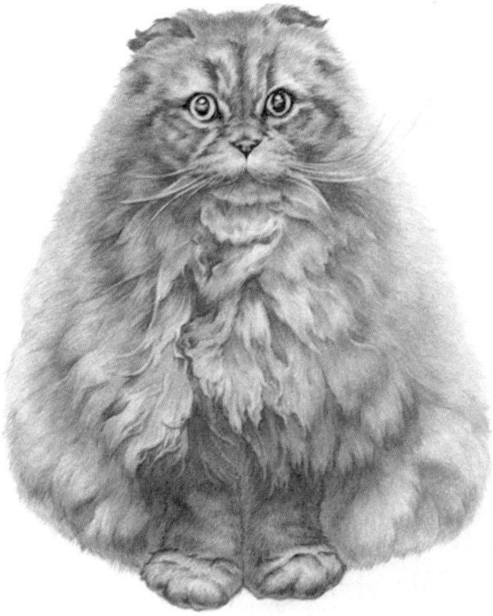

8 붉은 계열의 중간 톤을 회갈색 색연필로 톤다운시키면서 세밀한 묘사를 진행합니다. 점점 날카로운 선으로 색을 쌓아올려 선이 뭉개지지 않도록 해주세요. 얼굴과 몸통의 입체감을 신경 쓰면서 털 방향을 따라 선을 그리세요.

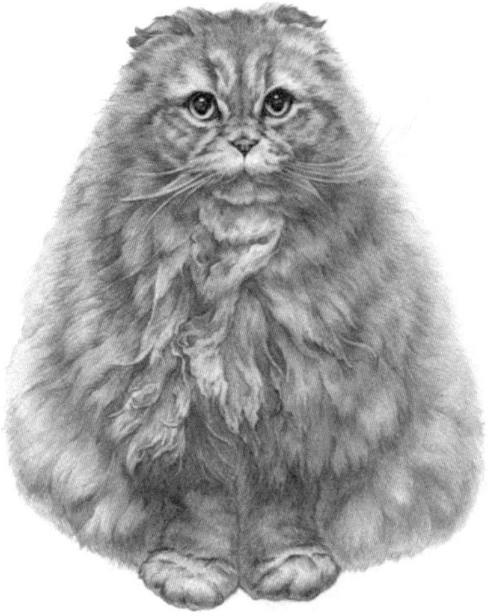

9 눈동자를 또렷하게 묘사하세요. 녹색 사이사이에 붉은색과 푸른색을 살짝 섞어 단조로움을 피합니다. 검은색 색연필을 날카롭게 깎아 이목구비 라인을 또렷하게 그리고 진한 회갈색으로 자잘한 털 느낌을 묘사합니다. 너무 많이 묘사하면 입체감이 깨질 수 있으므로 그림의 전체적인 느낌을 계속 살피면서 묘사의 정도를 조절하세요.

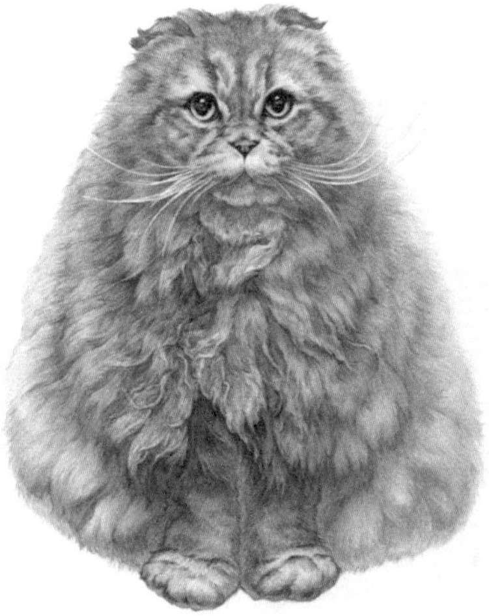

10 흰색 색연필로 털의 하이라이트 부분을 강조하고 어두운 회갈색 색연필로 색의 대비를 살려주며 날카롭게 마무리 묘사를 합니다. 전체적인 톤 조절과 그림자의 흐름을 정리하고 흰색 수성펜으로 수염과 눈동자의 하아라이트를 그리며 마무리합니다.

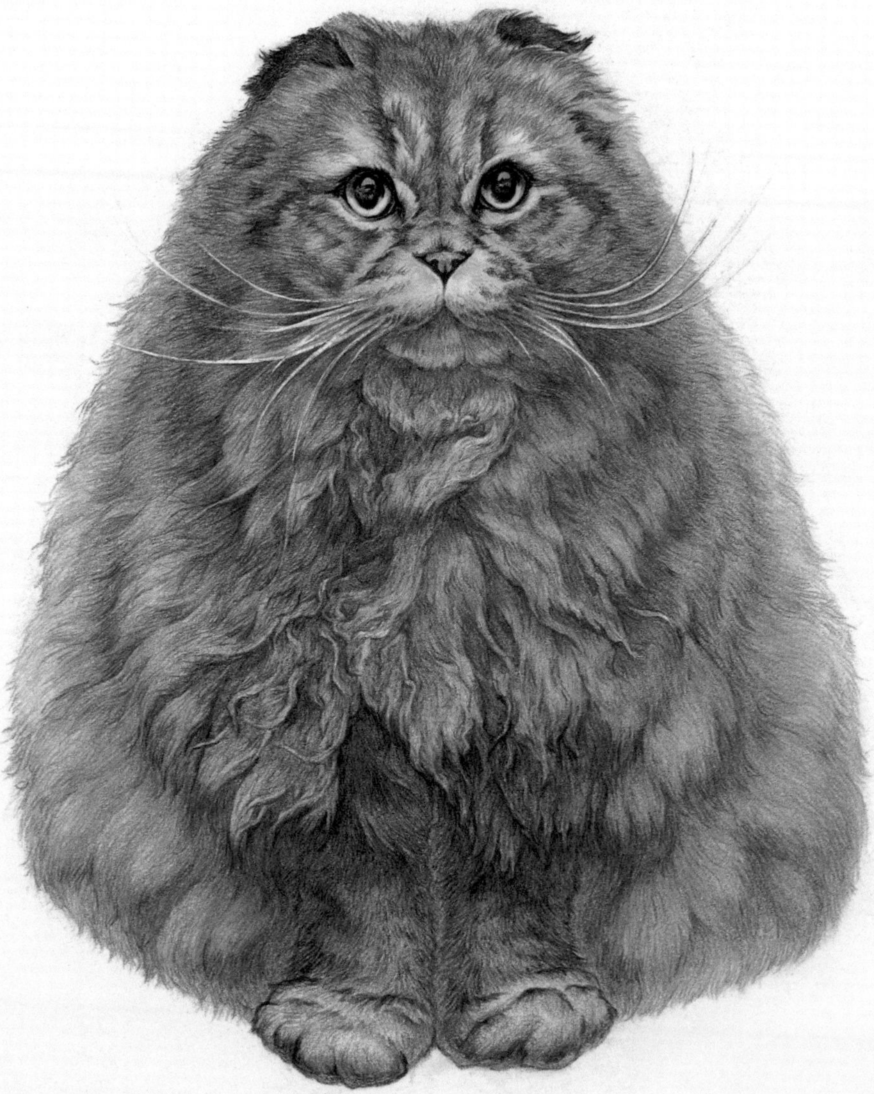

06

Colorpencil Step
룩이

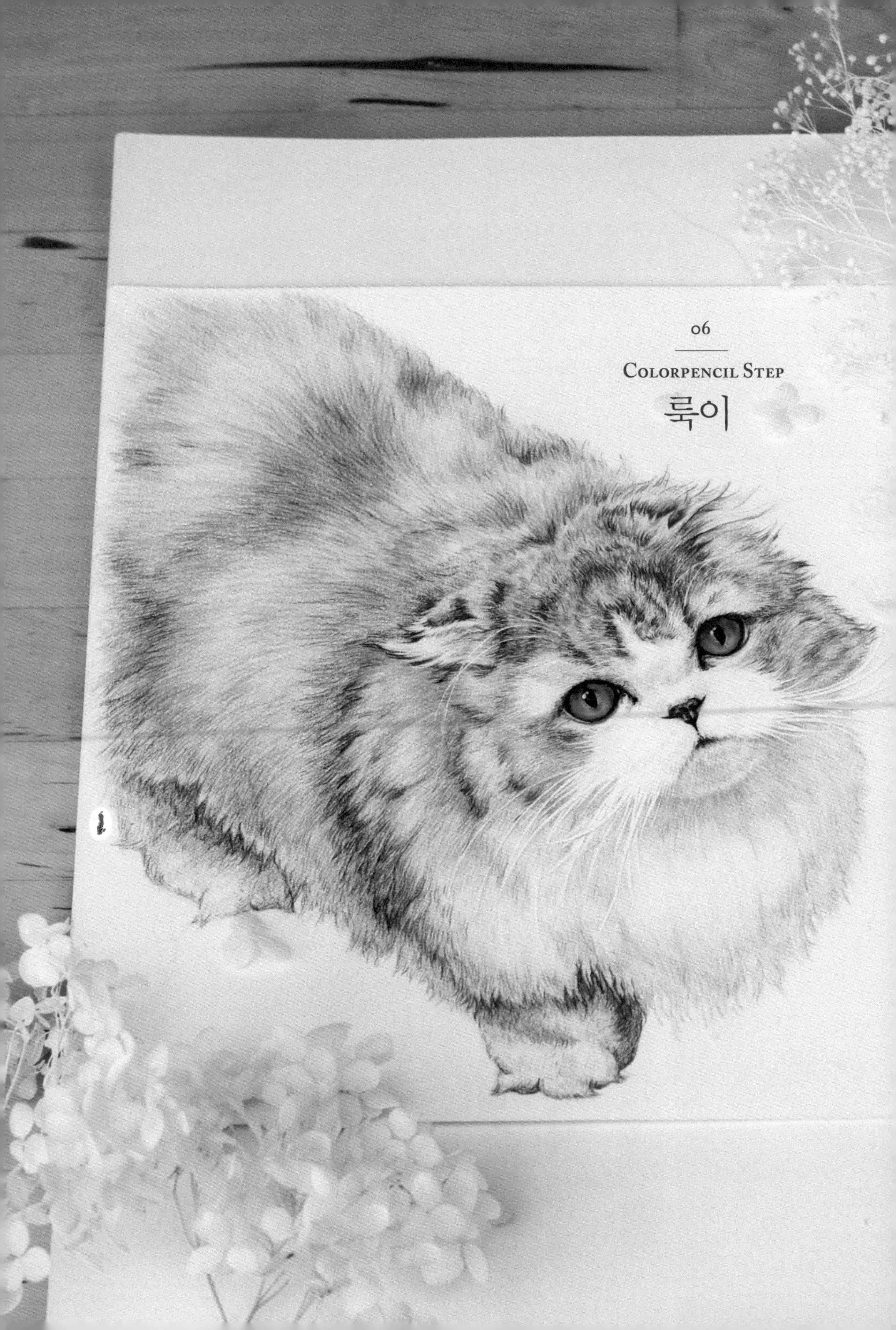

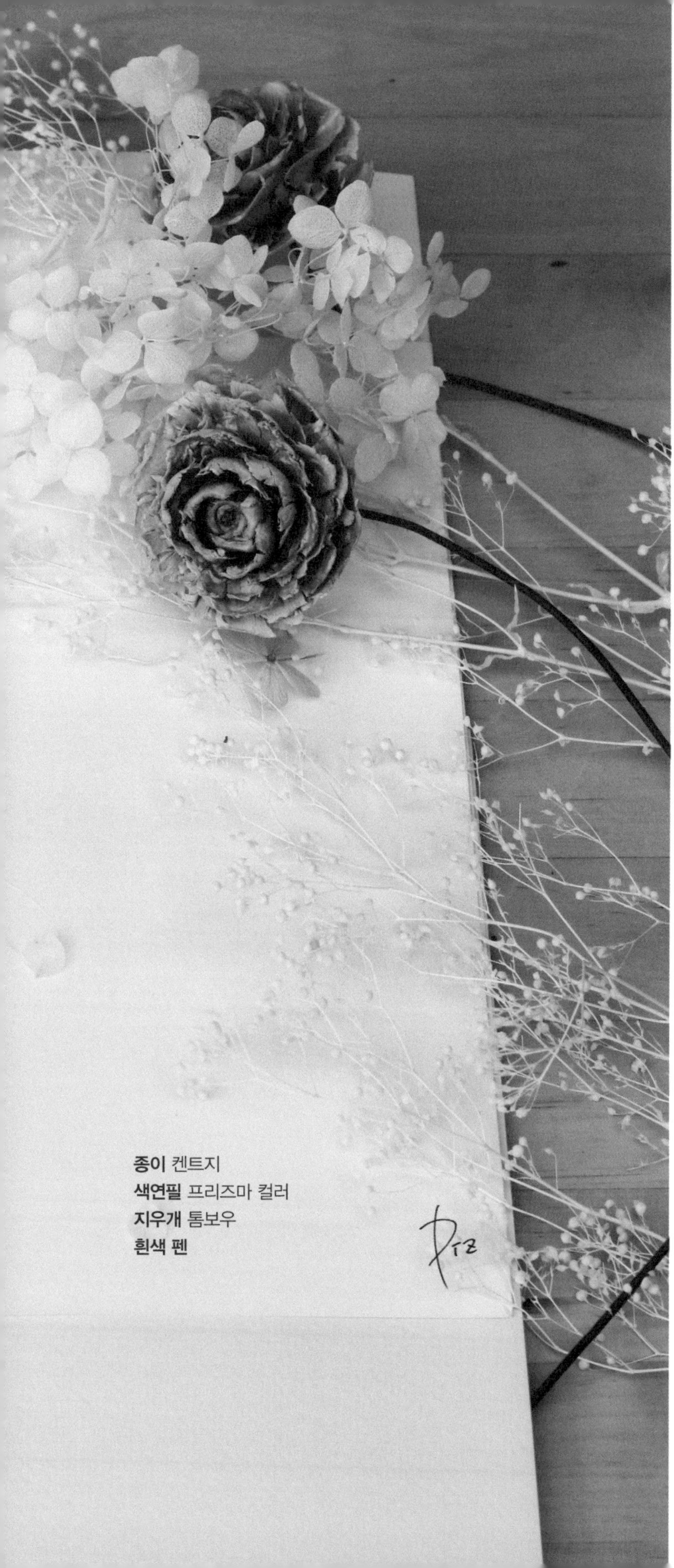

종이 켄트지
색연필 프리즈마 컬러
지우개 톰보우
흰색 펜

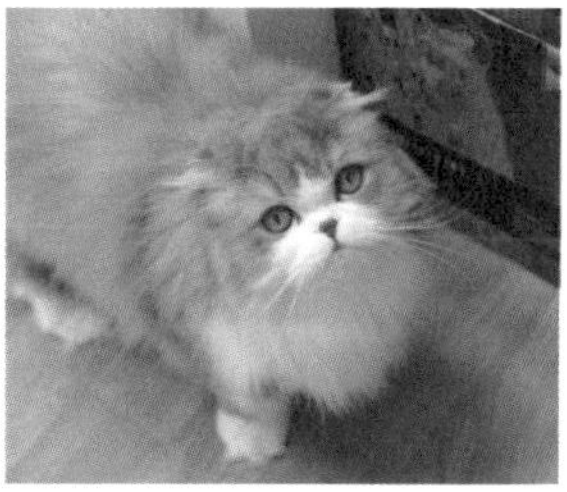

룩이 하이랜드폴드

2013년 7월생으로 호박색 눈동자와 하트 모양의 코를 가진 강단 있는 남자아이입니다. 지인 사무실에 갑자기 등장한 아기고양이 룩이. 멋모르는 사장님이 강아지와 함께 사무실에 데려다놓기만 한 채 관리에는 서툴러 결국 심각한 눈병에 걸린 아기고양이. 이를 더 이상 보고만 있을 수 없어 치료를 위해 집으로 데려온 그녀의 강단 있는 결심 덕분에 결국 룩이는 그녀의 가족이 되었습니다. 어렸을 때부터 여러 강아지와 함께 자라고 사람을 많이 만났던 룩이는 어느 환경에서도 두려워하지 않고 특유의 느긋함과 호기심을 자랑합니다. 집에 와서 처음 만난 성묘 세 마리에게도 기죽지 않고 넉살좋게 엉기며, 낯선 강아지나 토끼를 봐도 호기심을 드러내며 친해지고 싶어 합니다. 이사한 새집에서도, 임시 탁묘를 갔던 낯선 집에서도 구석에 숨거나 겁먹지 않고 어슬렁거리며 느긋하게 이곳저곳 활보하며 탐색하길 좋아하는, 은근 자기주장도 강한 고집쟁이입니다.

1 이번 그림은 지금까지의 그림보다 형태와 구도가 복잡한 장모고양이입니다. 그림의 구도를 잡을 때 사람이나 동물은 시선이 향하는 곳에 여백을 남겨야 답답하지 않습니다. 길고 부드러운 선으로 머리와 몸통의 위치를 크게 표시해주세요. 허리와 얼굴의 중심선을 그리면서 고양이의 전체적인 구조를 파악합니다.

2 위치를 표시한 긴 선을 참고하며 작은 덩어리의 위치를 잡고 세부 스케치를 합니다. 치켜뜬 눈의 인상을 신경 쓰면서 스케치를 마무리해주세요.

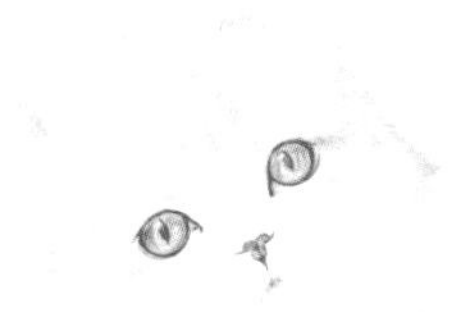

3 호박색 눈이 특징이므로 주황색으로 밑색을 칠하고 자주색과 녹색을 적절히 사용하면서 눈의 기초를 그립니다. 코와 입도 붉은 색연필로 인상을 잡아주세요. 옅은 회색으로 등에서 흘러내리는 털을 길고 부드럽게 털 방향대로 그립니다.

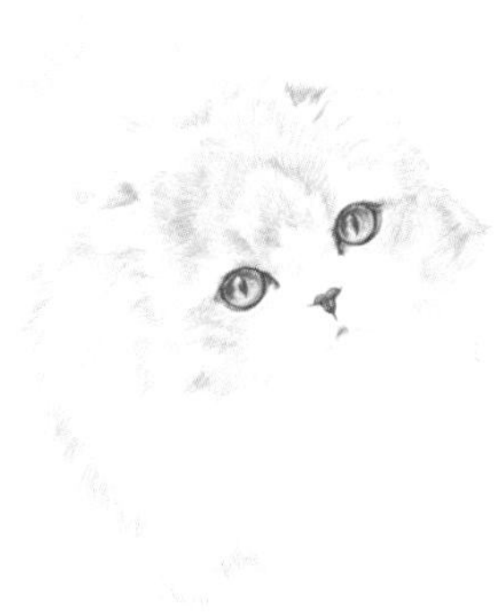

4 눈을 좀더 또렷하게 그려볼까요? 짙은 빨강색으로 눈동자를, 보라색으로 아이라인을 강조합니다. 아이라인 주변을 형광색이 감도는 하늘색과 녹색으로 꾸며 단조롭지 않게 해주세요. 이런 구도의 그림은 얼굴을 확실하게 그리는 것만으로도 완성도가 높아질 수 있으니 끝까지 꾸준히 이목구비와 머리의 무늬 등을 신경 써서 묘사하세요.

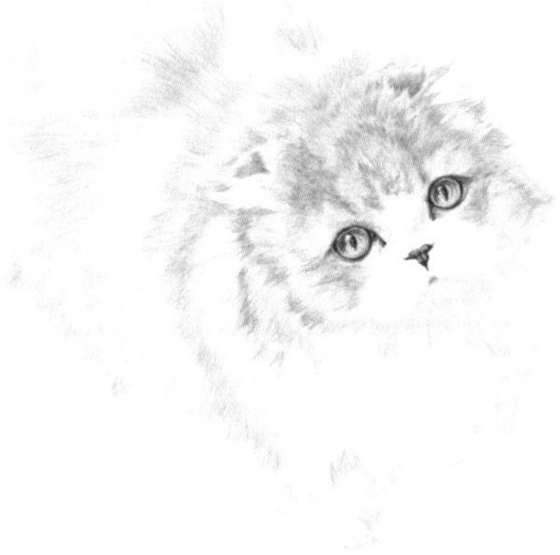

5 옅은 회색으로 부드럽고 길게 털 방향을 따라 중간 톤을 그리세요. 얼굴은 손에 힘을 좀더 주어 날카롭고 짧게 선을 덧붙입니다. 가슴의 흰 털은 연한 핑크색으로 중간 톤을 표현해주세요. 보라색이 섞인 붉은 색연필로 코의 외곽선을 진하게 그리세요.

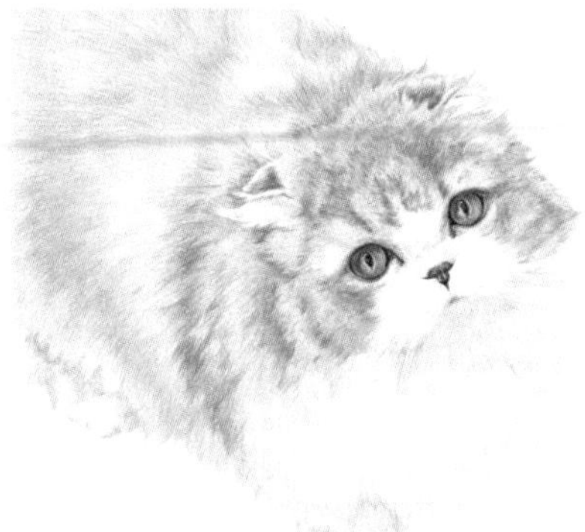

6 얼굴을 중심으로 좀더 세밀히 묘사합니다. 회색의 부드럽고 긴 선으로 전체적인 입체감을 잡아주고 얼굴의 무늬는 짧고 날카로운 선으로 묘사합니다. 이목구비를 가장 많이 묘사해서 가까이 있는 느낌을 주는 것이 중요합니다. 얼굴과 앞가슴의 입체감은 짧은 선으로 강조해주세요.

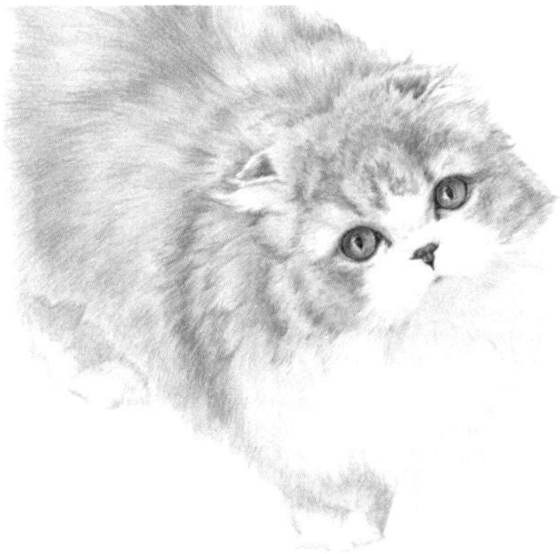

7 전체적으로 색을 좀더 뚜렷하게 만들면서 털 질감과 방향을 묘사해나갑니다. 그림자의 흐름을 생각하면서 전체적인 톤을 조절하세요. 이목구비는 계속해서 세밀하게 날카롭고 진한 선으로 묘사합니다.

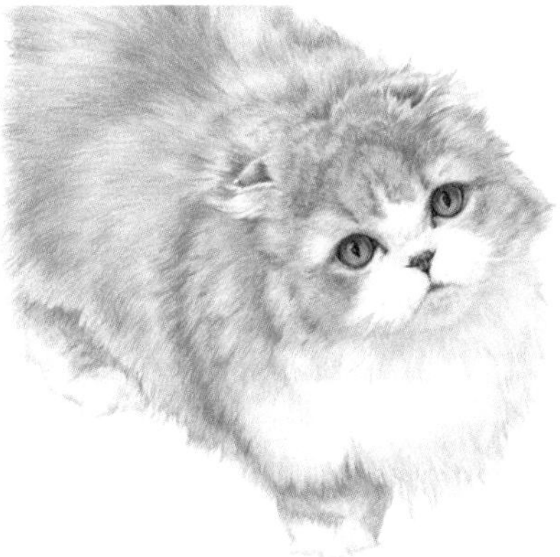

8 가늘고 날카로운 선으로 반짝이는 호박색 눈을 매끈하고 진하게 표현합니다. 보라색과 섞어가며 눈의 특징을 그립니다. 코와 입 주변의 덩어리감도 회색이 섞인 붉은 색연필의 날카롭고 짧은 선으로 묘사합니다. 턱 밑의 반사광을 이용해 얼굴과 가슴의 입체감을 표현합니다. 목 밑에서 가슴 털을 타고 앞발까지 흐르는 그림자를 부드럽게 그립니다.

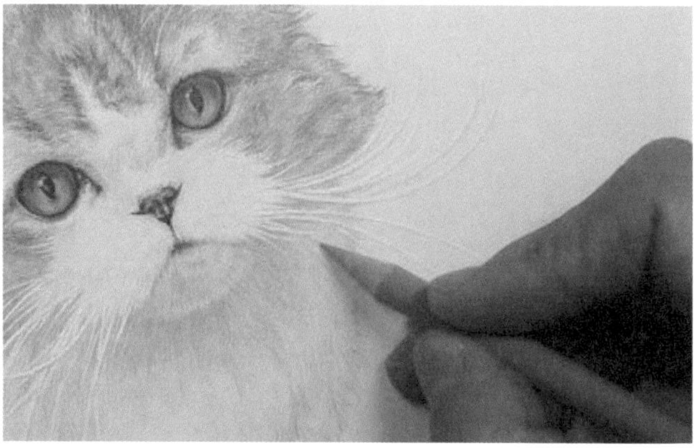

9 흰색 펜으로 수염과 눈썹을 표현합니다. 수염이 흰 털 위에 있어 구분이 어려울 때는 날카로운 회색 색연필로 수염의 그림자를 표현하면 됩니다.

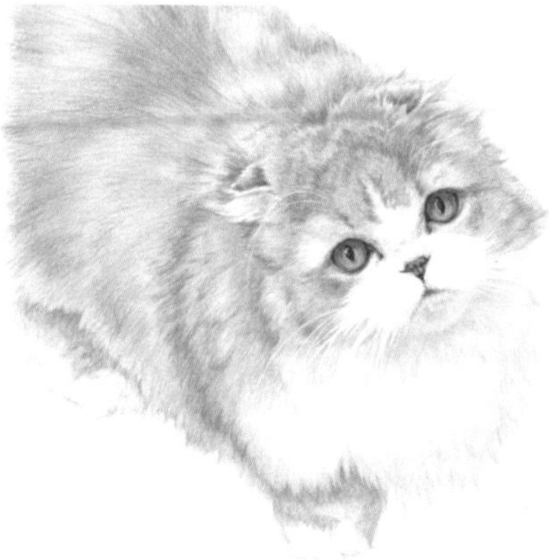

10 눈동자와 얼굴의 하이라이트를 흰색 펜으로 살짝살짝 찍어가며 묘사하세요. 짙은 회색 색연필로 전체적인 톤을 조정하며 마무리합니다.

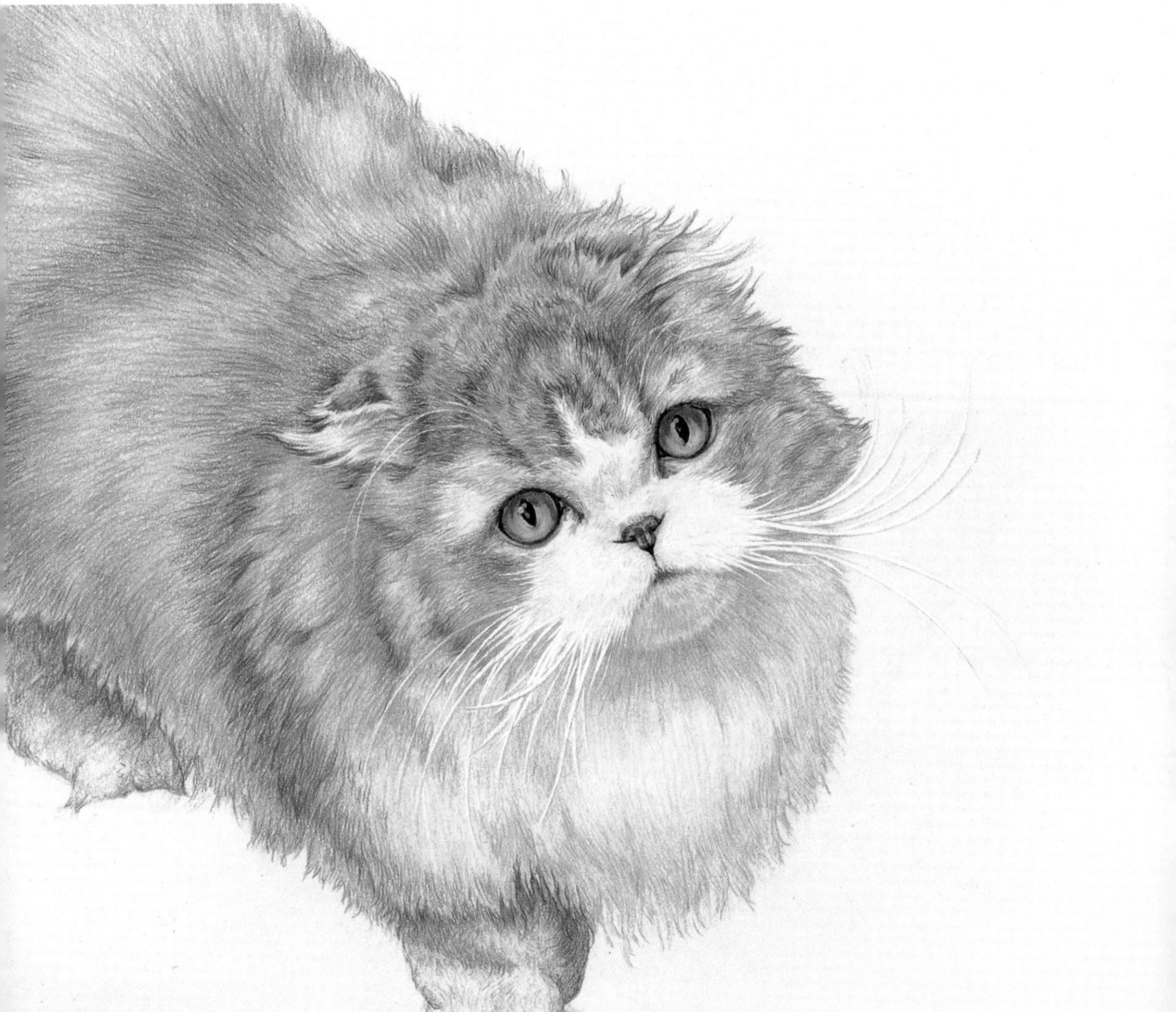

PART 5

PEN STEP

펜으로 그리기

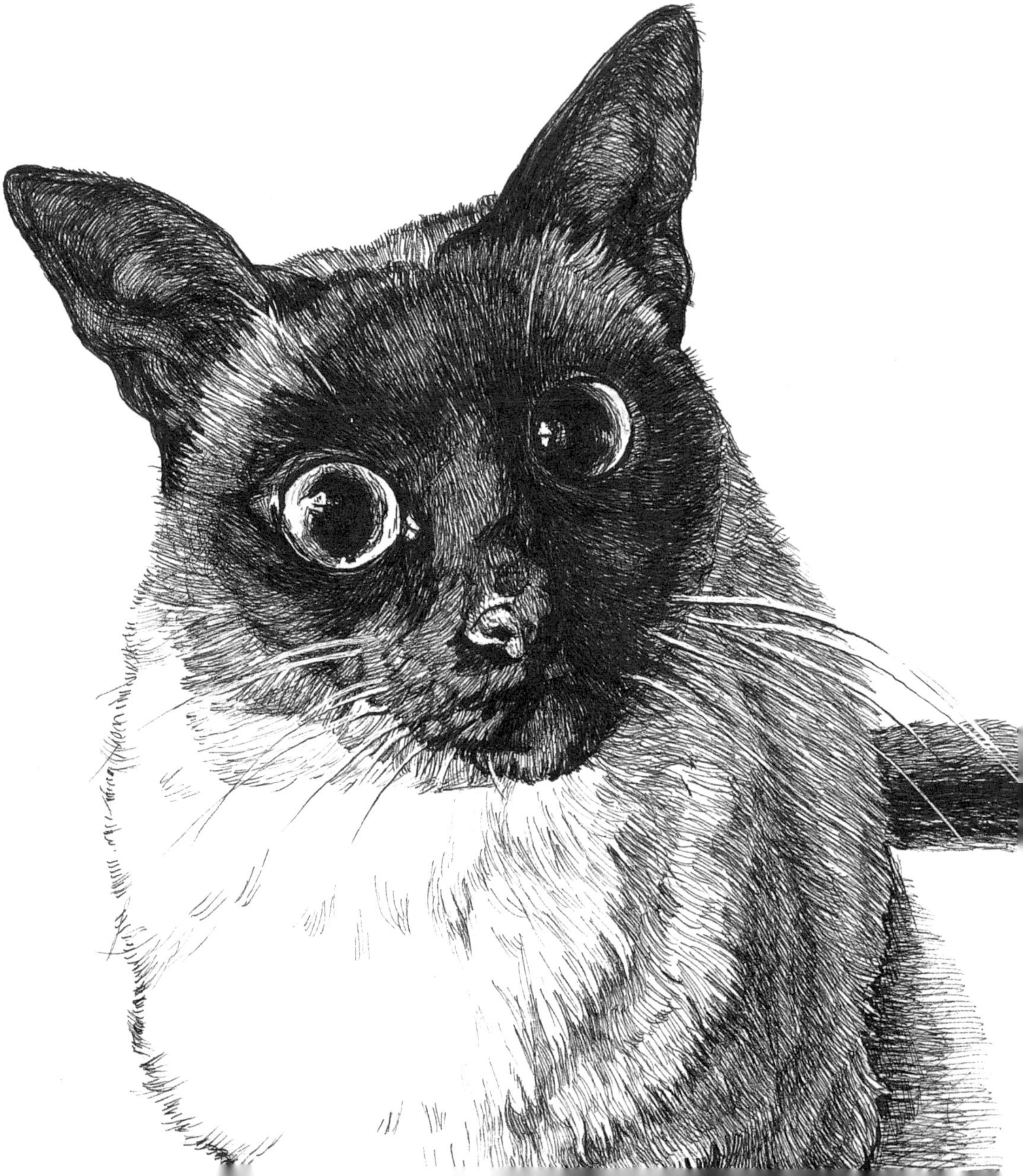

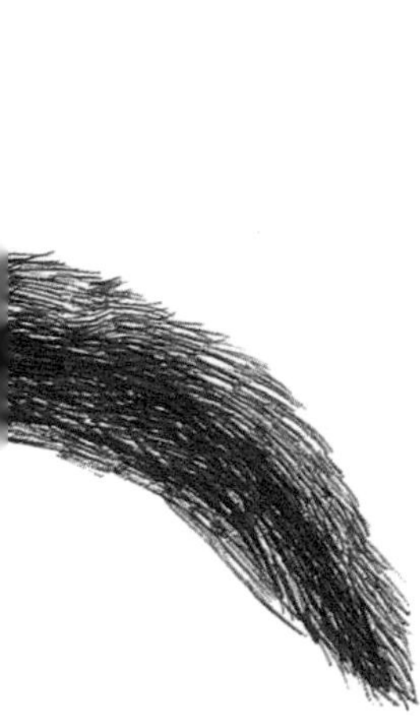

01

PEN STEP
꼬리

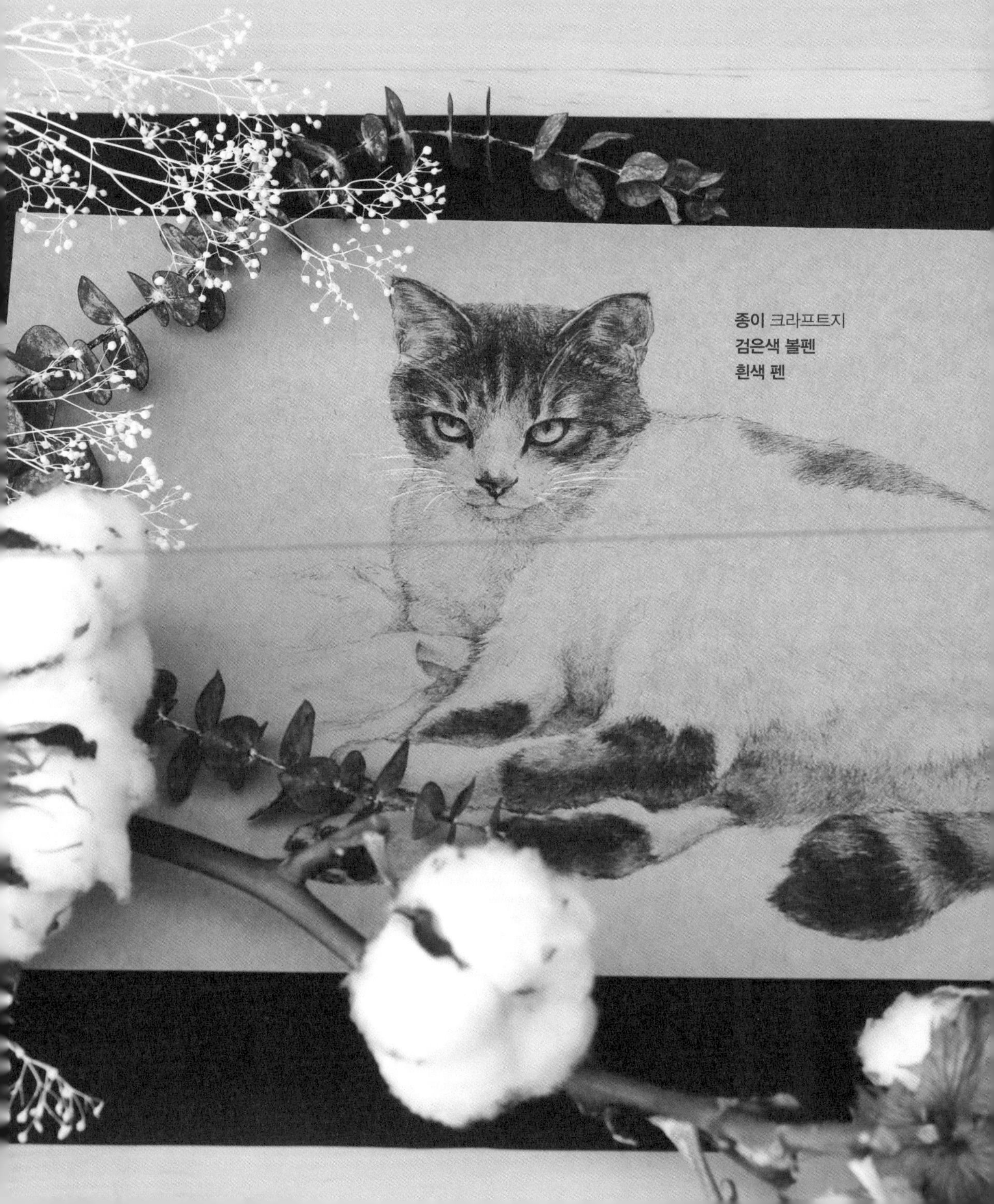

종이 크라프트지
검은색 볼펜
흰색 펜

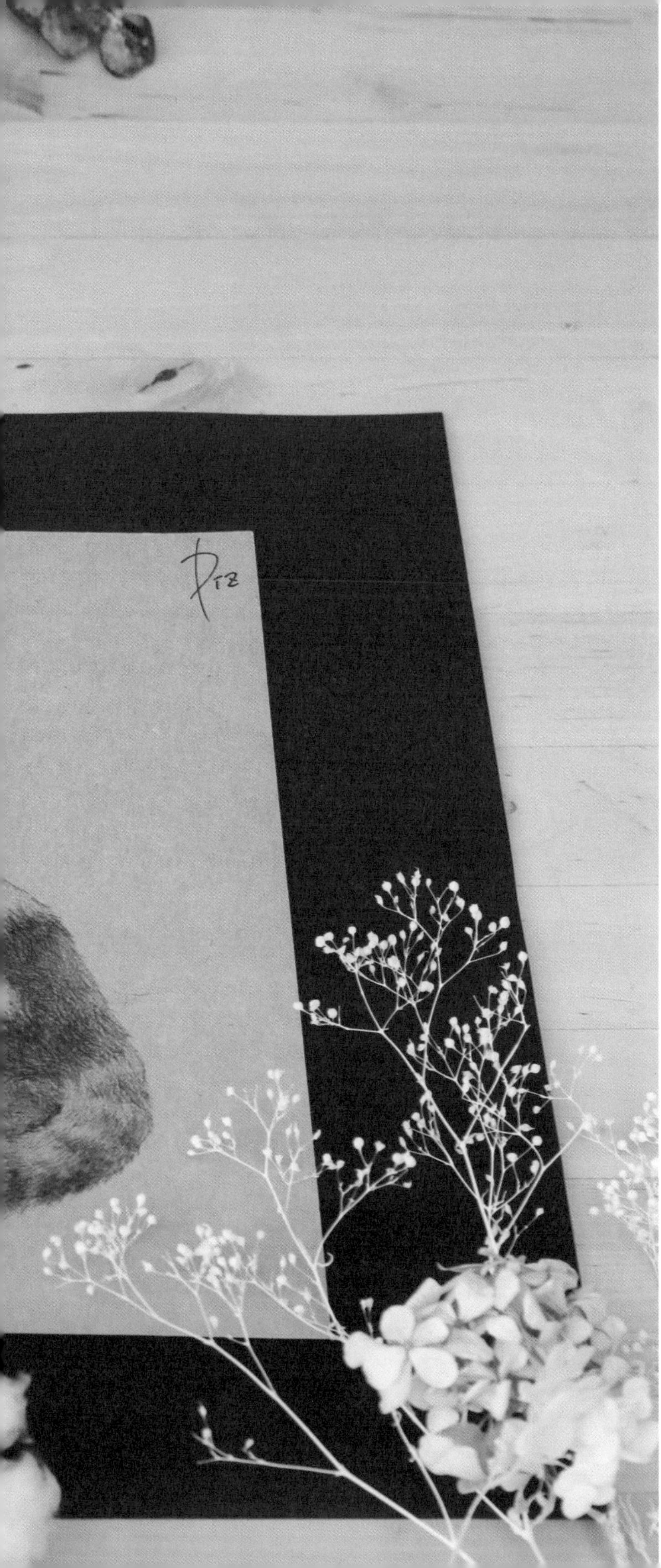

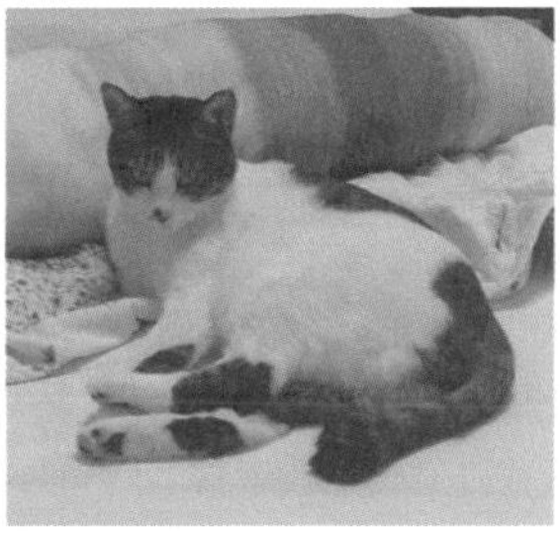

꼬리 코리안 쇼트헤어

2013년 11월, 리카 작가님 작업실 건물에 7~8개월 된 아기고양이가 숨어들었습니다. 며칠 동안 리카 작가님이 보살폈는데 얼마나 굶고 아팠는지 움직이지도, 사료나 물도 먹지 못하고 죽은 듯이 누워만 있었다고 합니다. 급하게 다녀온 병원에서는 범백혈구감소증(일명 범백)이라는 진단을 받았습니다. 이미 많은 고양이를 키우고 있는 리카 님의 집에는 전염의 위험이 있어 고심 끝에 직접 입양하기로 결정했습니다. 다행히도 병원을 다니며 빠른 속도로 건강을 회복해서 바스라질 것 같던 몸에도 살이 붙고 기력을 되찾아가며 친화력을 뽐내기 시작했습니다. 길에서 태어난 많은 아이가 그렇듯 꼬리 끝이 꼬이고 접혀 마치 돼지꼬리 같아 이름을 꼬리라고 지어주었습니다. 이때까지만 해도 이 녀석이 이렇게 똥꼬발랄하고 망충한 녀석일 줄 그 누가 상상이나 했을까요. 몇 년이 지난 지금 주변 모든 고양이의 사건사고를 가볍게 제치는 수많은 일화를 하루하루 생성하며 오늘도 뻔뻔한 얼굴로 굳건하게 집을 지키고 있습니다.

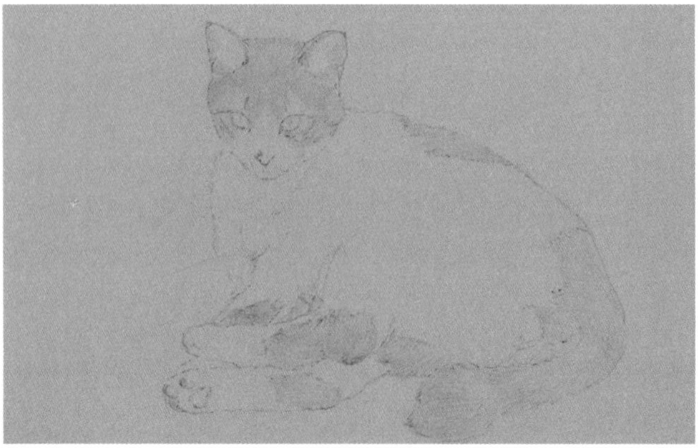

1 볼펜으로 스케치할 때는 힘 조절이 아주 중요합니다. 약한 선으로 스케치하고 위치와 인상이 어느 정도 정확하다고 느껴지면 좀더 진하게 세세한 스케치를 진행하세요. 이때 가슴이나 발 또는 등처럼 털이 흰색인 부분에는 털의 방향을 조금씩 묘사합니다. 연필화에서도 그랬던 것처럼 흰색 털 부분은 묘사를 많이 하지 않을 것이므로 처음부터 털 방향을 표시해가며 진행하는 것이 좋습니다.

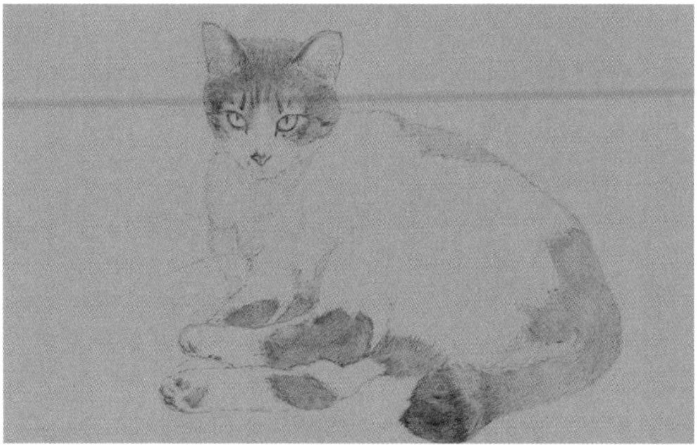

2 검은색 얼룩을 색칠합니다. 여전히 초반 단계이기 때문에 손의 힘은 가급적 약하게 하고 볼펜선 간격을 촘촘하게 해 여백을 메운다는 생각으로 칠합니다. 얼굴 부분에서 이목구비와 얼룩의 가장 진한 부분을 묘사하세요. 손의 힘은 스케치할 때보다는 좀더 강하게 주고 선의 길이를 더 짧게 그리면서 묘사하세요. 가장 앞으로 나와 있는 꼬리와 발의 검은 얼룩도 강조합니다.

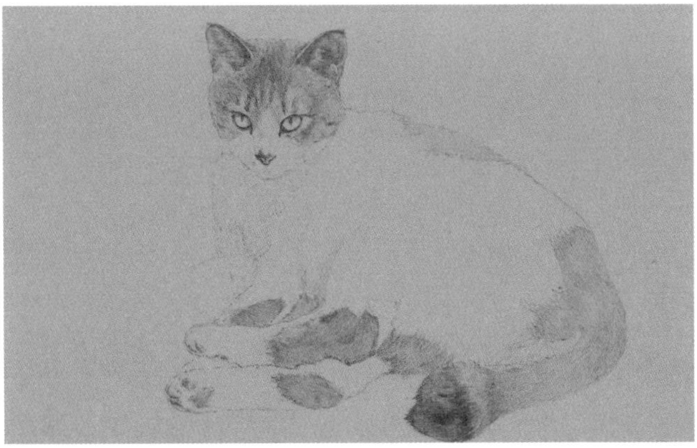

3 얼굴과 귀를 좀더 세밀하고 진하게 묘사해 인상을 표현합니다. 귀는 안쪽 털 방향을 신경 쓰며 색을 좀 진하게 채우고 귓바퀴는 밝은 부분과의 대비를 확실하게 보여줍니다. 눈, 코, 입의 가장 진한 부분은 힘을 주어 묘사합니다. 또렷하게 보이는 라인을 제외한 눈의 색과 코의 색은 손에 힘을 약하게 주고 명암만 살짝 그립니다.

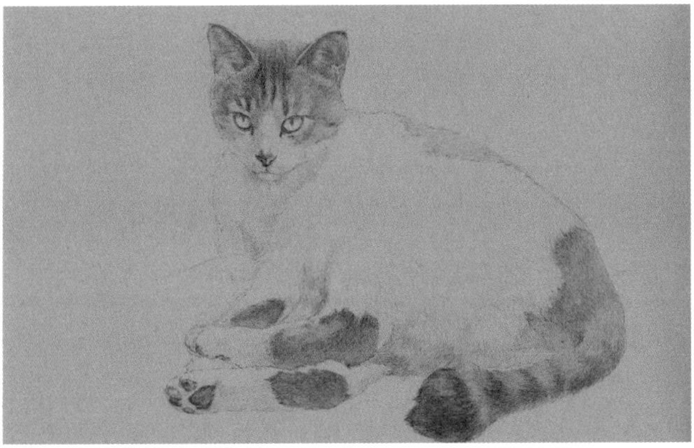

4 가장 앞으로 튀어나온 꼬리와 발은 짧은 선을 여러 방향으로 사용하며 그려주세요. 진한 부분만 묘사하면 흰색 부분과 동떨어져 보일 수 있으므로 흰색과 얼룩 사이를 부드럽고 짧은 선으로 살짝살짝 연결시킵니다. 얼굴에서도 가장 강하게 보이는 부분을 먼저 묘사하고 손의 힘을 점점 빼면서 약하게 퍼지는 느낌으로 뺨과 목의 그림자를 그립니다.

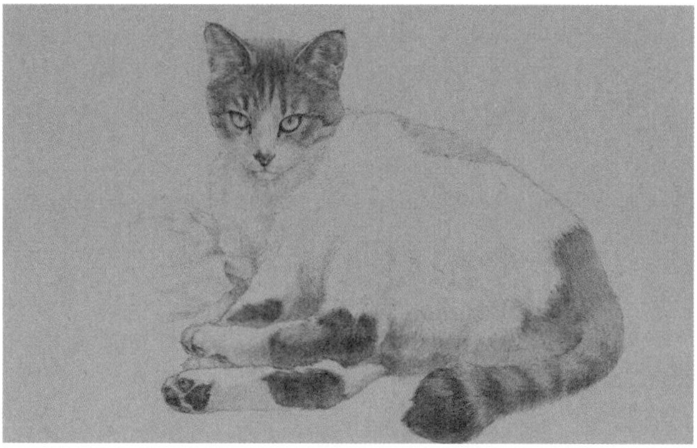

5 전체적인 완성도를 신경 써야 하는 단계입니다. 발과 발바닥을 털 질감을 살려 진하게 묘사합니다. 흰 털로 된 부분은 테두리 털 묘사를 세밀하게 하는 것만으로도 입체감을 표현할 수 있습니다. 밝은 부분과 어두운 부분 사이의 중간 톤을 풍성하게 묘사해 부드러운 느낌을 만듭니다. 바닥에 깔린 천도 가볍게 묘사해 입체감을 표현합니다.

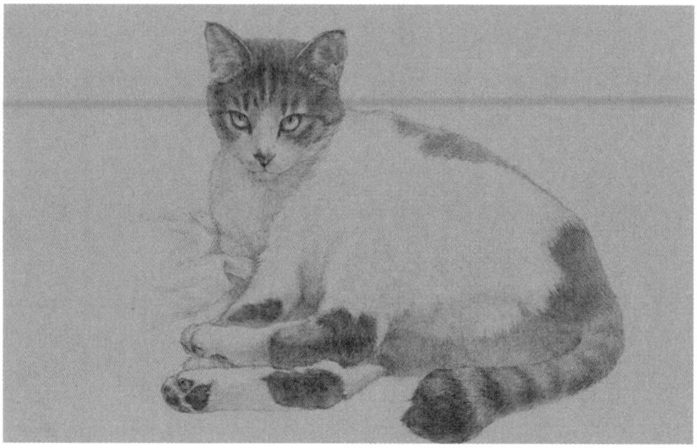

6 너무 가까이에서 몰입해서 그림을 보면 전체적인 조화가 들어오지 않을 때가 많습니다. 특히 볼펜과 같은 재료는 무의식중에 집중하면서 그리는 경우가 많으므로 중간중간 의식적으로라도 그림과 거리를 두고 떨어져서 관찰하는 과정이 필요합니다. 마무리 단계이므로 부족한 부분을 확인해가며 짧은 선으로 묘사합니다. 흰색 펜으로 수염을 그리고 완성합니다.

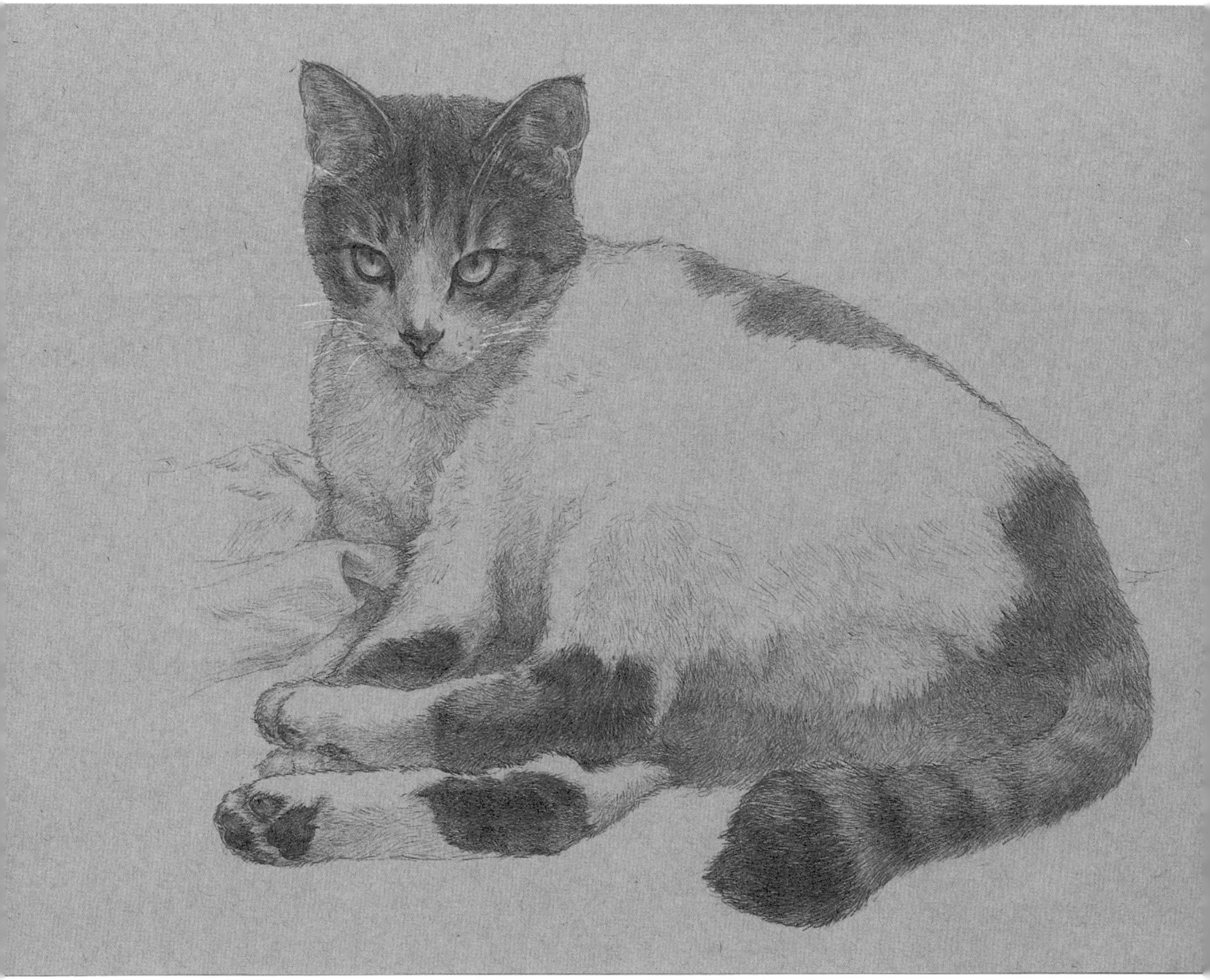

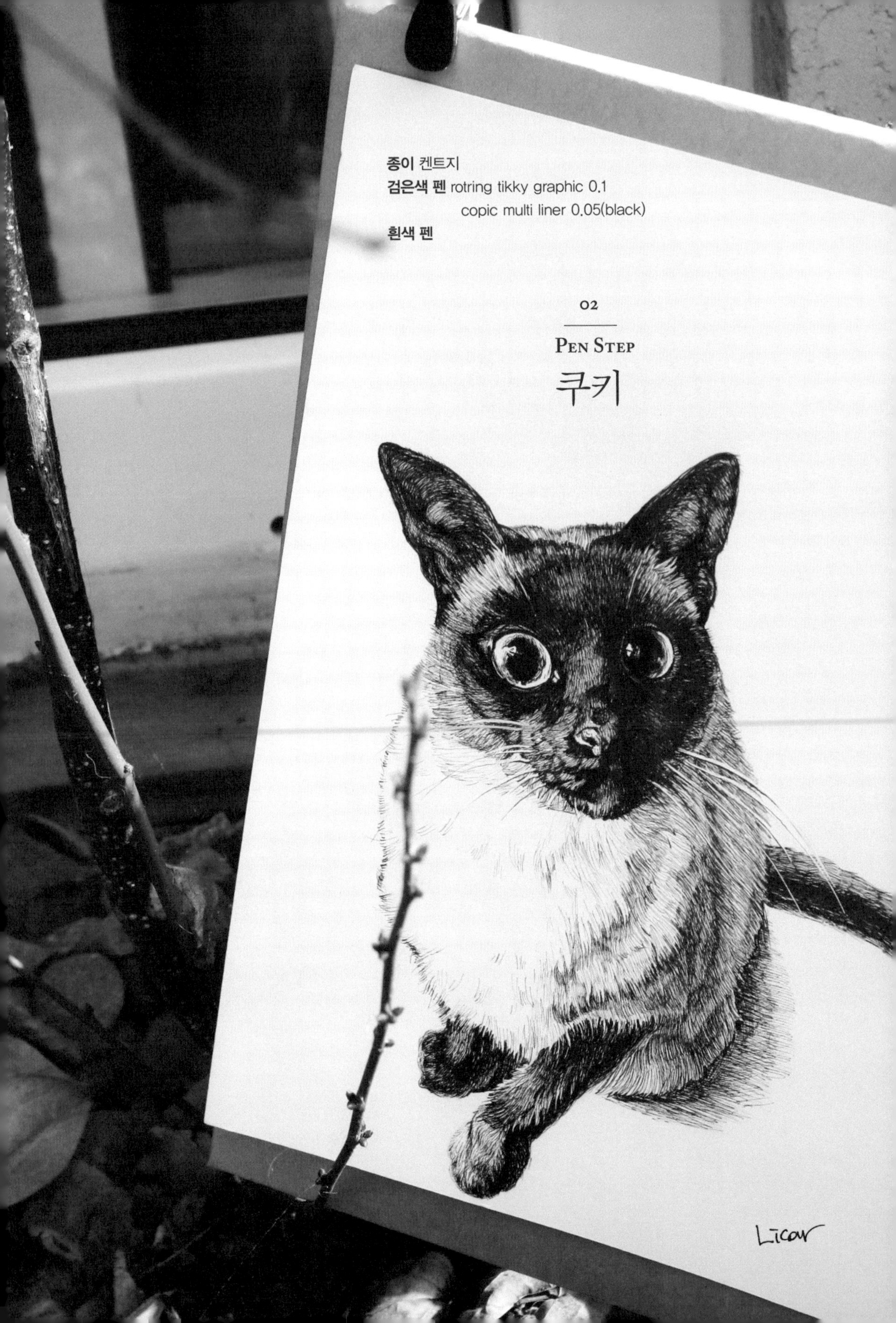

종이 켄트지
검은색 펜 rotring tikky graphic 0.1
copic multi liner 0.05(black)
흰색 펜
02
Pen Step
쿠키

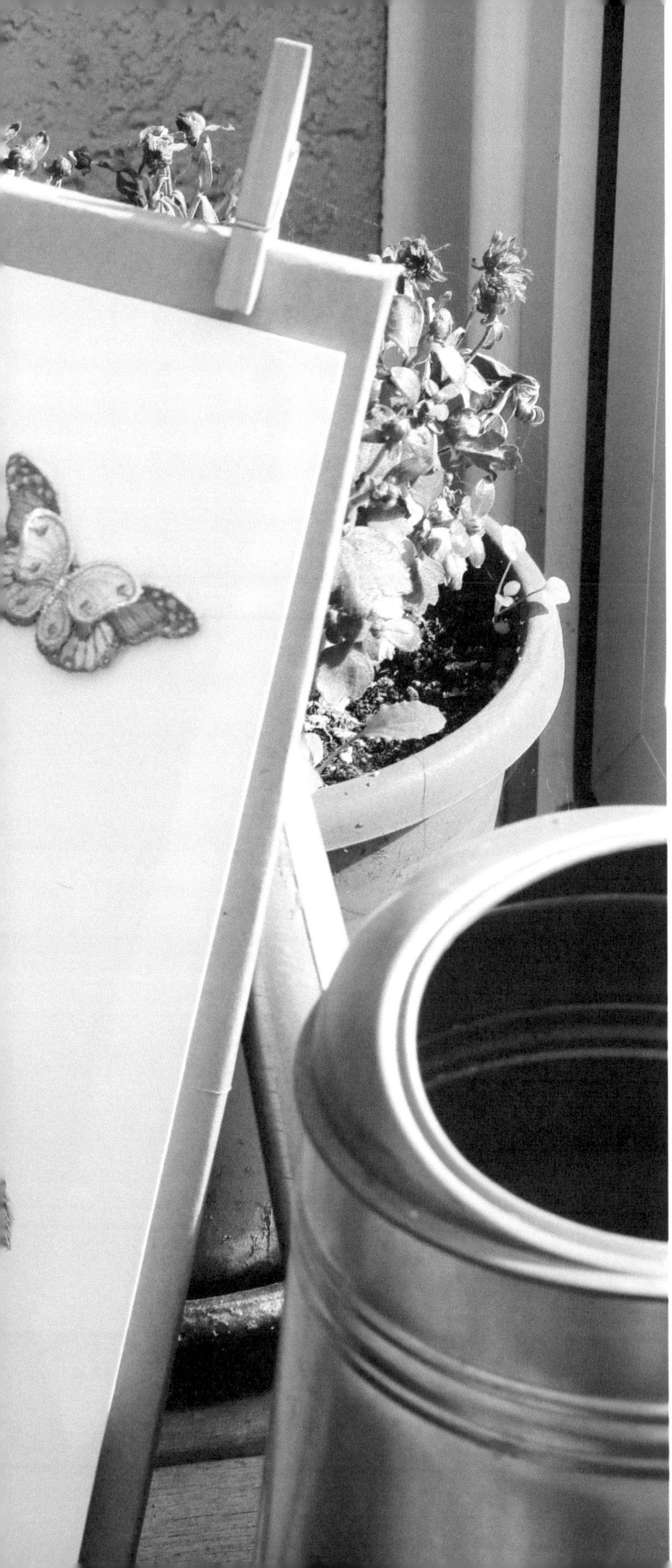

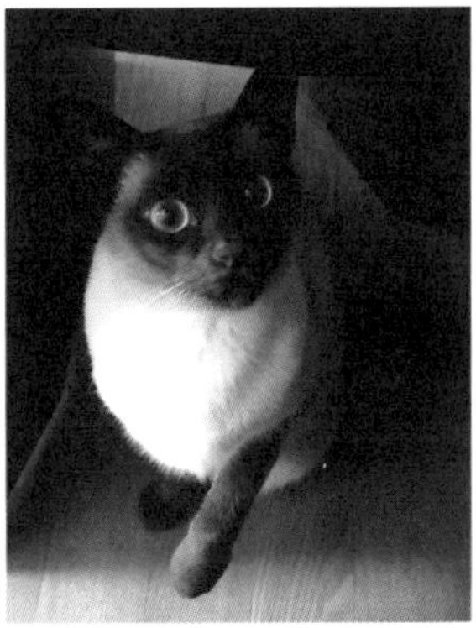

쿠키 샴

연필로도 그렸던 쿠키입니다. 연필과 비슷하면서도 완전히 다른 재료인 펜으로 같은 그림을 그렸습니다. 같은 이미지라도 그리는 재료에 따라 방법이나 완성된 그림 느낌이 많이 다른데요, 같은 검은색 재료인 연필과 펜의 차이가 잘 보였으면 좋겠습니다.

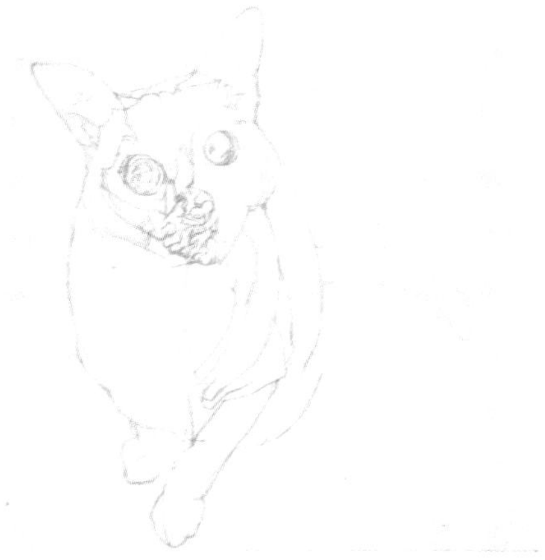

1 펜은 수정이 힘들기 때문에 연필로 형태를 잡습니다. 종이가 파이면 펜으로 그렸을 때 자국이 보일 수도 있으니 종이가 파이지 않도록 진하게 그리지 않습니다. 형태가 완성되면 주변 선은 지우개로 지웁니다.

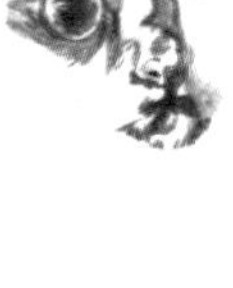

2 가장 중요한 인상과 어두운 부분이 얼굴에 다 모여 있는 샴 고양이 쿠키. 펜은 한 번 그리면 수정이 어렵기 때문에 처음부터 얇은 펜으로 부드럽게 털 방향으로 그립니다. 눈을 그릴 때도 한 번에 다 그리지 말고 형태를 확인하면서 천천히 그립니다. 어둠에 묻혀 잘 보이지 않지만 그럼에도 코의 가장 어두운 부분을 찾아 코의 형태가 드러나도록 합니다.

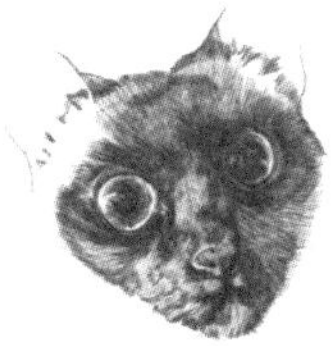

3 인상과 가장 어두운 부분을 먼저 그리면 그림의 전체적인 느낌이 잡히면서 진도도 쉽게 나가는데, 쿠키는 얼굴에 이 두 가지가 다 모여 있기 때문에 계속 얼굴을 중심으로 그립니다. 선은 털 방향으로 여러 번 반복해서 그리는데 선의 수에 따라 명암도 생기고 자연스럽게 털 질감도 표현되어서 그림 그리는 시간도 단축할 수 있고 혹시 작은 실수를 하더라도 계속 쌓이는 선으로 덮을 수 있습니다.

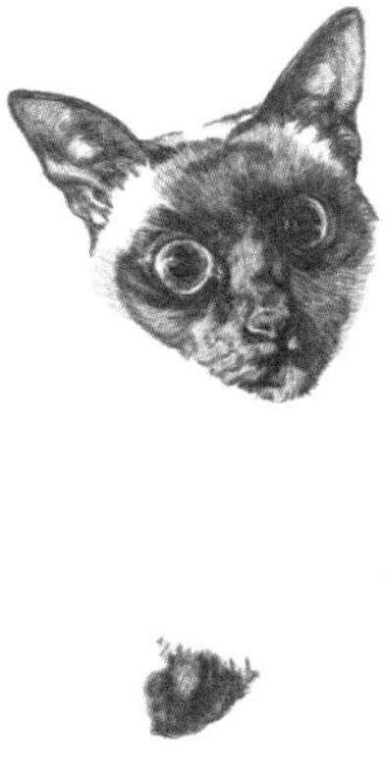

4 얼굴을 그리면서 비슷하게 까만 귀와 작은 발도 그립니다. 얼굴의 까만 정도와 비슷하게 그립니다. 발과 몸통의 경계는 직선으로 그리지 말고 뾰족뾰족 나온 털 라인을 따라 그리면 힘들이지 않고 자연스러운 털 질감과 덩어리 구분을 한꺼번에 할 수 있습니다.

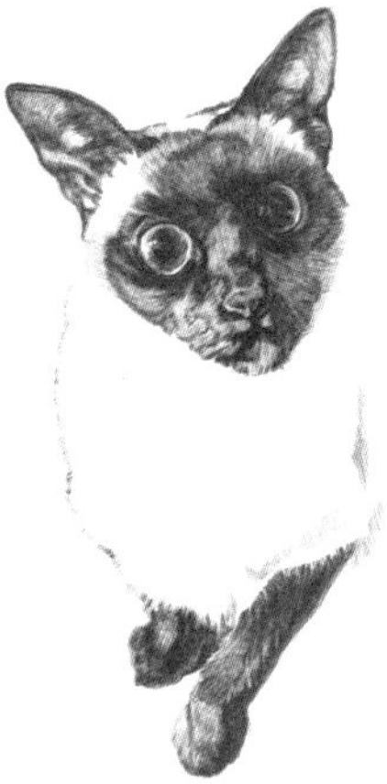

5 쥐돌이에 놀랐지만 잡고 싶은 본능으로 살짝 들린 까만 앞발! 그렇게 들린 발도 얼굴과 귀, 다른 쪽 발과 비슷한 어둠으로 그립니다. 몸통과의 경계선도 아까처럼 직선보다는 털 모양으로 그립니다. 다음은 비슷하게 어두운 꼬리를 그려야 하는데 그 전에 자연스러운 경계를 표현하기 위해 먼저 몸통 라인과 함께 몸통 명암을 중간 톤 위주로 그립니다. 중간 톤이지만 하얀 털이기 때문에 너무 어두워지지 않게 조금씩 그립니다.

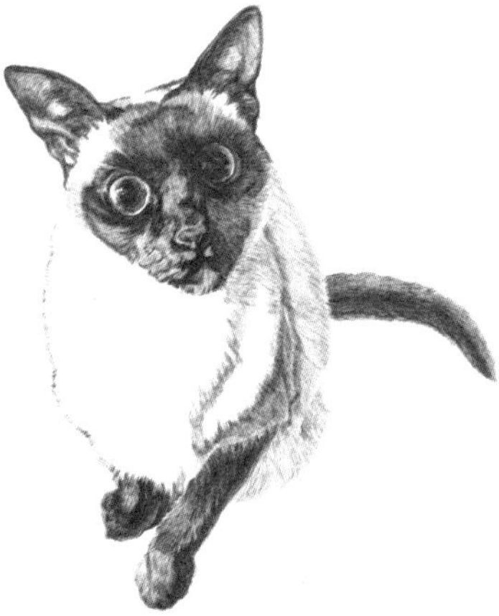

6 꼬리도 선을 계속 쌓아가면서 어둡게 그립니다. 꼬리의 가장 어두운 부분도 어둠이 퍼지지 않게 반사광을 남겨두고 단단하게 묶어둡니다. 그림자도 같이 그려서 덩어리감도 표현합니다. 중간 톤인 몸통의 어두운 부분도 계속 같이 그립니다. 너무 어두워지지 않게 부드럽게 선을 쌓아갑니다.

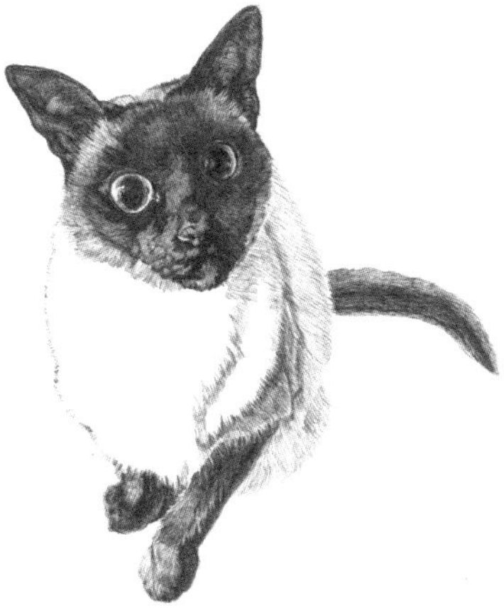

7 중간 톤까지 진행한 후 인상과 퍼져있는 어둠을 다시 한번 정리합니다. 얼룩덜룩해 보이던 얼굴도 차분히 정리합니다. 까만 귀도 얼굴과 색을 맞추면서 얼굴과 귀 사이에 어색했던 부분을 중간 톤으로 자연스럽게 연결합니다. 이 단계쯤 되면 손이 버릇처럼 펜을 빠르게 움직이는데 중간중간 멈추고 멀리서 보면서 확인해야 너무 어두워지거나 인상이 바뀌는 실수를 하지 않습니다.

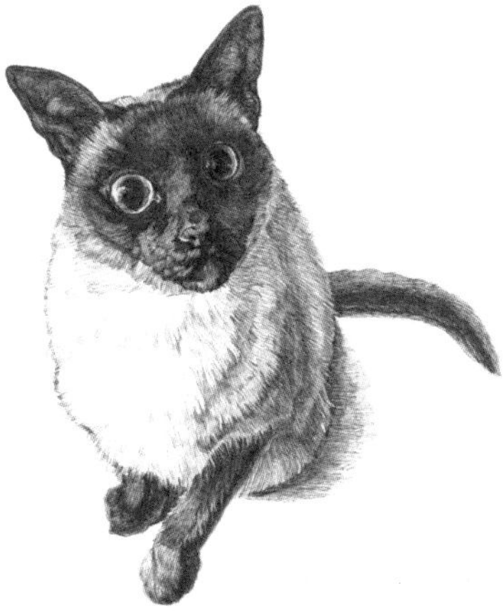

8 수염을 제외하고 거의 완성했습니다. 몸통 안의 덩어리는 너무 어둡지 않도록 조심하면서 직선이 아닌 털 방향을 따라 경계선을 그립니다. 그러면 너무 어두워지지 않으면서 자연스럽게 경계가 나뉩니다. 몸통의 가장 밝은 부분은 그냥 하얗게만 두면 너무 차가운 느낌이 들 것 같아 사진에서는 잘 보이지 않지만 얇고 부드러운 선으로 털을 조금씩 그립니다. 그리고 몸통 그림자도 그립니다.

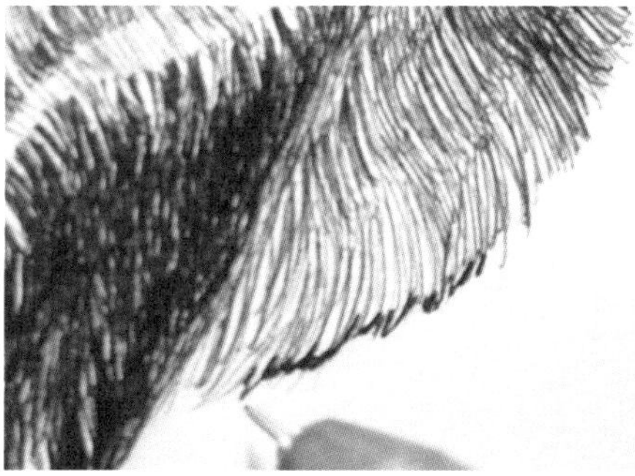
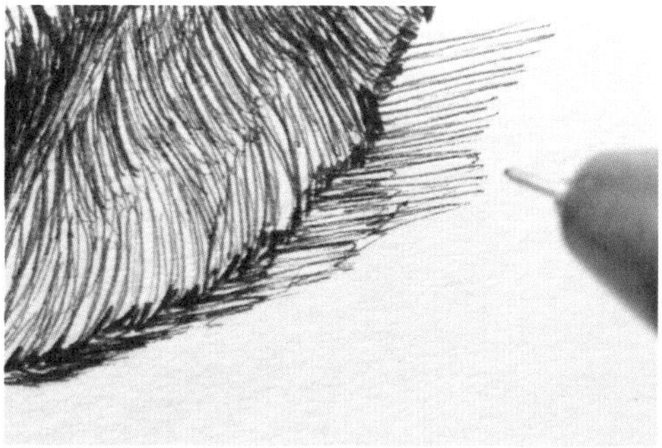

그림자 그리기

그림자는 시작점이 진하고 갈수록 부드럽게 퍼지게 그리는데 우선 몸통의 털을 따라 진하게 라인을 그립니다. 라인을 진하게 그린 후에 그림자가 퍼지는 곳을 살짝 표시한 후 그 사이를 채워서 그림자를 그립니다. 그림자는 세 단계나 네 단계로 나눠서 그리면 자연스럽게 퍼지는 느낌을 낼 수 있습니다.

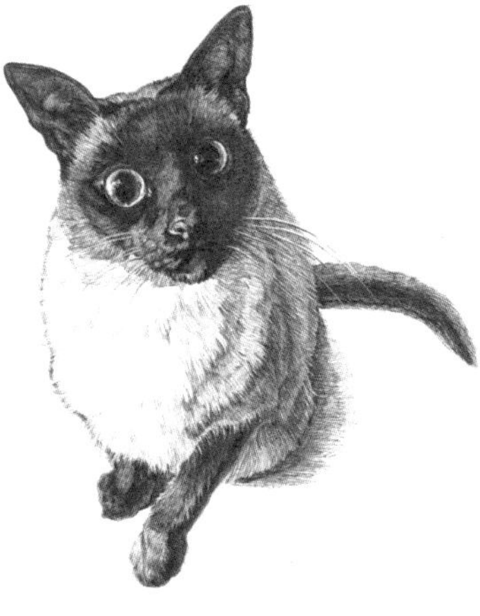

9 쿠키는 얼굴이 까만 만큼 제일 하얀 하이라이트 부분이 유독 도드라지기 때문에 흰색 펜으로 눈 라인과 반짝이는 부분을 하얗게 그립니다. 쿠키의 수염은 흰색과 검은색이 같이 있는데 우선 흰색 펜으로 수염을 그린 후 얇은 검은색 펜으로 한 번 더 그려줘서 얼굴에 묻히지 않고 잘 보이지만 이질감은 들지 않도록 그립니다. 수염까지 모두 그려 완성된 쿠키입니다.

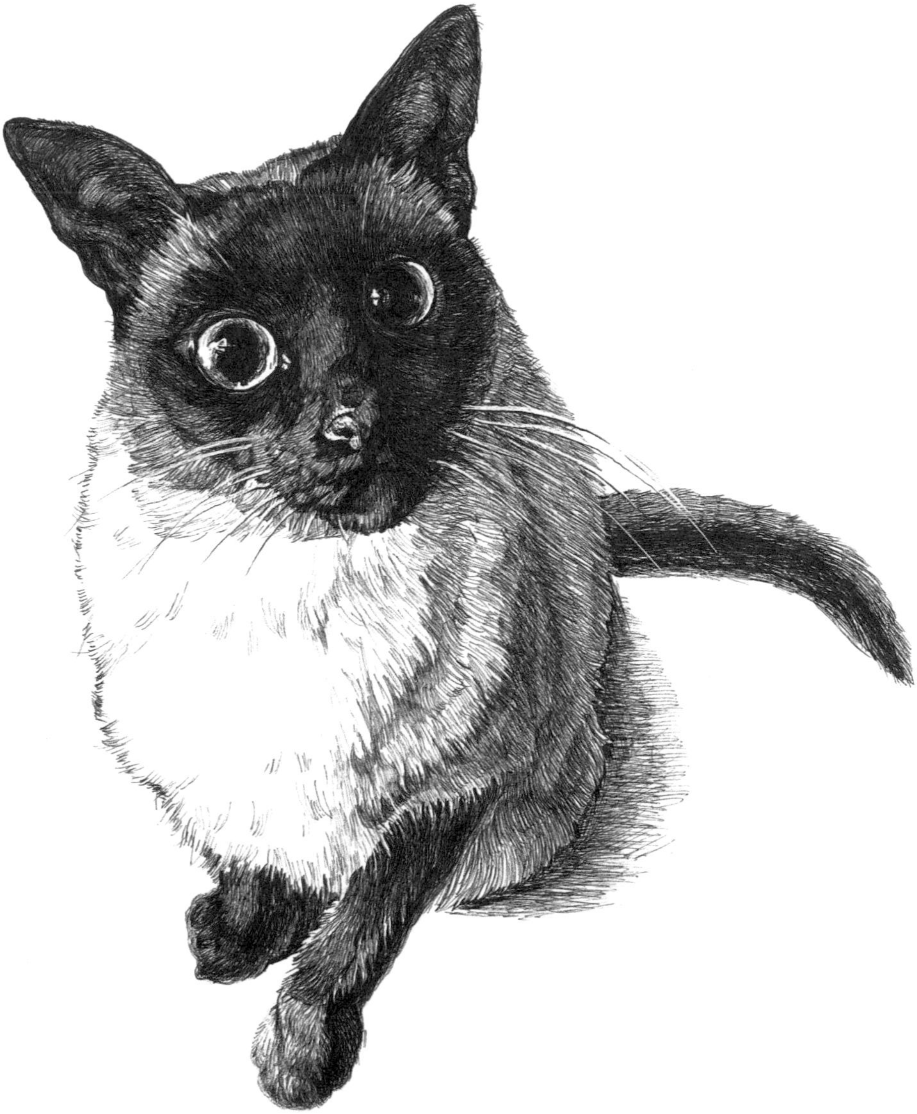

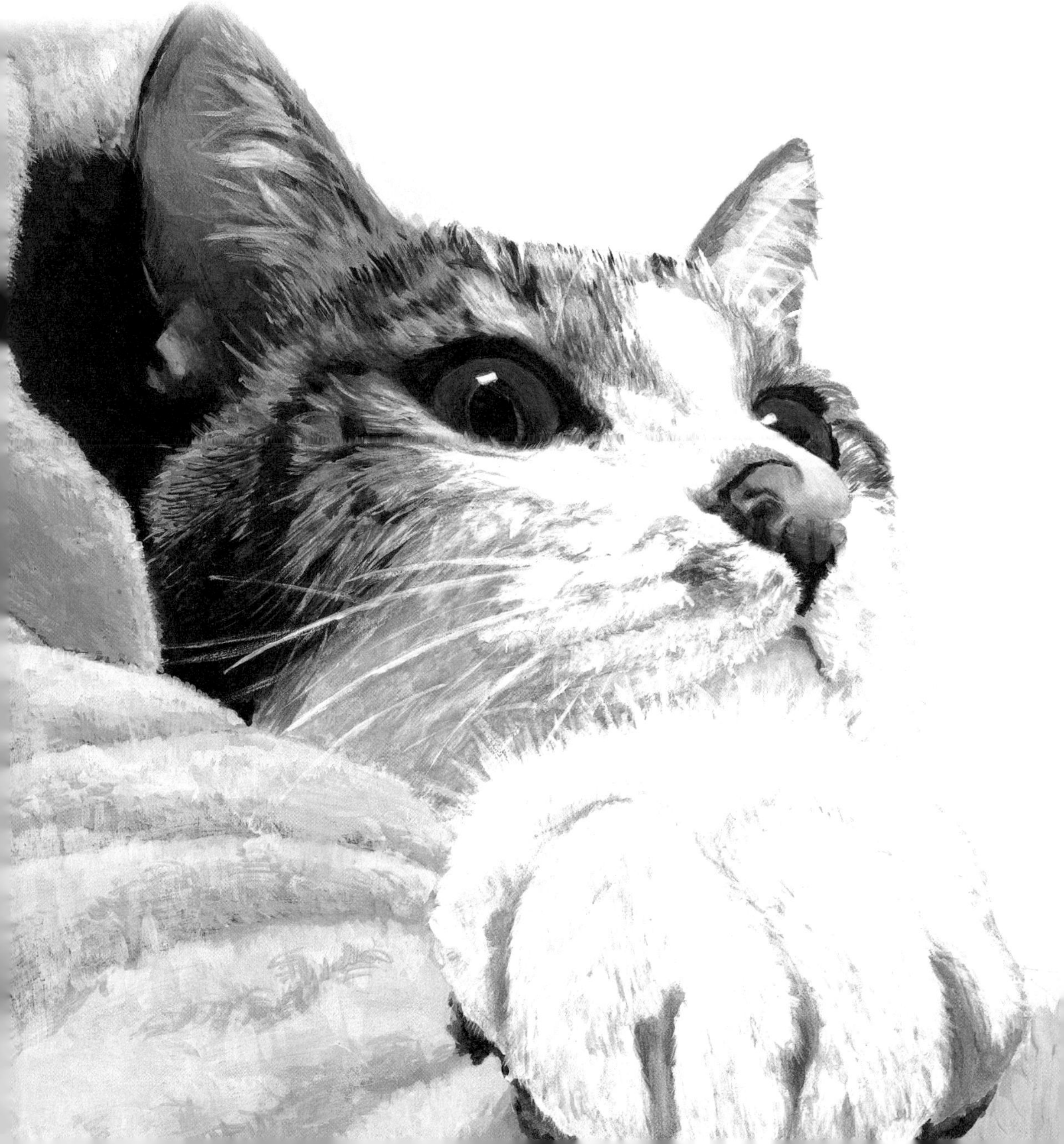

PART 6

Acrylic paint Step
아크릴물감으로 그리기

01

Acrylic paint Step

레다

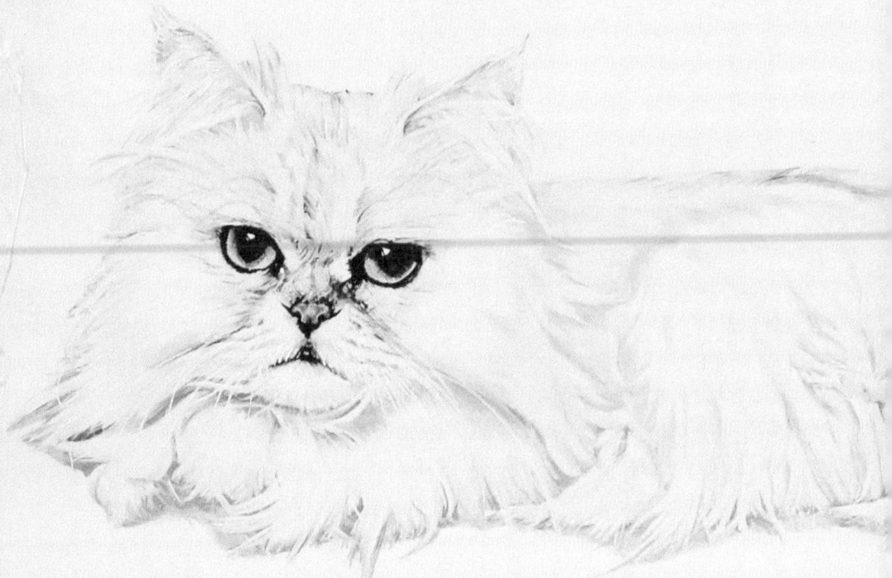

종이 켄트지

아크릴물감 black, white, vandyke brown, lemon, yellow deep, light green, sap green, carmin, cobalt blue

세필붓

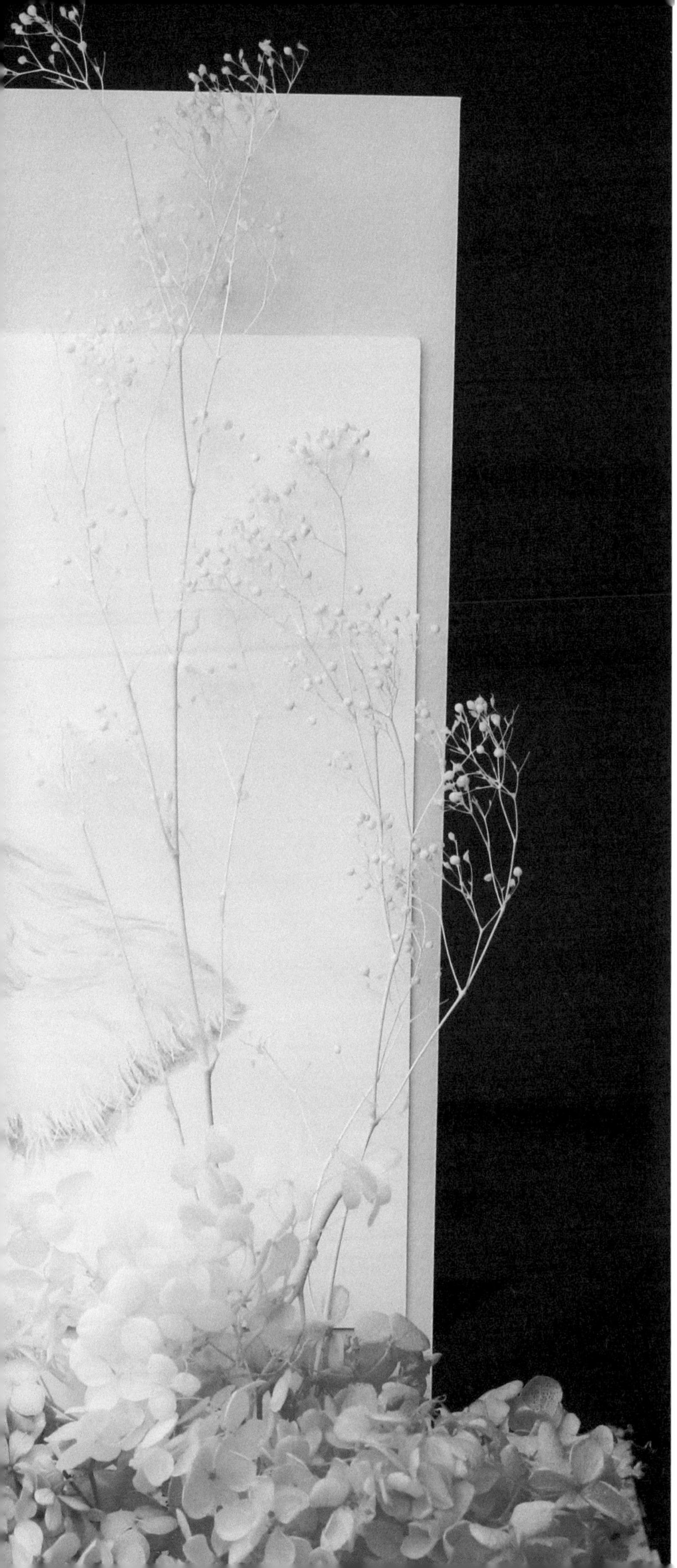

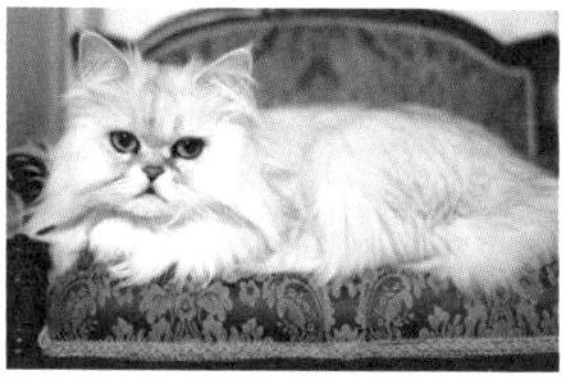

레다 페르시안

사실 사진을 보기 전에는 이렇게 예쁜 아가씨일 거라고는 상상도 못 했습니다. 레다의 주인과는 일로 만났지만 미팅시간의 반 이상을 서로의 고양이 이야기만 했는데 그 중 레다의 이야기가 귀에 쏙 들어왔어요. 레다의 스토리는 이렇습니다. 키우던 녀석을 보낸 후 잠도 제대로 못 이루고 눈물과 술로 지내며, 다시는 새로운 녀석은 들이지 않겠다고 다짐을 거듭하던 어느 날, 역시나 맥주를 사 들고 귀가하는데 차 밑에서 옹송거리는 녀석을 발견. 처음에는 간식만 주고 돌아섰지만 마음에 걸려 다시 갔더니 그 자리 그대로 기다리고 있었다고. 캔을 줘도 캔보다는 안아달라고 계속 조르고, 상태도 좋지 않아 보여 그대로 동물병원에 데려갔더니 1kg도 안 되는 녀석이 상처투성이였다고. 1주일 정도 입원시키는 동안 그 전의 결심은 온데간데없이 운명처럼 집으로 데려와 너무 자연스럽게 같이 지내고 있답니다. 겁도 많고 사료를 입에 문 채 잠들기도 한다기에 조금은 백치미의 귀여운 녀석을 생각했는데, 사진을 보고 정말 깜짝 놀랐습니다. 이런 아련한 아가씨라니! 알고 보니 쇼핑몰 모델도 하고 EXO의 시우민이랑 화보 촬영도 한 대스타 레다입니다.

레다의 화려한 이미지에 맞게 아크릴물감으로 그렸습니다.

1 선명한 이목구비와 화려하지만 눈처럼 하얀 털을 가진 레다의 형태는 얼굴, 몸통, 꼬리로 구분해 큰 덩어리를 잡은 후 이목구비 위치를 잡습니다. 레다는 이목구비가 선명하기 때문에 얼굴 형태를 최대한 정확하고 자세하게 스케치합니다.

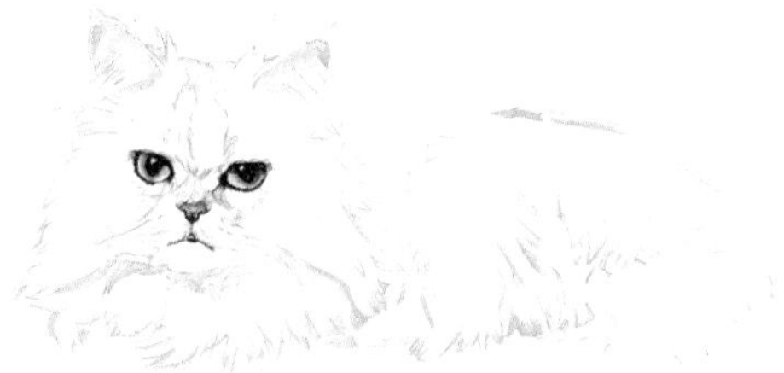

2 인상을 확인하기 위해 이목구비부터 조심스럽게 그립니다. 눈은 우선 레몬 빛이 도는 그린계열로 두 단계 정도로 그리고 눈동자 위치도 검은색으로 그립니다. 조그맣지만 빨간 코도 하이라이트와 반사광을 잊지 않고 살짝 그리고, 입술 각도도 신경 써서 그립니다. 전체가 흰색인 털은 풍성한 표현을 위해 우선 연한 회색을 밑색으로 털 방향만 잡아줍니다.

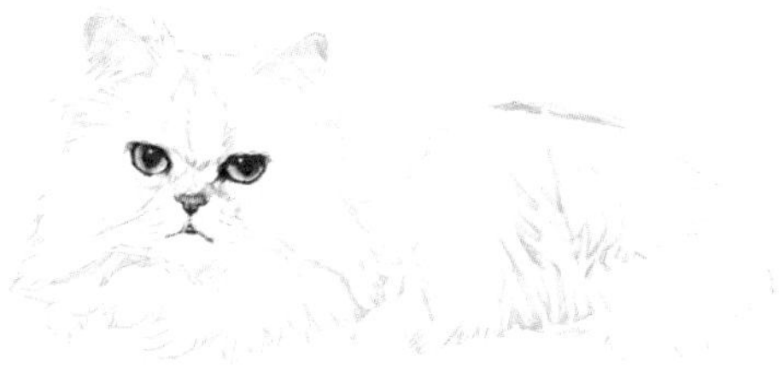

3 레다는 흰색의 길고 출성한 털을 가지고 있기 때문에 흰색을 여러 번 덧입혀서 색상뿐 아니라 물감의 두께로도 같이 표현할 계획이라 2번에서 작업한 밑색 위에 흰색으로 털 방향에 맞춰 털의 결을 그립니다. 흰색 털에 이목구비가 선명하기 때문에 이목구비 주변의 털은 조금씩 조심스럽게 그립니다.

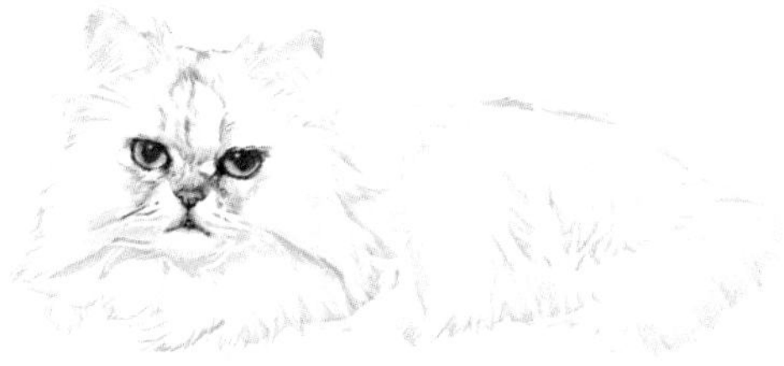

4 털 표현을 위해 다시 연한 회색으로 밑색을 전체적으로 깔아줍니다. 후에 흰색으로 다시 덮을 거라 조금 진하거나 거칠어 보여도 걱정하지 마세요. 이때 흰털의 느낌을 화사하게 표현하기 위해 연한 분홍과 하늘색을 기존 밑색에 조금씩 넣어 사용합니다.

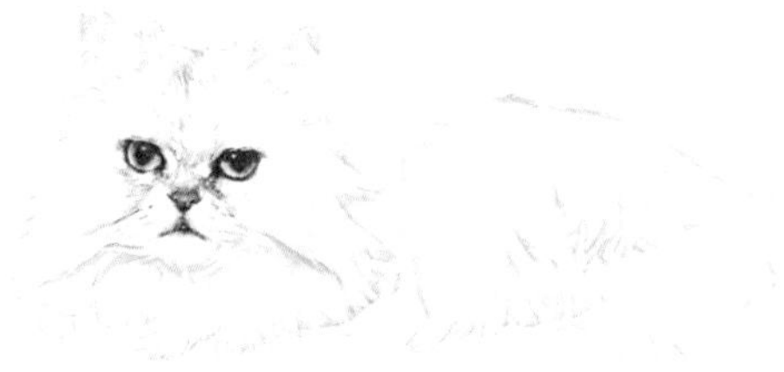

5 흰색 물감으로 다시 덧입히며 털을 표현합니다. 물을 적게 사용한 상태에서 세필붓으로 털의 결대로 덧입히면 자연스러운 두께감이 생깁니다. 두께감이 다양해질수록 같은 색이라도 더 풍성해 보입니다.

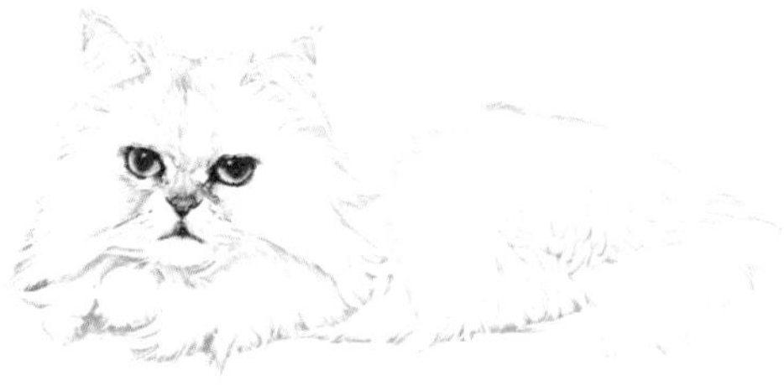

6 흰 털이라 사진에는 없는 외곽선을 표현해주는데, 이때는 연한 회색과 연한 하늘색을 섞어서 사용하고, 그림자도 조금 더 섬세하고 선명하게 그립니다. 그러면 형태도 확실하게 보이고 털의 화려함도 같이 강조됩니다.

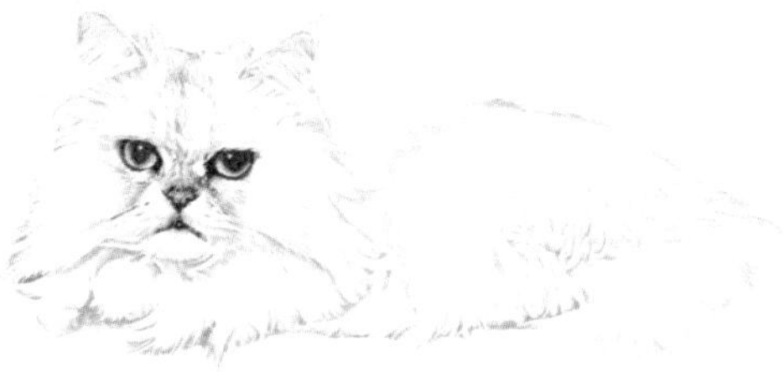

7 전체적으로 반 이상 진행된 상태에서 얼굴도 좀더 자세하게 그립니다. 하얀 얼굴이지만 얼굴에 잔털이 많고 그 털이 인상을 만들기 때문에 이때부터는 연한 회색과 연한 분홍색으로 얼굴 털의 밑색을 거칠어지지 않게 조심하면서 넣어줍니다. 눈, 코, 입 또한 얇은 세필붓으로 조금씩 그리며 인상을 계속 확인합니다.

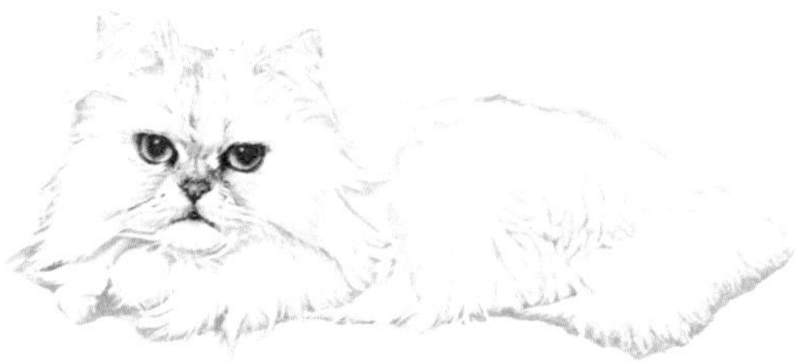

8 얼굴의 털은 인상을 계속 확인하면서 흰색 물감을 얇은 세필붓으로 그립니다. 얼굴은 털 방향이 다양한데 최대한 그 방향에 맞춰서 그립니다. 그림자가 없는 부분의 외곽선도 그림자와 자연스럽게 연결되게 그립니다. 긴 털을 최대한 따라 그리면 그게 자연스럽게 외곽선으로 표현되면서 그림자가 아니어도 자연스러워 보이고 화려함도 같이 표현됩니다.

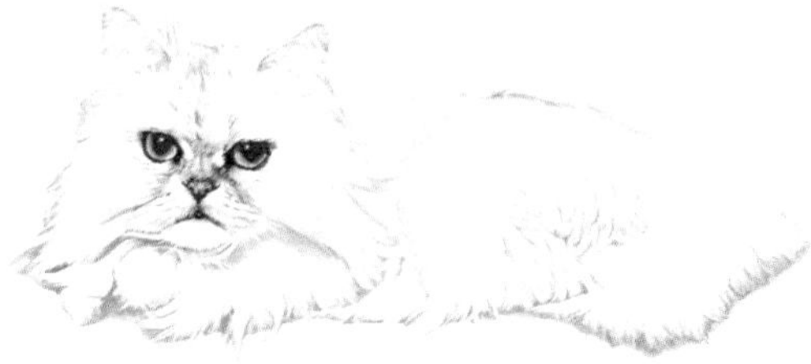

9 화사한 느낌을 더하기 위해 연한 하늘색과 연한 분홍색으로 밑색을 한번 더 입혀줍니다. 이때 물을 넉넉하게 사용해 색이 진해지지 않도록 합니다.

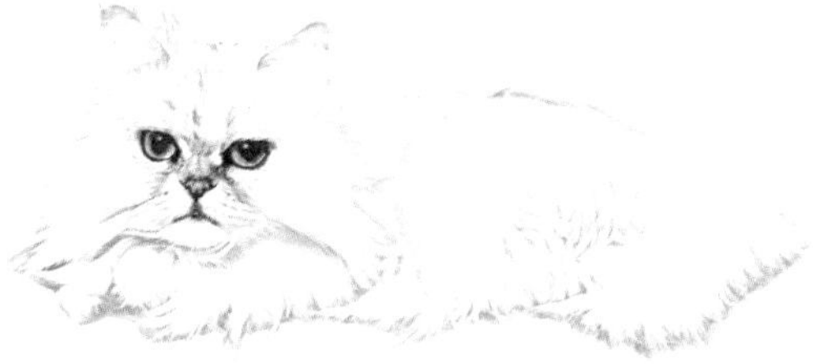

10 흰색 물감에 물을 아주 조금만 써서 세필붓으로 털 질감을 전체적으로 표현합니다. 외곽선의 자잘한 털도 최대한 많이 그리면 화려함을 더 많이 표현할 수 있습니다.

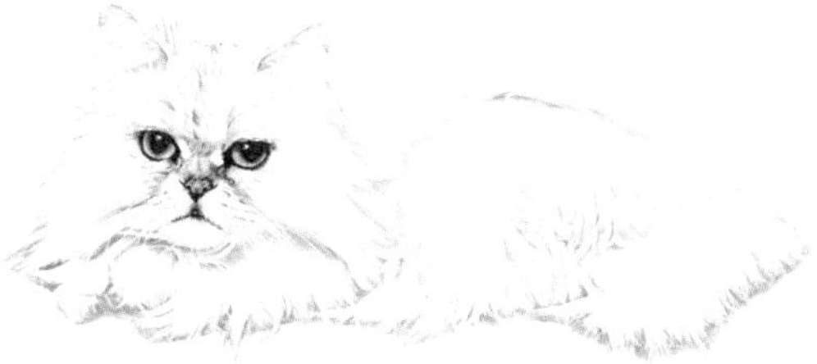

11 털이 길고 화려한 만큼 수염과 눈썹도 길고 많습니다. 물을 아주 적게 넣어 세필붓으로 조심스럽게 그립니다. 수염과 눈썹을 그리면서 눈, 코, 입도 다시 한번 정리하고 입가의 솜털도 최대한 자세하게 그립니다.

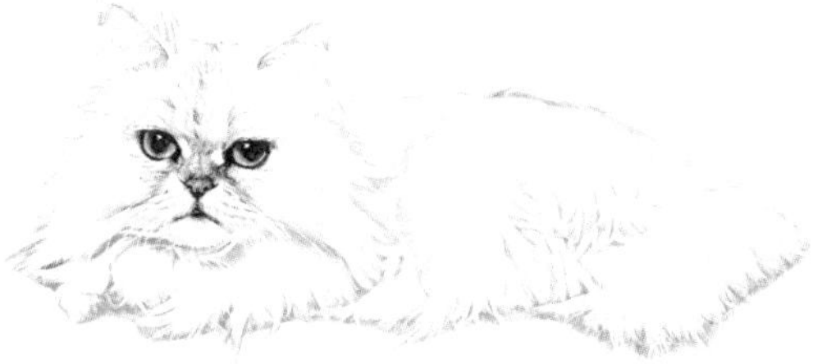

12 너무 튀거나 부족한 부분이 없는지 전체적으로 확인하고 눈, 코, 입의 가장 밝은 부분을 물을 거의 사용하지 않은 흰색 물감으로 정리한 후 완성합니다.

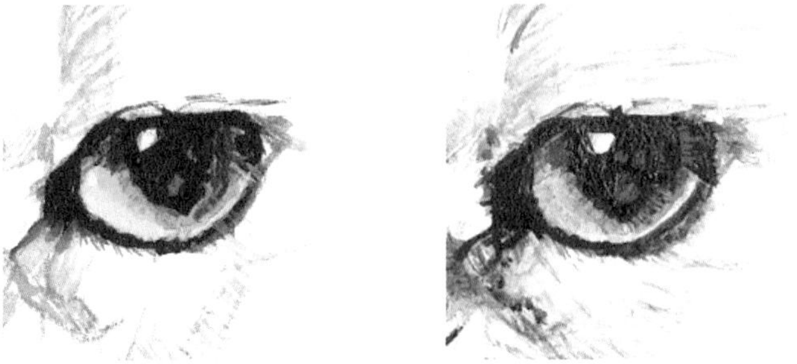

눈 그리기

고양이 눈은 물감으로 그리면 오히려 더 쉽습니다. 색으로 표현하기 때문에 힘들이지 않고 특징을 금방 표현할 수 있습니다. 가장 진한 부분인 눈 라인과 눈동자를 검은 물감으로 먼저 그리고 눈의 색깔은 레몬과 녹색 두 가지 색으로 그립니다. 그리고 색이 크게 바뀌지 않을 정도로 조금씩 중간색을 넣어주고 반짝이는 하이라이트를 흰색으로 칠하면 완성됩니다.

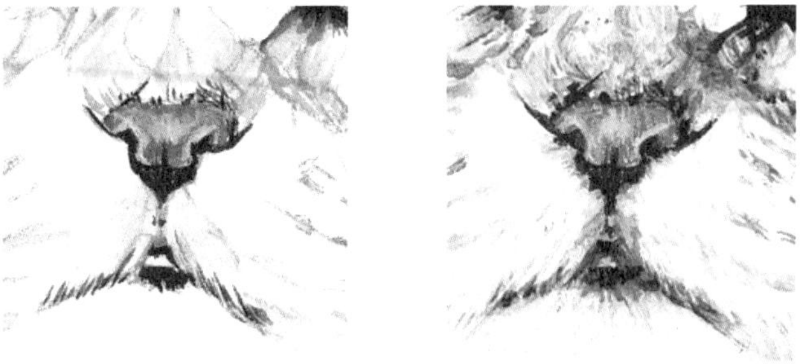

코 그리기

고양이 코도 물감으로 쉽게 그릴 수 있습니다. 검은색으로 라인과 콧구멍을 그린 후 빨간색으로 코를 칠하고 흰색으로 반사광과 하이라이트를 그립니다. 그리고 중간색으로 어색하거나 튀는 부분을 자연스럽게 연결해주고 마지막에 흰색으로 하이라이트와 반사광 부분을 한번 더 칠하면 완성됩니다.

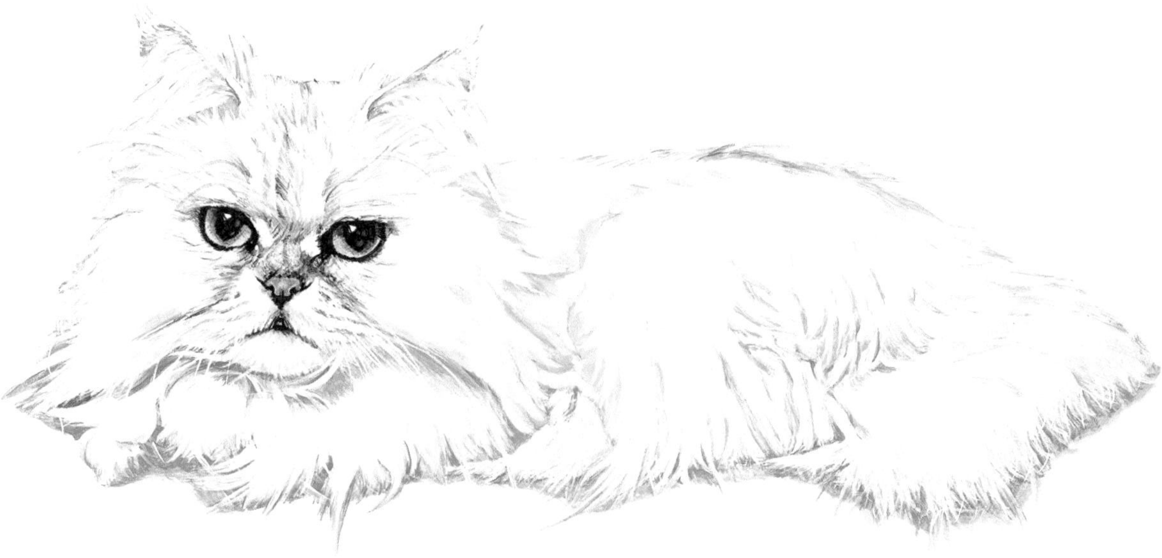

02

Acrylic paint Step
본이

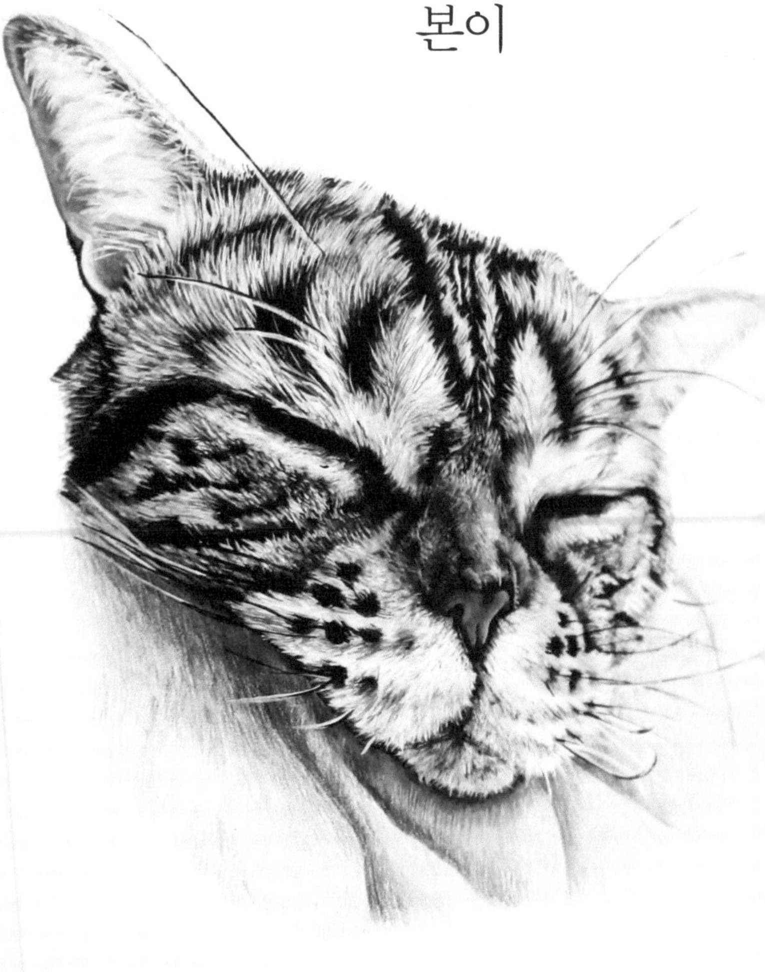

종이 켄트지
아크릴물감 Black, White, Raw sienna, Burnt sienna, Vandyke brown, Yellow ochre, Carmine
세필붓

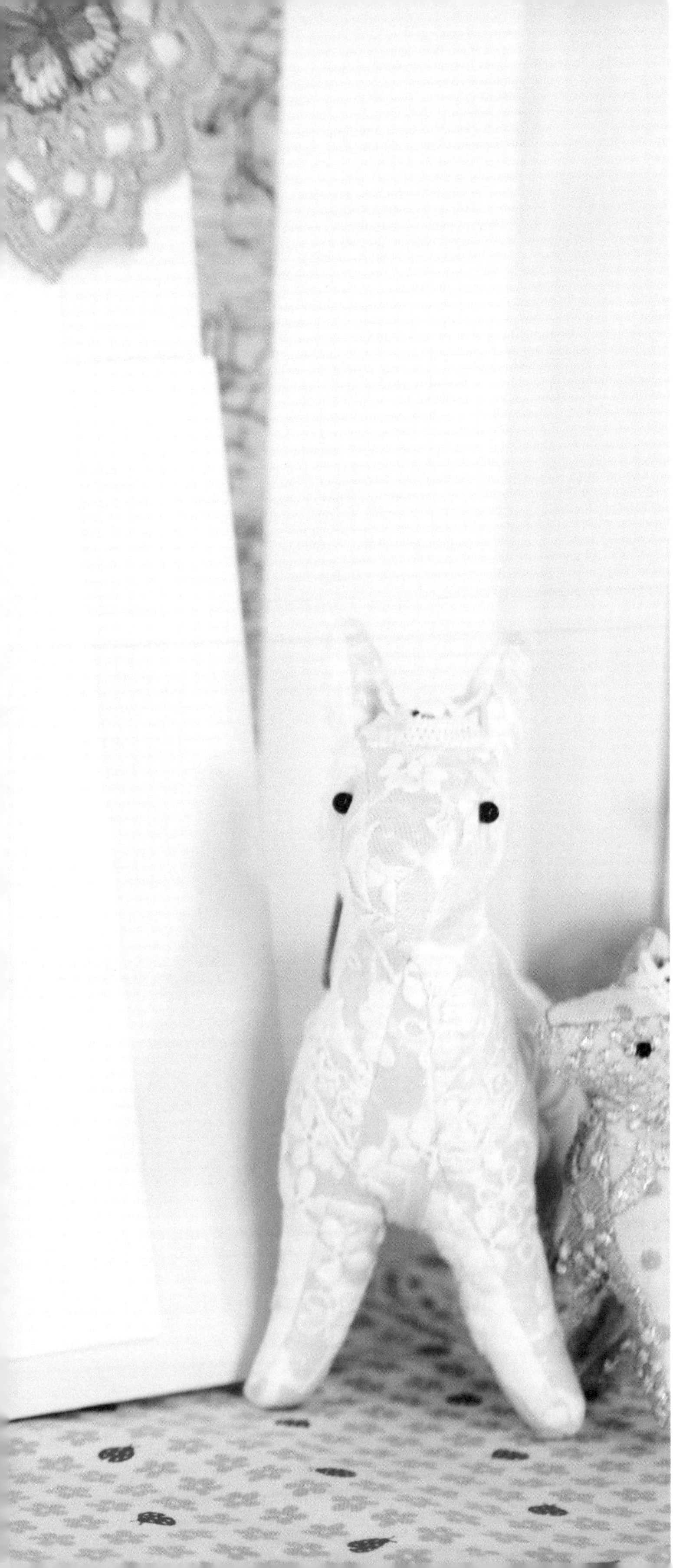

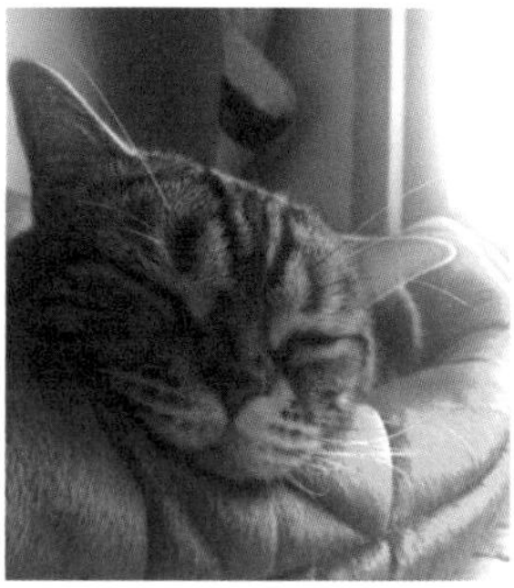

본이 아메리칸 쇼트헤어

11살 아메리칸 쇼트헤어 골드태비 청년 본이! 듬직하지만 전혀 듬직하지 못한 우리 본이. 연예인에게서나 보인다는 후광을 고양이인 본이 아빠에게서 처음 보았고, 그렇게 멋진 아빠를 똑 닮은 아들 본이는 정말 잘생겼는데, 너무 잘생겼는데, 뭔가 20%가 항상 부족합니다. 아무래도 둔한 성격 때문인 듯한데, 그 성격이 얼굴에 드러나고 그래서 잘생김보다는 웃음을 먼저 유발하는 녀석입니다. 특히 무방비로 잘 때의 얼굴은 언제나 저를 유쾌하게 합니다. 저 코와 입을 어찌할까요?

1 스케치는 흐린 연필로 힘을 빼고 해야 지우기도 쉽고 물감으로 가리기도 쉽습니다. 본이는, 물론 전체적인 형태가 제일 중요하지만, 크고 잘생긴데다 찡그려서 더 멋진 코와 두툼하고 맹한 입을 최대한 정확하고 자세히 그립니다. 아무래도 제가 제일 넋을 놓고 빠져드는 매력 포인트라 그런지 그릴 때도 가장 신경이 쓰입니다.

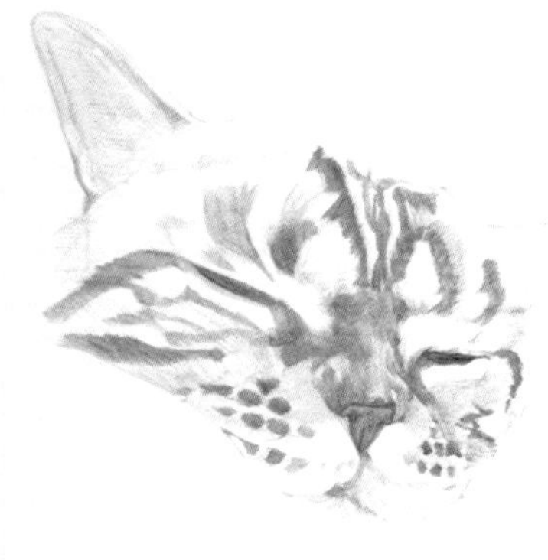

2 처음에는 물을 많이 써서 연하게 형태에 맞춰 색을 칠합니다. 선명한 코와 하얀 입은 다른 색과 섞이지 않게 스케치를 따라 정확하게 그립니다. 얼굴 인상에 표정만큼 중요한 선명한 태비도 최대한 위치에 맞게 그립니다.

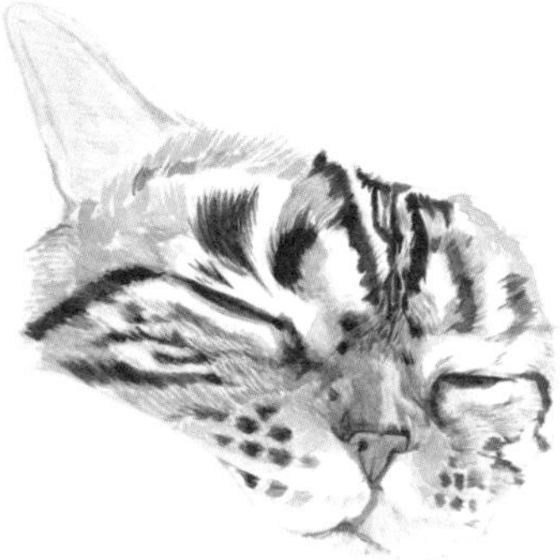

3 다양한 갈색으로 계속 밑색을 칠합니다. 밑색을 칠할 때는 물을 많이 쓰는데요, 물 양은 차츰 줄입니다. 진한 태비가 표정과 같기에 눈, 코, 입을 그리듯 태비도 선명하게 그립니다. 털은 최대한 많이 표현할 거라 처음부터 털 방향에 따라 색을 칠해줍니다. 털 색깔이 무척 다양한데 밝은 색 털은 나중에 묘사할 것이므로 좀 어두워 보여도 털 밑에 있는 기본 밑색을 충분히 묘사합니다.

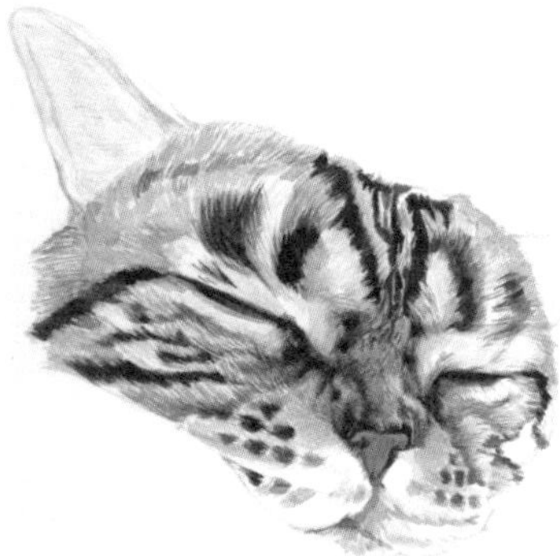

4 화려한 털색을 최대한 표현하기 위해 기본 밑색이 어느 정도 칠해지면, 검은색이나 반다이크브라운으로 제일 어두운 부분을 털 방향대로 부분부분 칠합니다. 시간은 조금 들지만 밑색도 다양해지고 털 질감도 자연스럽게 표현되기 시작합니다.

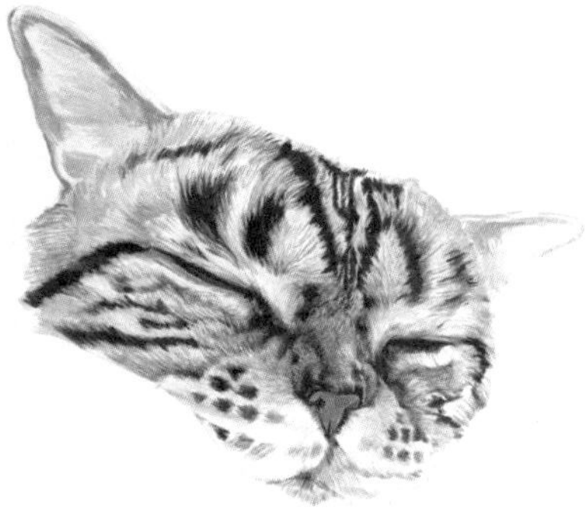

5 본이 표정의 시작과 끝은 코! 저 탄탄한 코 때문에 두툼한 주둥이가 더 완벽해집니다. 그래서 본이를 그릴 때면 항상 코에 손이 먼저 가는데 이번 그림도 마찬가지입니다. 찡그린 코는 눈과도 연결되었기 때문에 가장 어두운 부분을 흐름에 따라서 검은색과 반다이크브라운으로 다시 색을 정리합니다. 이때부터 물 양을 줄여가면서 작업해야 색이 번지지 않고 세밀한 인상도 표현할 수 있습니다.

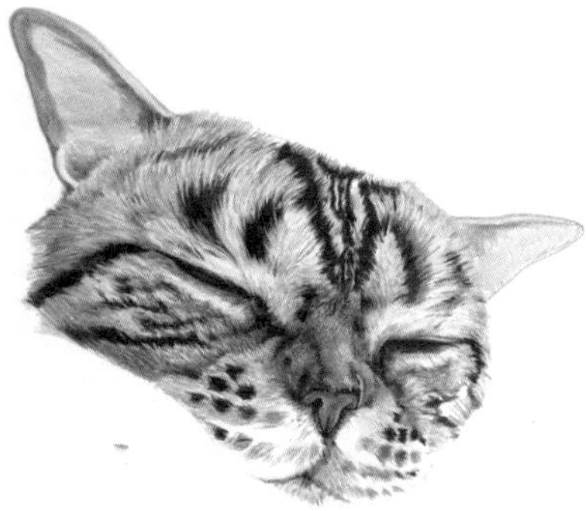

6 세필붓으로 흰색 털을 그립니다. 어둠의 흐름 같이 가장 밝은 부분도 눈과 입 주변으로 흐르는데 이곳은 흰색 물감으로 털의 결뿐 아니라 두께감도 준다는 느낌으로 여러 번 덧칠합니다. 코는 묽은 흰색으로 반사광을 표현해 덩어리감을 살립니다. 그리고 물을 적게 넣은 검은색으로 태비부터 눈, 코, 입의 어두운 부분을 다시 세밀하게 그리면 그림의 윤곽이 정리되면서 선명해집니다.

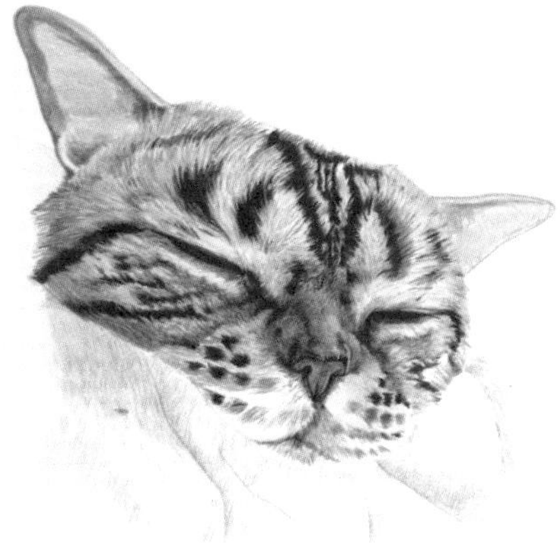

7 넋을 놓고 자는 본이의 표정과 흡사 호랑이와 같은 본이의 수염을 확실하게 표현하려면 흰색 바탕보다는 사진과 같이 얼굴을 기댄 이불이 꼭 필요해 얼굴이 어느 정도 진행된 후에 이불도 그리기 시작합니다. 이불은 질감이나 색감을 다르게 표현하기 위해 색연필로 그립니다. 두툼한 극세사 이불의 결대로 짧은 선으로 색칠합니다.

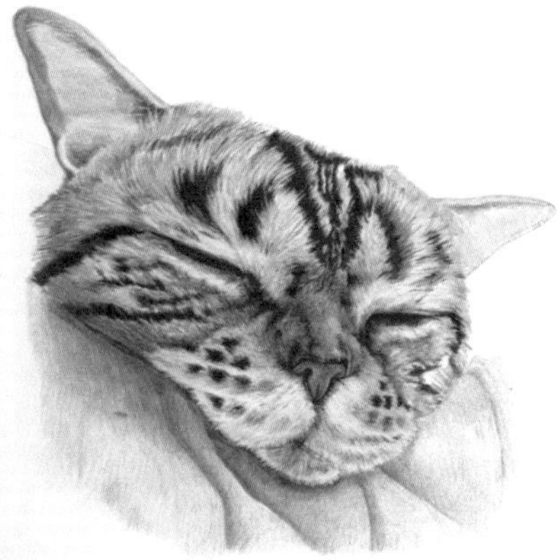

8 사진을 보면 얼굴 그림자와 이불의 어두운 부분이 겹치면서 입 주변 윤곽이 도드라집니다. 마찬가지로 얼굴 그림자와 이불의 어두운 부분이 얼굴과 확실하지만 자연스럽게 구분될 수 있게 하나의 선이 아닌 털로 표현합니다. 먼저 이불과 그림자를 색연필로 충분히 그린 후 물을 적게 섞은 아크릴 물감으로 여러 번 덧입혀 털을 그리면 이불 위에 얼굴을 기댄 본이 입의 두툼함이 자연스럽게 표현됩니다.

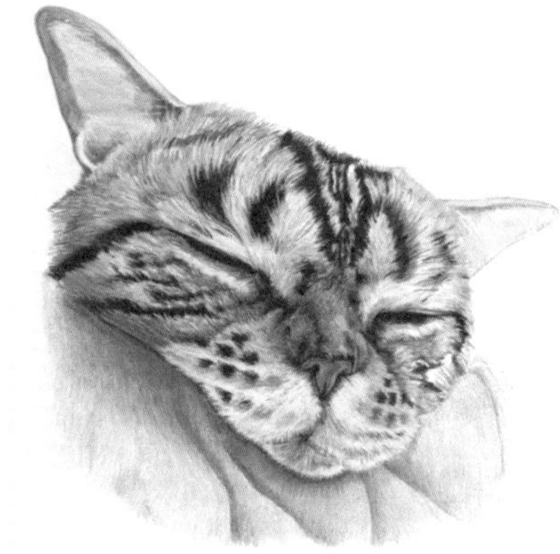

9 인상과 색감이 골고루 자리 잡으면 잔털 묘사에 들어갑니다. 찡그린 코 덕분에 생긴 주름과 자잘한 짧은 털도 같이 묘사하고 미간의 주름처럼 보이는 태비 모양도 더 자세하게 그립니다. 소홀할 수 있는 귀와 얼굴의 가장자리도 꼼꼼히 채워줍니다. 물은 최소한만 사용합니다. 이불도 선명한 파랑을 중간중간 덧칠해서 색감을 다양하게 합니다.

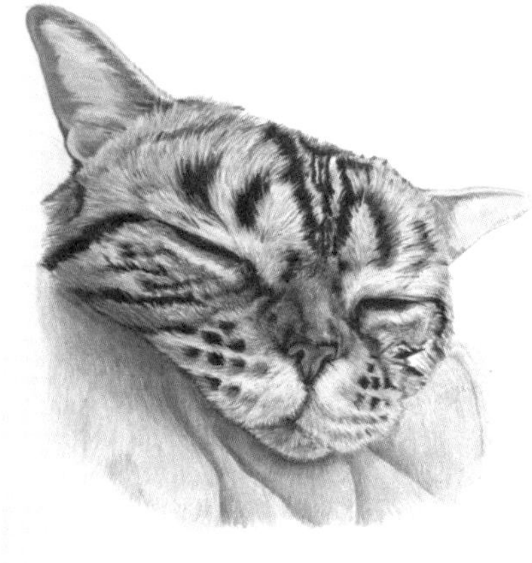

10 어떻게 보면 너무 잘 그린 것 같고 어찌 보면 너무 못 그린 것 같은 지겨움이라는 친구가 찾아오는 묘사의 시간. 이때는 인상이 바뀌는 등 큰 변화 없이 모자란 곳을 채우고 더 그려야 할 곳을 스스로 찾으며 털 한 올 한 올을 천천히 그립니다. 검은색과 흰색은 물을 적게 사용해 선명하고 얇게 표현하고 로시에나나 반다이크 브라운 등은 물을 적당히 섞어 얇게 입히면 색감이 풍부해집니다.

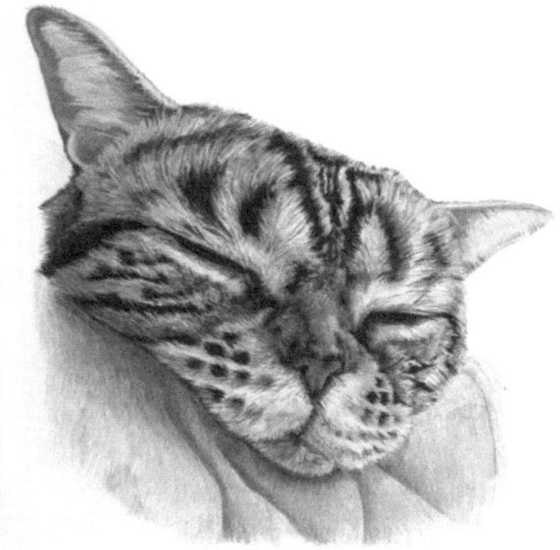

11 계속되는 지겨움을 본이의 귀여움으로 이겨내며 솜털을 하나하나 찾아내 그리다보면 어느 순간 그림이 풍성해진 것을 느낄 수 있습니다. 어두운 부분의 덩어리가 흐트러지지 않는 선에서 흰색이나 흰색을 많이 섞은 로시에나나 옐로오커로 잔털을 표현하는 재미도 있습니다. 이 잔털 표현이 사진과는 다른 그림만의 느낌을 만들어줍니다.

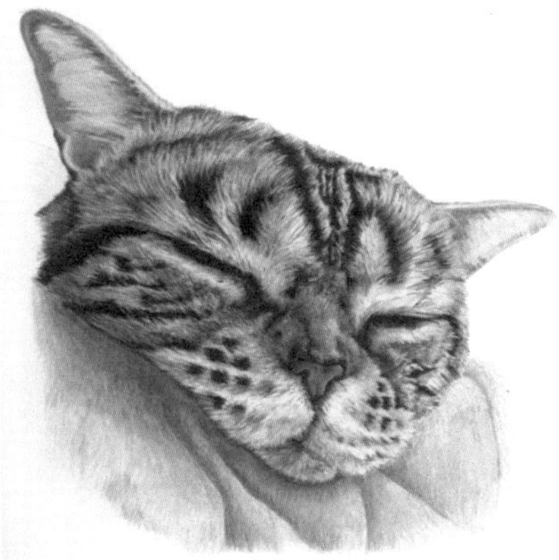

12 그림이 거의 완성되어갑니다. 소홀한 부분이 없는지 다시 확인하고 귀와 얼굴 라인 등도 다시 봅니다. 균형이 맞으면 눈, 코, 입과 인상과도 같은 태비를 한번 더 점검합니다. 입은 더 두툼해 보이게 흰색으로 잔털과 입체감을 표현하고 눈가의 털도 인상을 헤치지 않는지 확인합니다.

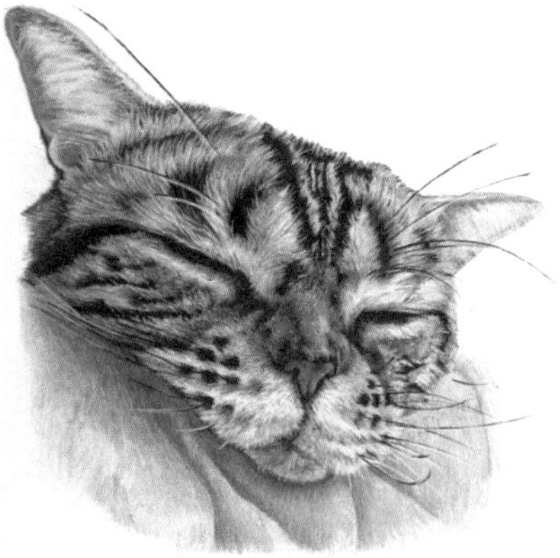

13 9~12번 단계를 여러 번 반복하면 그 전에 칠해놓은 여러 색이 어우러져서 다양한 질감과 색감으로 그림이 풍성해지는 동시에 그만 그려도 되겠다는 마음이 듭니다. 그때는 떨리는 마음으로 수염 그리는 즐거움을 남겨놓은 채 편한 마음으로 그림을 확인하면 됩니다.

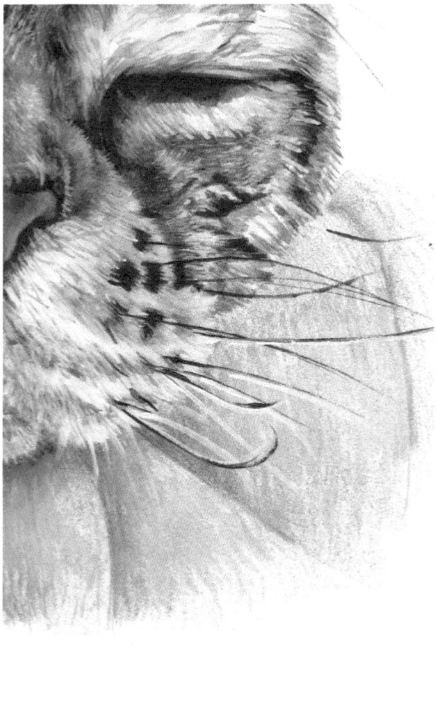

수염 그리기

수염은 한 번에 그리면 좋지만 부담스러우면 무리하지 않고 물감을 조금씩 묻혀가며 여러 번 나누어서 천천히 그립니다. 수염을 강조하기 위해 흰색과 검은색 두 색을 같이 사용합니다. 먼저 검은색으로 수염 라인을 잡고 그 선을 따라 흰색을 바로 그립니다. 수염 끝은 날카롭게 마무리합니다. 이렇게 수염까지 그리면 아주 깊이 잠든 본이 얼굴 완성입니다.

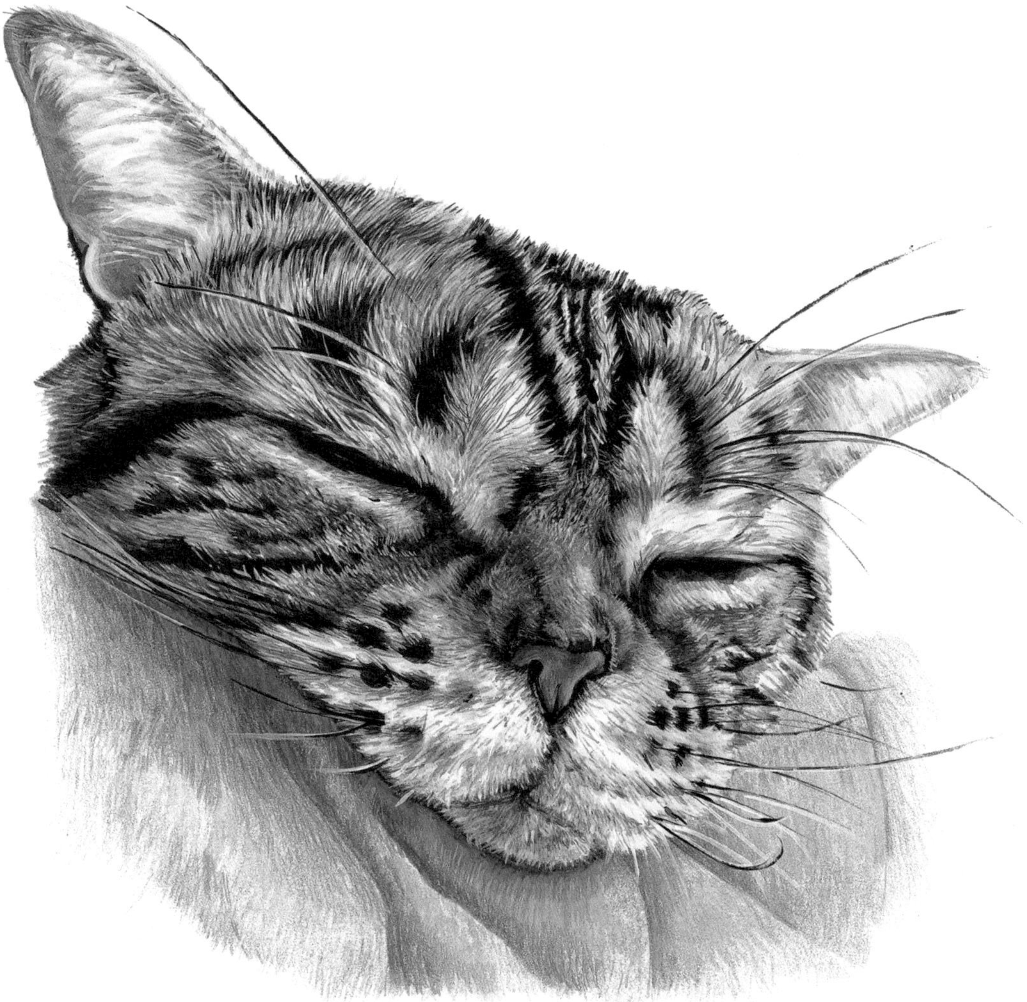

SPECIAL PRESENT

컬러링

고양이를 사랑해서
고양이를 그리려는 당신에게

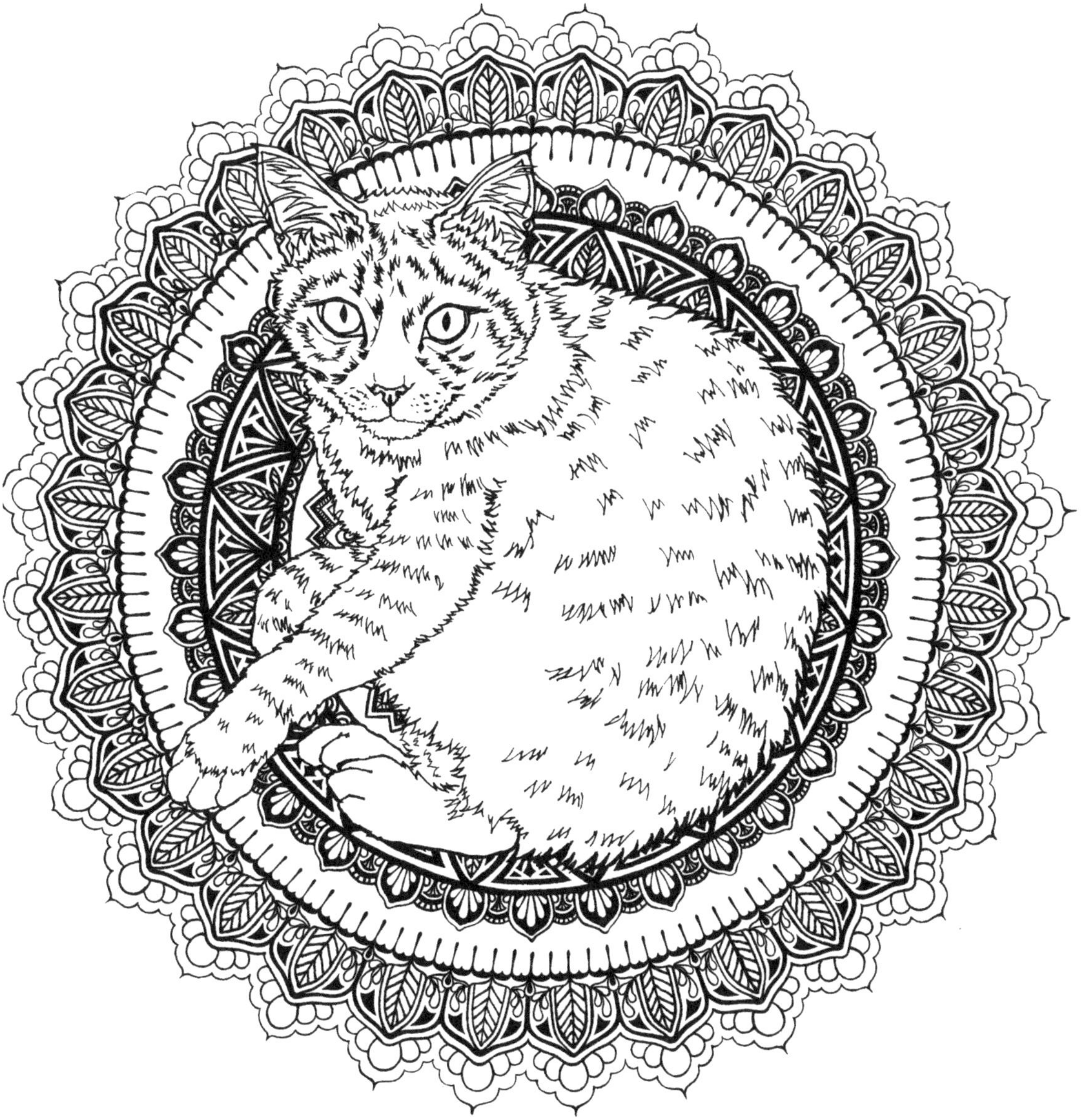

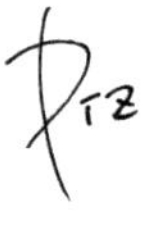

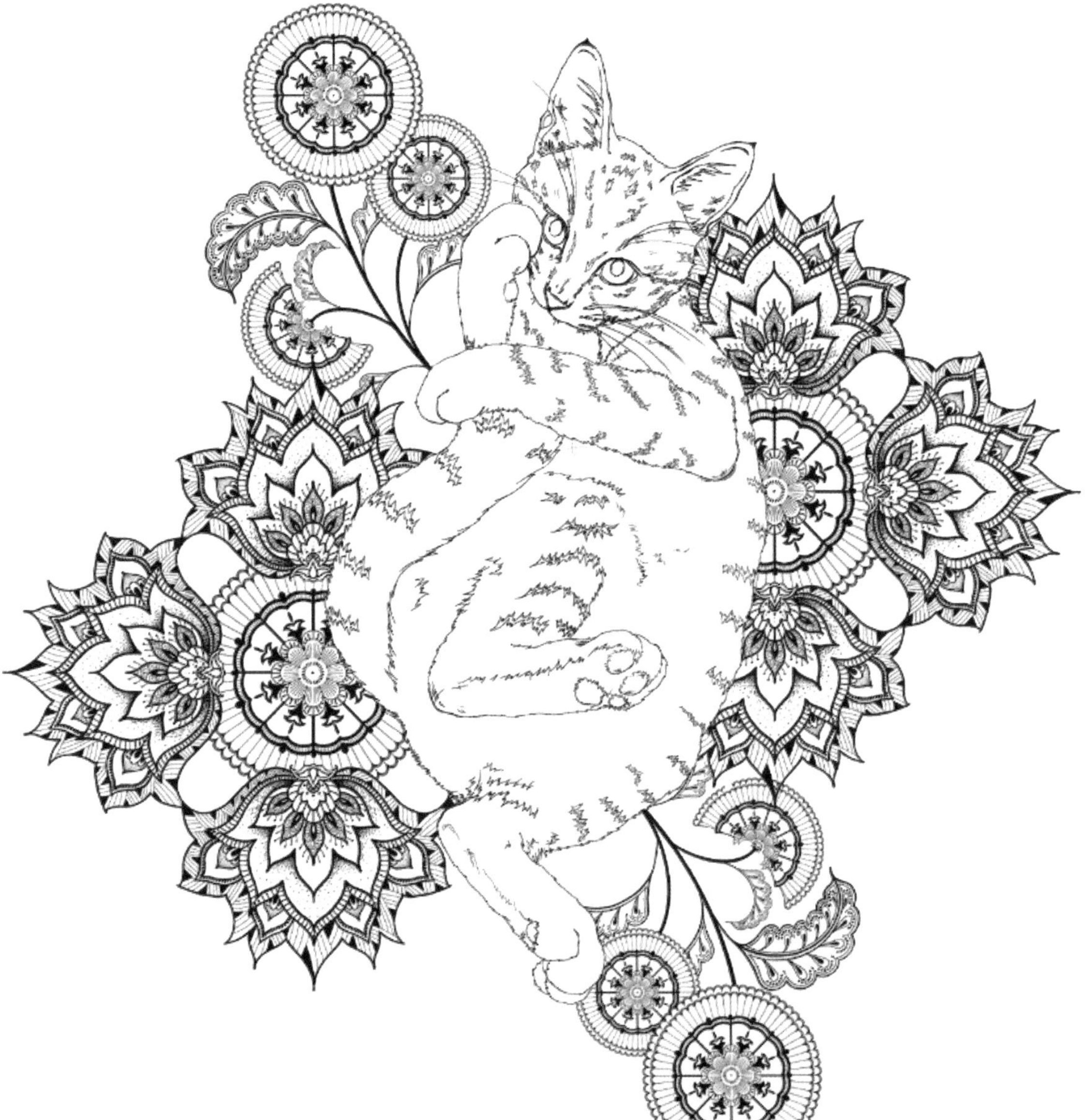

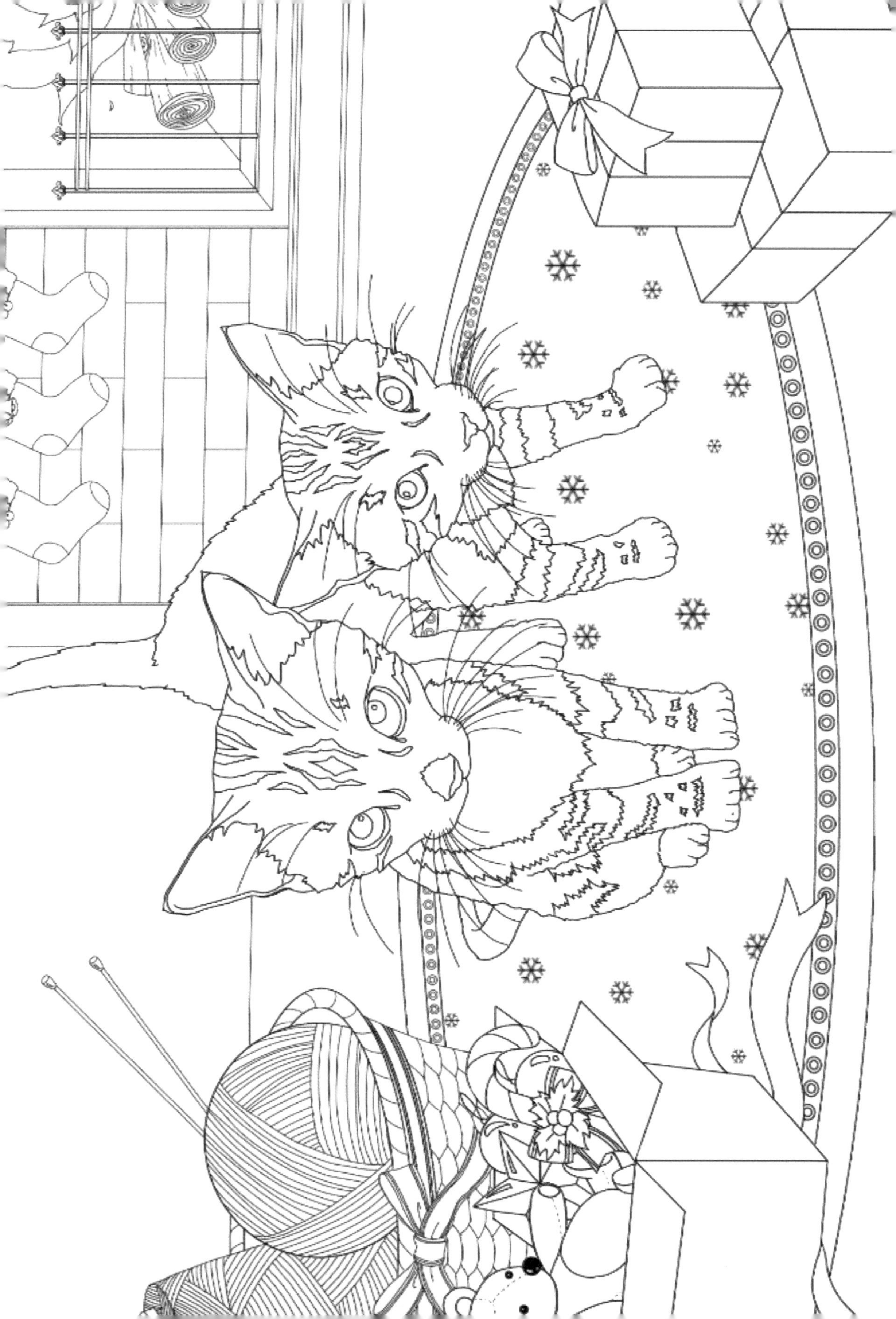

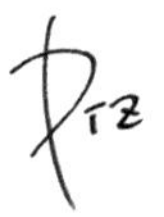

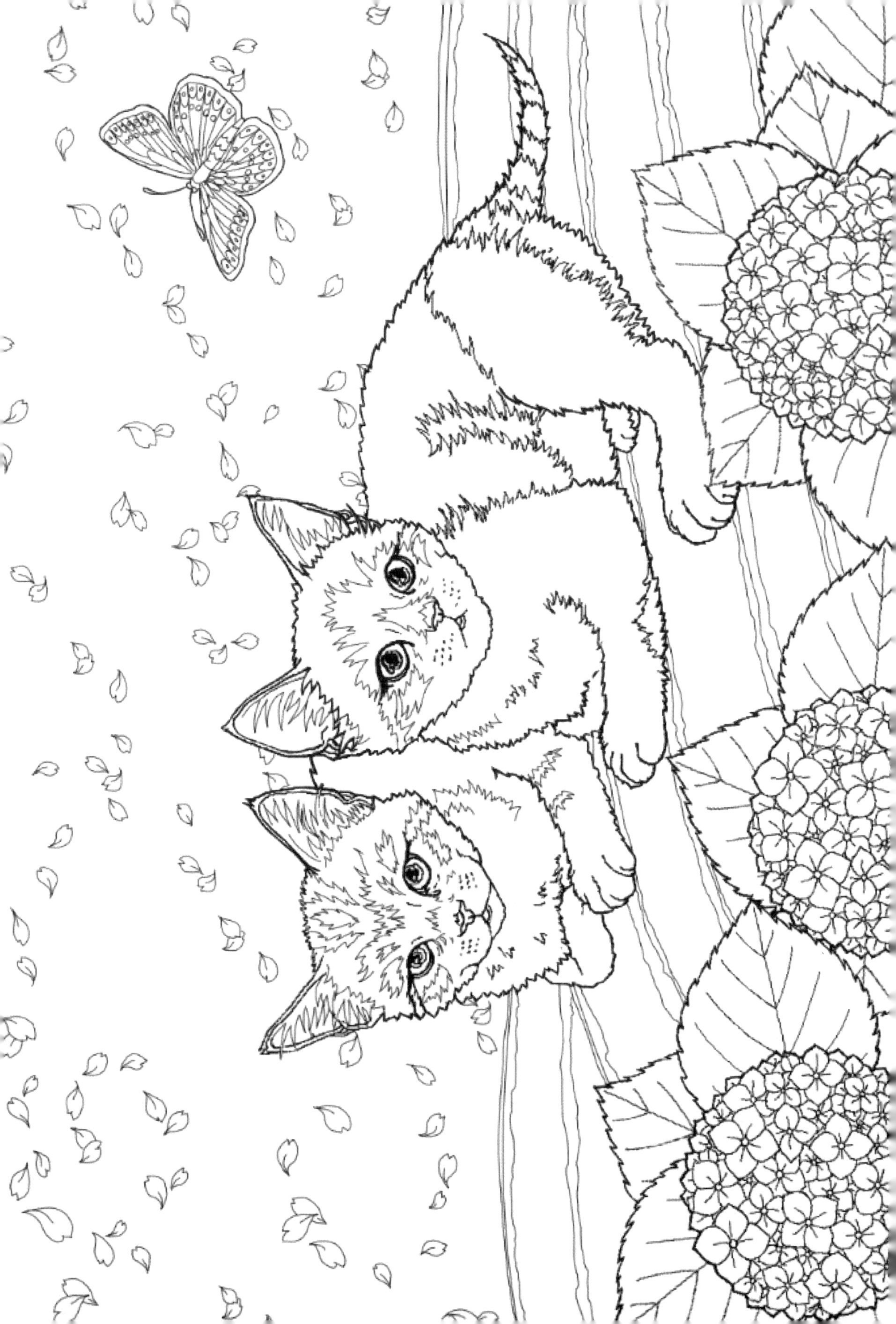